中国特色高水平高职学校建设成果
浙江省教育厅高等教育"十三五"第一批教学改革成果

U0647521

Guide to the Construction and
Application of High-quality

OPEN ONLINE
COURSES

精品在线开放课程的
建设与应用指南

李 华 ◎著

ZHEJIANG UNIVERSITY PRESS
浙江大学出版社

图书在版编目(CIP)数据

精品在线开放课程的建设与应用指南 / 李华著 . —
杭州:浙江大学出版社,2021.11
ISBN 978-7-308-21869-6

Ⅰ.①精… Ⅱ.①李… Ⅲ.①网络教学－课程建设
Ⅳ.①G434

中国版本图书馆 CIP 数据核字(2021)第 213541 号

精品在线开放课程的建设与应用指南

李 华 著

责任编辑	王 波	
责任校对	朱 玲	
封面设计	春天书装	
出版发行	浙江大学出版社	
	(杭州市天目山路148号 邮政编码310007)	
	(网址:http://www.zjupress.com)	
排 版	杭州朝曦图文设计有限公司	
印 刷	杭州杭新印务有限公司	
开 本	710mm×1000mm 1/16	
印 张	22	
字 数	360千	
版印次	2021年11月第1版 2021年11月第1次印刷	
书 号	ISBN 978-7-308-21869-6	
定 价	68.00元	

浙江大学出版社市场运营中心联系方式:0571-88925591;http://zjdxcbs.tmall.com

前　言

"互联网+教育"推动了大规模在线开放课程（MOOC）的蓬勃发展，掀起了一股全球化颠覆性的课堂教育革命，引发教育工作者将在线教学和传统教学的优势有效融合、发展和创新，线上线下的混合式教学模式已然成为教育改革与实践领域的全新"风向标"。

职业教育作为一种类型教育，旨在培养技术技能型"工匠"人才。人工智能全面赋能教育，泛在式学习、混合式学习、互助式学习、社群化学习、翻转课堂学习等教育新形态悄然而生。学习者需求多元化、课程资源网络化、教学管理智能化等教育新特征也逐渐显现，一批批高质量的在线开放课程孕育而生，形成具有中国职业教育特色的"MOOC+SPOC"教育改革与创新，将标准化课程与个性化课程有机结合，将线上自主学习和线下深度学习有机融合，向世界传递在线开放课程的"中国经验"。

《精品在线开放课程的建设与应用指南》一书，系浙江省教育厅高等教育"十三五"第一批教学改革研究项目"平台构建、课堂引领、教学创新——会计专业在线开放课程建设与应用"（浙教办高教〔2018〕92号jg20180652）的研究成果。本书主要包括认知篇、设计篇和应用篇。其中：认知篇重点阐述了在线开放课程的课堂革命、教育本源等相关内容；设计篇重点介绍了在线开放课程的共享平台、资源建设、课堂应用、保障体系等相关内容；应用篇重点推荐了智慧职教MOOC、教学资源库"数字课程"、云课堂SPOC、浙江省在线开放课程的建设与应用案例。本书坚持图文并茂的表现方式和言简意赅的写作手法，提供简单易学的课程建设技术和随学随用的应用技术，通过"二维码"扫一扫的方式，关联大量的优秀课程资源的开发作品，为广大职业教育战线同仁提供一部精品在线开放课程建设与应用的工作指南和操作手册。

由于本人专业水平与能力有限，本书难免存在错误和不当之处，恳请广大读者对书中的错漏予以批评指正。同时，本书在编撰过程中参阅了大量文献资料，在此谨向所有作者表达最真挚的感谢！

李　华

2020年6月

目　录

应用篇

认 知 篇

第一章　在线开放课程的课堂革命

第一节　在线开放课程的国际样本

2012年开启了全球教育史的新纪元，互联网赋能教育，在线开放课程蓬勃发展，面向学习者共享优质课堂教学，在线学员规模大规模上涨，大规模在线开放课程（Massive Open Online Course，MOOC）由此孕育而生。

一、美国在线开放课程的发展

2002年美国麻省理工学院推出"MIT开放课件计划"，在网络上大规模发布本科、研究生课程的课件，供学习者免费使用，掀起了在线教育探索的一次热潮。2007年孟加拉裔美国人萨尔曼·可汗创立了非营利教育机构"可汗学院"，向学习者免费提供高质量的短视频课程与教材，开启了在线教育新一轮改革实践。2012年美国Udacity、Coursera、edX等三大MOOC平台相继上线，以服务于高等教育为主，以强劲的势头引领在线教育的全球化发展。

（一）Udacity平台[①]

2011年，斯坦福大学的计算机系教授塞巴斯蒂安·特伦（Sebastian Thrun）和彼德·诺米格（Peter Norvig）面向全球开设了免费在线课程"人工智能导论"，吸引了来自190个国家的16万多名学习者报名。2012年，赛巴斯蒂安·特伦联合戴维·思戴文斯（David Stavens）、迈克·索科尔斯基（Mike Sokolsky）等教授，创办了营利性的在线开放课程Udacity平台（具体见图1-1）。

[①] 本节涉及数据根据2020年4月1日平台网站课程数据整理形成。

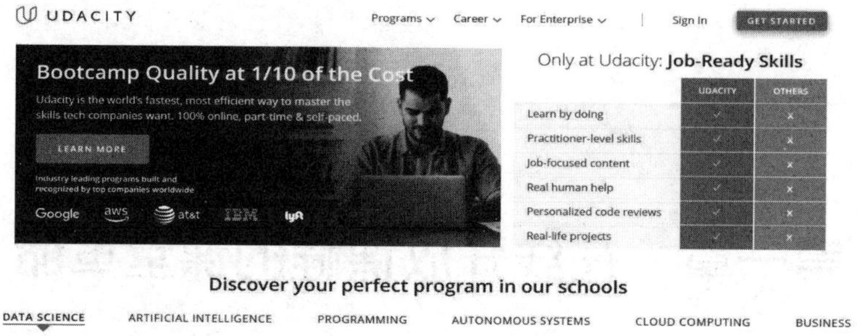

图1-1 Udacity平台(https://www.udacity.com)

Udacity平台自2017年起在线开设纳米学位课程,从零开始培养职业抢手人才。截至2020年3月,平台联合业界知名企业,推出了数据分析、人工智能、市场营销、网站开发、无人驾驶、云计算等多个学科领域的纳米学位课程(具体见表1-1)。

表1-1 Udacity平台纳米学位课程列表

序号	学科领域	初级	中级	高级
1	人工智能	4	3	3
2	数据分析	4	3	3
3	无人/自动驾驶	0	2	4
4	网站开发	2	3	0
5	互联网营销	5	0	0
6	云计算	0	2	1
7	Android/iOS	0	1	0
课程展示				

同时,Udacity平台提供了人工智能、数据分析、无人/自动驾驶、网站开发、互联网营销、云计算、VR/AR、Android/iOS、通识课程、佐治亚理工学院计算机科学硕士等单项课程,涉及初级、中级、高级等3个课程难度,预计学习完成时间覆盖1个月以下、1~3个月、3个月以上等不同时间跨度(具体见表1-2)。

表1-2　Udacity平台单项课程列表

序号	学科领域	初级	中级	高级
1	人工智能	0	6	2
2	数据分析	2	9	1
3	无人/自动驾驶	1	0	0
4	网站开发	6	14	4
5	互联网营销	0	4	0
6	云计算	0	0	0
7	VR/AR	3	0	0
8	Android/iOS	9	23	9
9	通识课程	8	6	0
10	佐治亚理工学院计算机科学硕士	2	14	7

(二)Coursera平台①

Coursera是由斯坦福大学的两名计算机科学教授——达芙妮·科勒(Daphne Koller)和吴恩达(Andrew Ng)创建的营利性在线教育科技公司。2011年10月,两位教授将斯坦福大学的"机器学习"和"数据库导论"两门课程上网,吸引了上万名网友自愿注册学习。2012年3月他们研发的Coursera平台正式上线。Coursera公司坐落在美国加利福尼亚州的硅谷中心"山景城",旨在与世界一流大学合作,在线提供免费开放的网络课程,向世界分享优质的知识与技能。

Coursera平台(具体见图1-2)追求合作伙伴的多元化,涉及全球多个国家的高等教育院所、知名企业、社会组织、专业机构等;课程覆盖学科多样化,涉及数学、物

---

① 本节涉及数据根据2020年4月2日平台网站课程数据整理形成。

理、计算机、生物、能源、教育、法律、音乐、商科等多个学科门类;课程语言也呈现多样化,涉及英语、汉语、法语、俄语、德语、西班牙语、日语、阿拉伯语、泰语等29种语言的课程。

图1-2　Coursera平台(https://www.coursera.org)

截至2020年3月,Coursera平台携手来自中国等51个国家的207个合作伙伴,上线提供4000多门课程(具体见表1-3),涉及艺术与人文、商务、计算机科学、数据科学、信息技术、健康、数据与逻辑、个人发展、物理科学与工程、社会科学、语言学习等学科领域,面向初学者、中级者、进阶者等,提供在线单项课程、在线学位课程以及在线证书课程。

表1-3　Coursera平台课程列表

序号	学科门类	数量	序号	学科门类	数量
1	艺术与人文	338	2	商务	1095
3	计算机科学	668	4	数据科学	425
5	信息技术	145	6	健康	471
7	数学与逻辑	70	8	个人发展	137
9	物理科学与工程	413	10	社会科学	401
11	语言学习	150	合　计		4313

续表

序号	学科门类	数量	序号	学科门类	数量
课程展示					

（三）edX平台①

edX平台（具体见图1-3）是由美国麻省理工学院和哈佛大学联合创立的非营利大规模在线开放课程平台,2012年秋季正式上线,旨在建立世界顶尖高校联合的共享教育平台,搭建全世界网络学习社区,推动新型在线学习的发展。

图1-3　edX平台（https://www.edx.org/）

① 本节涉及数据根据2020年4月2日平台网站课程数据整理形成。

edX平台携手加州大学伯克利分校、波士顿大学、牛津大学、乔治敦大学、澳大利亚国立大学、清华大学、北京大学、东京大学、首尔国立大学等全世界顶尖大学，在全球范围内推广了2万多门课程，支持32种语言，拥有超过4000万学习者，推出了单项课程（具体见表1-4）、"微学士"课程、"微硕士"课程、专业证书课程、在线硕士课程以及Xseries课程等（具体见表1-5）。

表1-4 edX平台单项课程列表

序号	学科门类	数量	序号	学科门类	数量
1	建筑	42	2	艺术与文化	155
3	生物与生命科学	200	4	商业与管理	596
5	化学	56	6	通信	138
7	计算机科学	697	8	数据分析与统计	264
9	设计	80	10	经济与金融	280
11	教育与师资培训	140	12	电子	72
13	能源与地球科学	76	14	工程	435
15	环境研究	154	16	伦理	20
17	食品与营养	45	18	健康与安全	153
19	历史	154	20	人文	286
21	语言	66	22	法学	85
23	文献	66	24	数学	146
25	医学	184	26	音乐	27
27	慈善事业	3	28	哲学与伦理	92
29	物理	164	30	科学	256
31	社会科学	380		合计	5512

表1-5　edX平台其他课程列表

序号	课程类型	数量	序号	课程类型	数量
1	微学士	2	2	微硕士	59
3	专业证书	125	4	在线硕士学位	11
5	Xseries	40	6	专业教育	76

二、英国在线开放课程的发展①

FutureLearn平台(具体见图1-4)是英国首家在线教育平台,由从事远程教育

① 本节涉及数据根据2020年4月3日平台网站课程数据整理形成。

40多年的英国公开大学创立，旨在发挥社交网络的专长与优势，营造参与式的在线学习经历。

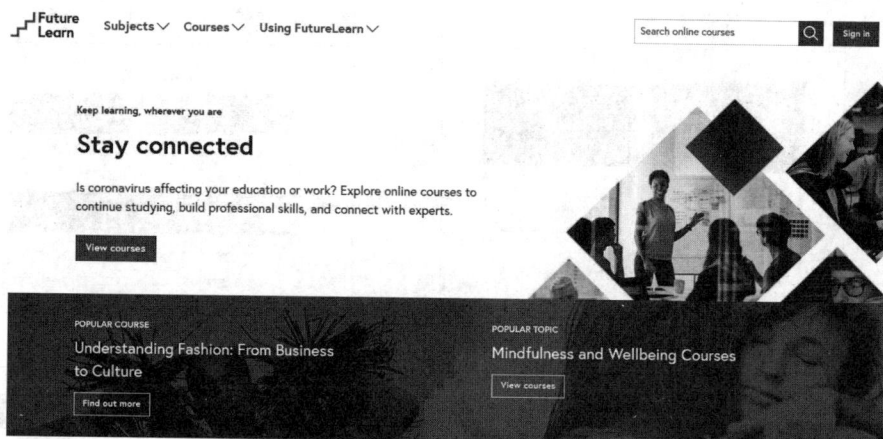

图1-4　FutureLearn平台（https://www.futurelearn.com/）

FutureLearn平台2012年12月进入MOOC市场，首批推出20门线上课程，涵盖文学、历史、社会科学、计算与IT、环境与持续发展、市场营销、心理学、物理学等领域。FutureLearn平台通过与国际顶尖大学和专业组织合作，提供在线课程和学位，吸引了来自世界各地的700万名学习者（具体见表1-6）。

表1-6　FutureLearn平台"在线课程"列表

序号	学科领域	专业方向	课程数量
1	商业与管理	数字分析、数字营销、创业精神、财务与会计、人力资源、革新、管理与领导、市场营销、专业发展、项目管理、社交媒体	158
2	创意艺术与媒体	时尚、音乐、摄影与视觉艺术、写作	33
3	医疗保健	抗菌和抗药性、癌症、疾病暴发预防、生育与出生、卫生保健、医疗技术、护理学、营养学、药学	164
4	历史	古代历史、考古学、英国历史、爱尔兰历史、中世纪史、军事史、罗马历史、社会史	44

续表

序号	学科领域	专业方向	课程数量
5	IT与计算机科学	人工智能与机器人、商业技术、编码与编程、网络安全、游戏开发	80
6	语言	英语、德语、意大利语、挪威语、西班牙语、语言学	69
7	法学	——	19
8	文学	——	11
9	自然与环境	农业、气候、生态、食品科技、可持续发展	60
10	政治与社会	犯罪学、地缘政治、宗教、社会问题	77
11	心理与心理健康	焦虑与抑郁、正念与幸福、心理学、青年心理健康	45
12	科学、工程与数学	生物与生物技术、化学、数据科学、地球科学、经济学、工程、数学、物理	123
13	学习技巧	——	39
14	教学	在线教学、包容性教学、语言教学、小学教育教学、教师专业发展、中学教育教学、STEM教学、教学计算、英语教学、数学教学、科学教学	118
课程展示			

FutureLearn平台结合学习者职业发展需求,在线提供形式灵活的短期课程、在线学位、微专业等线上课程(具体见表1-7)。

表1-7　FutureLearn平台"其他课程"列表

序号	学科领域	短期课程数量	在线学位数量
1	商业与管理	107	24

续表

序号	学科领域	短期课程数量	在线学位数量
2	创意艺术与媒体	24	1
3	医疗保健	99	6
4	历史	29	1
5	IT 与计算机科学	48	4
6	语言	41	1
7	法学	12	0
8	文学	8	1
9	自然与环境	32	2
10	政治与社会	39	1
11	心理与心理健康	24	1
12	科学、工程与数学	72	6
13	学习技巧	34	0
14	教学	83	3
课程展示			

三、荷兰在线开放课程发展①

OpenupEd平台(具体见图1-5)是荷兰开放大学发布的第一个覆盖欧洲的在线开放课程平台,集合了来自法国、意大利、立陶宛、荷兰、波兰、斯洛伐克、西班牙、英

① 本节涉及数据根据2020年4月3日平台网站课程数据整理形成。

国、俄罗斯、土耳其、以色列等11个国家的许多机构。首批上线40余门课程,大部分课程以各大学所在国家的母语进行教授。

OpenupEd平台是一个非营利性的开放课程平台,旨在形成独特的优质品牌,提供高质量的开放MOOC教学资源,提供多种学习和分享知识的方式,为学习者提供参加在线高等教育的机会。OpenupEd平台联合奥尔胡斯大学、阿纳多卢大学、希腊开放大学、尼日利亚国立开放大学、以色列公开大学、荷兰公开大学、阿伯塔大学、德比大学等高等教育学府,涉及中文、俄语、英语、法语、德语、希腊语、葡萄牙语、西班牙等18种不同语言类型,提供400余门在线开放课程。

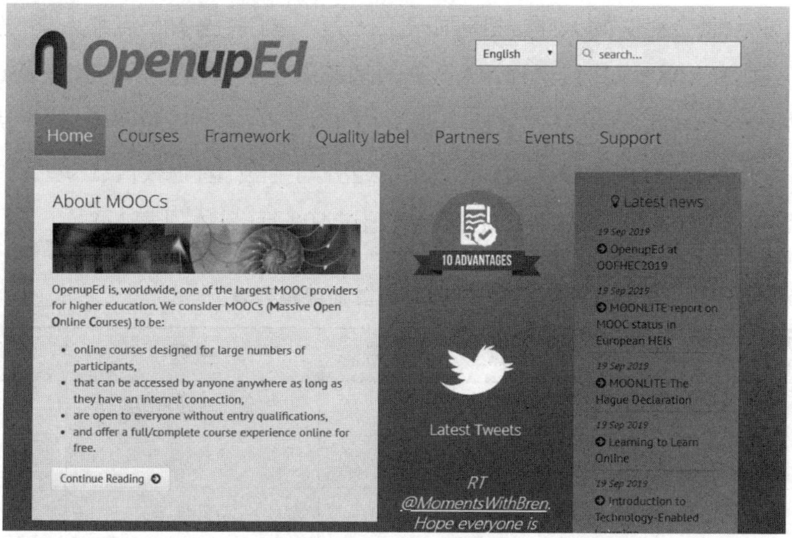

图1-5 openuped平台(https://openuped.eu/)

四、法国在线开放课程的发展[①]

法国FUN(法国数字大学城)是由法国教育部成立,旨在为法国大学提供服务的教学管理机构。2013年,法国教育部宣布利用edX开源代码开发国家MOOC平台,超过100所法国高等教育机构加入,首批上线20门法语课程。FUN平台(具体见图1-6)整合各大学及科研机构的相关资源,面向高中生、大学生、在职人员以及求职者提供在线课程服务,其最终目的是普及高等教育,提高大学毕业率,支持继

---

① 本节涉及数据根据2020年4月3日平台网站课程数据整理形成。

续教育和职业培训。

图1-6　FUN平台（https://www.fun-mooc.fr/）

　　FUN平台联合赫萨姆大学、法国国家工艺美术学院、巴黎萨克莱大学、巴黎城市索邦大学、里昂大学、巴黎科学通讯社、法国国家领土公共服务中心等近150家法国大学、国外大学、学术合作机构，累计上线565门数字化在线开放课程，其中法语课程有517门，占比91.5%，覆盖教育培训、法律、经济与金融、创业教育、环境、计算机、语言、管理等40多个课程主题，平台注册学员超过600万（具体见表1-8）。

表1-8　FUN平台其他课程列表

序号	主题	数量	序号	主题	数量
1	农学与农业	29	2	艺术、创作和设计	26
3	化学	12	4	交流	23
5	文化与文明	37	6	发现宇宙	6
7	可持续发展	42	8	法律	44
9	经济与金融	42	10	教育培训	87
11	社会问题	143	12	创业教育	17
13	环境	64	14	地理	13
15	历史	30	16	计算	64
17	创新	37	18	语言	24
19	字母	8	20	管理	48
21	数学和统计学	32	22	媒体	11
23	数字技术	111	24	准则	35

续表

序号	主题	数量	序号	主题	数量
25	研究工具、方法和挑战	30	26	哲学	5
27	物理	33	28	程序设计	31
29	国际关系	22	30	网络和电信	18
31	卫生	86	32	科学	89
33	认知科学	18	34	地球与宇宙科学	20
35	生命科学	47	36	人文和社会科学	65
37	政治科学	27	38	工程科学	64
39	运动	9	40	TPE-PME	8
41	公司生活	50		合计	1607

五、澳大利亚在线开放课程的发展[①]

Open2Study 平台是澳大利亚开放大学(OUA)创立的免费在线教育平台。首批 10 门在线开放课程涉及护理、人类学、财务管理等领域。Open2Study 平台的合作机构包括麦考瑞大学、墨尔本皇家理工大学、中央技术学院等,推出了以事业探索及职业、生活技能培训为主的课程,以及提供技术与继续教育(TAFE)认证的课程。

Open2Study 平台采取独特的课程模式,每门课程持续 4 周,一年进行 10 轮循环。在线课程包括演讲视频、动画和小测验等,并向所有教育背景的学习者免费开放,只需注册即可上课。平台上的学习社区论坛则不用注册,有意向参与和正在参与课程的学生都可以自由发言或提问。完成课程的在线测试,达到学习预定要求者,可以取得课程证书。Open2Study 平台后期关闭短期课程学习通道,学习者可以直接登录澳大利亚开放大学(OUA)平台(具体见图 1-7),进行本科、研究生课程的在线学习。

---

① 本节涉及数据根据 2020 年 4 月 3 日平台网站课程数据整理形成。

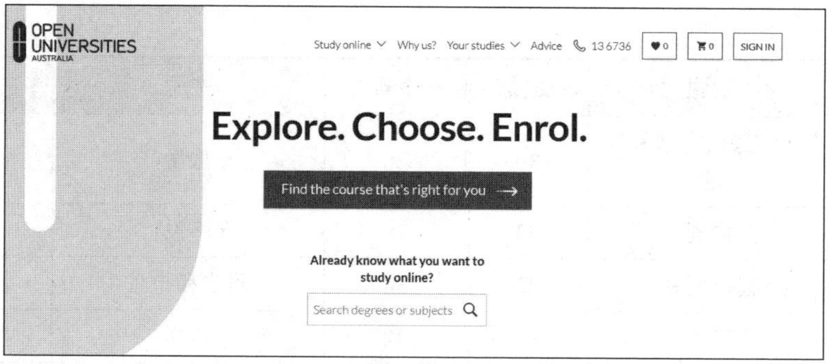

图 1-7　OUA平台（https://www.open.edu.au/）

澳大利亚开放大学（OUA）平台是一个非营利性组织，提供澳大利亚领先大学的 358 个学位、1877 门课程的优质教学资源，自 1993 年以来，平台累计注册学员 434627 位，覆盖人文艺术、商业、教育、健康、信息技术、法律与司法、科学与工程等多个研究领域（具体见表 1-9）。

表 1-9　OUA平台在线资源列表

序号	研究领域	学位数量	课程数量
1	人文艺术	77	648
2	商业	102	364
3	教育	43	185
4	健康	84	154
5	信息技术	12	81
6	法律与司法	28	163
7	科学与工程	19	207

六、日本在线开放课程的发展[①]

日本的商业和技术公司于 2012 年 1 月创建了日本首个 MOOC 平台——schoo，旨在打造为中小学、教育中心和商业机构提供课程的平台。在高等教育 MOOC 建设领域，2013 年 2 月，东京大学加入 Coursera 平台，使东京大学的教育扩展到无法

---

① 本节涉及数据根据 2020 年 4 月 3 日平台网站课程数据整理形成。

赴日留学的人们,吸引了更多的国际学生,进一步提高了学校的国际化水平。同步上线了"从宇宙大爆炸到暗能量"(From the Big Bang to Dark Energy)、"战争与和平的条件"(Conditions of War and Peace)等英文课程。

2013年5月,京都大学加入edX平台,希望世界各地成千上万的学习者共享京都大学高质量的教育资源,学习edX其他伙伴高校改革创新的思路和举措,达到自我完善的目标。2014年春季首批上线了"生命化学"(Chemistry of Life)课程,对于达到学习要求并通过考核的学生颁发KyotoUx的认证。

2013年秋季,在日本大学与企业共同合作之下,日本在线开放课程的平台JMOOC(具体见图1-8)正式成立。该平台由日本公开在线教育促进会运营,旨在推进MOOC的区域性共享发展,为日本本土以及对日本文化感兴趣的学生提供服务。

图1-8　JMOOC平台(https://www.jmooc.jp/)

JMOOC平台联合东京大学、大阪大学、杏林大学、明治大学、早稻田大学等日本的高等教育学府,国立情报学研究所、日本土木学会、日本教育信息学促进会等学术研究机构,以及富士通有限公司、日立集团、普华永道咨询公司、网络学习公司等知名企业,致力于推进JMOOC平台建设、应用和推广。JMOOC平台累计上线近600门课程,覆盖艺术设计、教学学习、健康与医疗、工程学、自然科学、社会科学等12个领域(具体见表1-10)。

表1-10　JMOOC平台课程列表

序号	课程类型	累计数量	序号	课程类型	累计数量
1	艺术设计	8	7	教育学习	29
2	健康与医疗	16	8	工程学	58
3	计算机科学	92	9	自然科学	32

续表

序号	课程类型	累计数量	序号	课程类型	累计数量
4	社会科学（经济学、传播学等）	60	10	人文（心理学、历史等）	58
5	统计与数学	40	11	商业与管理	63
6	资格考试准备	18	12	科学与工程基础学科	80

JMOOC平台提供的课程类型主要包括：大学提供的定期讲座，称之为第一类课程；职业技术学院提供的课程、公共研究机构推荐的课程以及学术团体推荐的课程，称之为第二类课程；大学提供的特别讲座和公开讲座以及公司提供的同等水平讲座，称之为第三类课程。学习者接受在线发布的免费课程。满足结业条件者，可以申请获得结业证书。

第二节 在线开放课程的中国路线

纵观中国在线开放课程的发展历程，推行以项目导向的课程内涵建设工作机制，初步形成了"MOOC+SPOC"双元并行模式，积聚了一批高质量的具有中国特色高等教育的"金课"。

一、国家精品课程项目（2003—2010年）

（一）政策指导

2003年，教育部发布《关于启动高等学校教学质量与教学改革工程精品课程建设工作的通知》（教高〔2003〕1号），在全国范围内启动高等学校精品课程建设项目。

（二）项目内涵

精品课程是具有一流教师队伍、一流教学内容、一流教学方法、一流教材、一流教学管理等特点的示范性课程。作为高等学校教学质量与教学改革工程的重要组成部分，精品课程建设坚持理论教学与实践教学并重的原则，科学制定课程建设规划，加强教学队伍团队建设，推进教学内容和课程体系改革，引进先进的教学方法和手段,重视精品课程配套教材建设,建立切实有效的激励和评价机制。①

(三)建设成效

精品课程采用网络进行教学与管理,相关的教学大纲、教案、习题、实验指导、参考文献目录等要求上网并免费开放,鼓励将网络课件、授课录像等上网开放,实现优质教学资源共享,带动其他课程的建设。2003—2010年教育部连续8年开展精品课程评审工作,累计评选出3910门国家精品课程(具体见表1-11),覆盖本科层次、高职高专层次,分布于不同学校、不同学科和不同地区②。

表1-11 国家精品课程历年立项列表

序号	年份	本科层次立项数量	高职层次立项数量	其他类型立项数量	合计
1	2003	127	24	0	151
2	2004	249	51	0	300
3	2005	248	61	5	314
4	2006	263	106	5	374
5	2007	411	172	77	660
6	2008	400	200	69	669
7	2009	400	200	79	679
8	2010	438	229	96	763
合计		2536	1043	331	3910

二、国家精品开放课程项目(2011—2014年)

(一)政策指导

2011年,教育部发布《关于国家精品开放课程建设的实施意见》(教高〔2011〕8号),提出利用现代信息技术手段,加强优质教育资源开发和普及共享,进一步提高

---

① 教育部发布《关于启动高等学校教学质量与教学改革工程精品课程建设工作的通知》[EB/OL].(2003-04-08)[2020-05-01].http://old.moe.gov.cn//publicfiles/business/htmlfiles/moe/s3843/201010/109658.html.

② 潘爱珍,沈玉顺.国家精品课程建设回顾与检视[J].高等工程教育研究,2012(3):141-145.

高等教育质量,服务学习型社会建设,开展国家精品开放课程建设工作①。

(二)项目内涵

国家精品开放课程包括精品视频公开课与精品资源共享课,是以普及共享优质课程资源为目的,体现现代教育思想和教育教学规律,展示教师先进教学理念和方法、服务学习者自主学习、通过网络传播的开放课程。

精品视频公开课是以名师名课为基础,以高校学生为服务主体,同时面向社会公众免费开放的科学、文化素质教育网络视频课程与学术讲座。课程着力推动高等教育的开放,弘扬社会主义核心价值体系,弘扬主流文化,宣传科学理论,广泛传播人类文明优秀成果和现代科学技术前沿知识,提升高校学生以及社会大众的科学文化素养,服务社会主义先进文化建设,增强我国的文化软实力和中华文化的国际影响力。

精品资源共享课是以高校教师和学生为服务主体,同时面向社会学习者的基础课和专业课等各类网络共享课程。课程以教学资源的系统、完整为基本要求,以基本覆盖各专业的核心课程为目标,旨在推动高等学校优质课程教学资源共建共享,着力促进教育教学观念转变、教学内容更新和教学方法改革,促进现代信息技术在教学中的应用,实现优质课程教学资源共享,提高人才培养质量,服务学习型社会建设。

(三)建设成效

国家精品开放课程通过"爱课程"官方平台(具体见图1-9)对外发布课程,采用政府主导、高等学校自主建设、专家和师生评价遴选、社会力量参与推广的建设模式。

图1-9 爱课程平台(http://www.icourses.cn/home/)

---

① 教育部发布《关于国家精品开放课程建设的实施意见》[EB/OL].(2011-10-12)[2020-05-01].http://www.moe.gov.cn/srcsite/A08/s5664/moe_1623/s3843/201110/t20111012_126346.html.

"十二五"期间,整体规划、择优遴选、分批建设、同步上网的精品视频公开课共992门(具体见表1-12);优化结构、转型升级、多级联动、共建共享的精品资源共享课共2884门(具体见表1-13至表1-16)。

表1-12　国家视频公开课程列表

序号	学科分类	立项数量	序号	学科分类	立项数量
1	哲学	48	2	经济学	51
3	法学	62	4	教育学	40
5	文学	115	6	历史	53
7	理学	105	8	工学	227
9	农学	37	10	医学	112
11	管理学	63	12	艺术学	75
13	就业创业课	4	合　计		992
课程展示					

表1-13　国家资源共享课程列表(本科)

序号	学科分类	数量	序号	学科分类	数量
1	哲学	15	2	经济学	66
3	法学	77	4	教育学	55
5	文学	109	6	历史	23
7	理学	278	8	工学	642
9	农学	99	10	医学	241
11	管理学	124	12	艺术学	36
13	就业创业课	0	合　计		1765

续表

序号	学科分类	数量	序号	学科分类	数量
课程展示					

表1-14 国家资源共享课程列表(高职)

序号	专业分类	数量	序号	专业分类	数量
1	农业牧渔大类	50	2	交通运输大类	52
3	生化与药品大类	36	4	资源开发与测绘大类	21
5	能源与材料大类	22	6	土木建筑大类	48
7	水利大类	11	8	制造大类	149
9	电子信息大类	100	10	环保、气象和安全大类	9
11	轻纺食品大类	44	12	财经大类	73
13	医药卫生大类	43	14	旅游大类	15
15	公共事业大类	11	16	文化教育大类	45
17	艺术设计传媒大类	25	18	公安大类	0
19	法律大类	5	合 计		759
课程展示					

表1-15　国家资源共享课程列表（教师教育）

序号	分类	数量	序号	分类	数量
1	幼儿教师培养课程	47	2	小学教师培养课程	53
3	中学教师培养课程	76	4	中等职业学校教师培养课程	23
合 计				199	
课程展示					

表1-16　国家资源共享课程列表（网络教育）

序号	学科分类	数量	序号	学科分类	数量
1	哲学	0	2	经济学	9
3	法学	9	4	教育学	10
5	文学	21	6	历史	4
7	理学	11	8	工学	42
9	农学	5	10	医学	
11	管理学	38	12	艺术学	2
13	就业创业课	0	合　计		160
课程展示					

三、在线开放课程（2015年至今）

（一）政策指导

2015年，教育部出台《关于加强高等学校在线开放课程建设应用与管理的意见》（教高〔2015〕3号），要求紧紧围绕立德树人的根本任务，遵循教育教学规律，深化高等教育的教育教学改革，主动适应学习者个性化发展和多样化终身学习需求，立足国情建设在线开放课程和公共服务平台，加强课程建设与公共服务平台运行监管，推动信息技术与教育教学深度融合，促进优质教育资源应用与共享，全面提高教育教学质量。[①]

（二）项目内涵

在线开放课程项目旨在建设一批以大规模在线开放课程为代表、课程应用与教学服务相融通的优质在线开放课程。综合考察课程的教学内容与资源、教学设计与方法、教学活动与评价、教学效果与影响、团队支持与服务等要素，采取先建设应用、后评价认定的方式，积聚一批国家精品在线开放课程。

重点推进在线开放课程公共服务平台建设，促进在线开放课程的广泛应用，规范在线开放课程的对外推广与引进，加强在线开放课程建设应用的师资和技术人员培训，推进在线开放课程学分认定和学分管理制度创新，形成"高校主体、政府支持、社会参与"的在线开放课程可持续发展的"中国经验"。

（三）建设成效

通过教育部的积极政策引导，我国高水平大学率先开展大规模在线开放课程建设，清华大学发起成立"学堂在线"、北京大学发起成立"华文慕课"、上海交通大学发起成立"好大学在线"、深圳大学发起成立"高校UOOC联盟"、北京外国语大学发起成立"中国高校外语慕课平台（UMOOCs）"。

同时，知名教育类企业、互联网企业纷纷加盟，陆续上线多种类型的大规模在线开放课程平台，积极探索适合我国国情的多种类型在线课程的开放与应用，具体有：高等教育出版社爱课程网和网易合作推出"中国大学MOOC"；高等教育出版社有限公司发起上线的"智慧职教MOOC"；国家卫生健康委员会发起，人民卫生

---

① 教育部出台《关于加强高等学校在线开放课程建设应用与管理的意见》（教高〔2015〕3号）》[EB/OL]．（2015-04-16）[2020-05-01]．http://www.moe.gov.cn/srcsite/A08/s7056/201504/t20150416_189454.html.

出版社有限公司研发的"人卫慕课";北京超星尔雅教育科技有限公司研发上线的"超星尔雅"平台;上海卓越睿新数码科技有限公司研发上线的"智慧树网";网易（杭州）网络有限公司研发上线的"网易云课堂";浙江省教育厅联合浙江广播电视大学、浙江蓝奥教育科技有限公司研发上线的"浙江省高等学校在线开放课程共享平台"等。

　　2017年教育部首次认定"国家精品在线开放课程"490门,2018年第二批认定801门,入选课程以本科教育和高等职业教育公共课、专业基础课、专业核心课为重点,其中涵盖中华优秀传统文化课、创新创业课以及思想政治课程。入选的课程质量高、共享范围广、应用效果好、示范性强,从整体上代表了当前我国在线开放课程的最高水平（具体见表1-17至表1-19）。

表1-17　国家精品在线开放课程列表

批次/年份	本科教育课程	专科高等职业教育课程	小计
第一批/2017	468	22	490
第二年/2018	690	111	801
合　计	1158	133	1291

表1-18　国家精品在线开放课程平台列表（2017年）

课程平台	本科教育课程	专科高等职业教育课程	小计
Coursera	2	0	2
edx	9	0	9
FutureLearn	1	0	1
爱课程（中国大学MOOC）	315	7	322
超星尔雅	7	0	7
好大学在线	3	1	4
华文慕课	9	0	9
人卫慕课	13	8	21

续表

课程平台	本科教育课程	专科高等职业教育课程	小计
学堂在线	67	0	67
优课联盟	3	0	3
浙江省高等学校精品在线开放课程共享平台	2	2	4
智慧树	37	4	41
合计	468	22	490

表1-19　国家精品在线开放课程平台列表(2018年)

课程平台	本科教育课程	专科高等职业教育课程	小计
爱课程(中国大学MOOC)	503	91	594
安徽省网络课程学习中心(e会学)	2	4	6
北京高校优质课程研究会	11	0	11
重庆高校在线开放课程平台	2	1	3
高校邦慧慕课	0	1	1
好大学在线	8	0	8
华文慕课	3	0	3
人卫慕课	2	0	2
网易云课堂	4	0	4
学堂在线	54	3	57
学银在线	2	1	3
优课联盟	8	0	8
优学院	1	0	1
智慧树	89	10	99
中国高校外语慕课平台	1	0	1
合计	690	111	801

第二章　在线开放课程的教育本源

第一节　在线开放课程的基本认知

MOOC开创了信息时代的新纪元、课程的新天地、学堂的新时空,推动了优质教学资源的普及和共享,有助于高等教育改革和进步[1],营造了"人人皆学、处处能学、时时可学"的教育信息化环境。

一、MOOC的教育内涵

信息技术在教育领域的应用,推动了教学模式的发展。2008年,戴夫·科米尔(Dave Cormier)和布莱恩·亚历山大(Bryan Alexander)提出新的网络教育模式"大规模开放式在线课程"(massive open online courses,MOOC)[2]。MOOC的教学特点是根据教育学和认知心理学原理,以知识点作为基本教学单元的组织模式和学习方式,包括讲课视频、作业练习、论坛互动、邮件、考试等五大要素相互交织而成的网络教学过程[3]。在MOOC模式下,教师是资源的提供者和建设者、课程的发起者和设计者、课堂的组织者与协调者;而学生按照自己的兴趣选择课程内容,依据自己的时间安排,观看教学视频、阅读相关材料、参加线上线下互动式讨论并完成课程作业与测试(具体见表2-1)。MOOC以前所未有的开放性和透明性,通过启

---

① 邱晓红,邱小平.大学MOOC及其教学效果提升策略研究[M].北京:清华大学出版社,2018:2.

② 高地.MOOC热的冷思考——国际上对MOOCS课程教学六大问题的审思[J].远程教育杂志,2014(2):39-47.

③ MOOC学院.2014年慕课学习者调查报告[EB/OL].(2014-9-7)[2020-05-01].http://www.360doc.com/content/14/0907/20/18679392_407699031.shtml.

发式、引导式教学吸引了越来越多的用户①。

表2-1　MOOC的内涵特征

字母	全称	特征	含　义
M	massive	大规模	学习者数量不受限制,形成大规模在线交互学习社群,集结了"海量"的课程学习数据
O	open	开放性	学习者注册成功后,可以任何时间、任何地点,免费或低成本地学习全球范围内的优质课程
O	online	在线化	学习者需要通过在线学习环境,以在线学习为基本方式,对在线课程进行远程学习
C	course	课程性	具备完整的课程结构,通过发布数字化资源、组织在线教学活动进行线上教学,学习者完成课程学习并通过相关在线测试与考试,可以获取结课证明或课程证书

MOOC使自主式学习、碎片化学习、社群化学习成为一种学习的新常态,以教材、视频、课件、习题、讨论的多通道学习,为在线学习创造无限精彩,进而实现了因材施教、按需施教的教育愿景。

二、MOOC的应用类型

MOOC标准化应用模式是通过网络课程平台虚拟大课堂,建设与发布在线开发课程,积聚不同地域、不同层次的学员,不受时空约束地共同学习与研讨。根据成绩评价和学分认定,通常可以划分为三种应用类型,具体如下。

类型1:线上学习—线上测试—认定学分。该类型社会学员和在校生同步学习,经过网上在线学习和线上统一测试,获得MOOC证书,并由学校根据证书成绩认定对应的课程成绩和学分。

类型2:线上学习—线上测试与线下测试相结合—认定学分。该类型社会学员和在校生同步学习,网上在线学习和线上统一测试,获得MOOC成绩或MOOC证书。同时,组织多种形式的线下测试,获得线下测试成绩。将MOOC成绩与线下成绩按照不同比例折算成课程最终成绩,并获得对应的课程学分。

---

① 蔡灵,等.2017—2021年慕课行业深度调研及投资前景预测报告[M].北京:中国产业信息出版社,2016:51-60.

类型3:线上学习—由第三方组织课程测试—认定学分。该类型由第三方提供监督测试的环境,由MOOC发布者提供试卷和测评,根据测试成绩,申请获取MOOC证书,并由学校根据证书成绩认定对应课程成绩和学分。

三、MOOC+SPOCs的教学创新

校内专属课程SPOC(Small Private Online Course),称为小规模限制性在线课程。区别于MOOC面向全社会学习者的大规模、无限开放,SPOC强调针对特定学习人群的小规模、有限开放。根据引用MOOC资源的程度,可以划分为同步SPOC和异步SPOC。其中:同步SPOC是指教师同步使用平台开设MOOC课程资源进行本校小范围教学;异步SPOC是指教师根据平台开设的MOOC课程资源,结合本校学生实际情况,进行二次教学设计与课堂应用。

"MOOC+SPOCs"教学模式(具体见图2-1)有效地建立了学生"自学—互学—群学"、教师"引导—指导—督导"的新型教学环境,提供了针对不同层次、不同学生基础的学校进行差异化教学的有效解决方案[①],既保留了高水平优质MOOC资源的教学体系完整性,又体现了不同高校SPOC教学应用的差异性与特色性,充分调动与保护MOOC教师和SPOC教师双方参与教育教学改革的积极性。

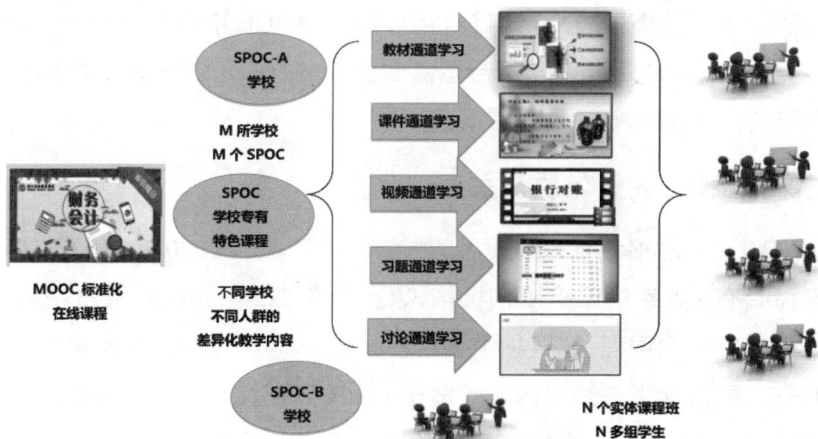

图2-1　MOOC+SPOCs的教学模式

---

① 战德臣,等."MOOC+SPOC+翻转课堂"大学教育教学改革新模式[M].北京:高等教育出版社,2018:71-75.

第二节　在线开放课程的发展核心

MOOC面临的庞大学习群体、智能移动的数字学习环境,带动了教学设计理念、方法、技术等的重大改革与突破。"平台定位—课程设计—教学应用"作为在线开放课程设计、开发与应用的关键环节,是推进开放教育资源共建、共享和共用的重要因素,是实现建设一批以大规模在线开放课程为代表、课程应用与教学服务相融通的优质在线开放课程的重要前提。

一、平台定位:公益与市场关系

以MOOC为代表的在线教育呈现了高速发展态势,涌现了中国大学MOOC、智慧职教MOOC、学堂在线、好大学在线、智慧树、华文慕课、UOOC联盟等一大批由教育主管部门、以各大高校等为主要力量,设计、建设、开发的优质MOOC平台。平台积聚课程展示、用户管理、课程信息、学习资源、互动讨论、答疑点评、作业考试、教学评价等多个教学模块功能。

但从其发展现状来看,主要存在平台同质化竞争激烈、可持续发展能力不足等问题。建议教育主管部门制订MOOC技术标准,进一步规范平台功能定位、技术参数和监管要求。各高校应结合自身特色,确定MOOC平台发展定位,实施战略发展的差异化策略、选择合理的平台运营商业模式,解决好公益性与市场化的关系,实现平台的可持续发展。

二、课程设计:数量与质量关系

高质量MOOC是平台可持续发展的关键因素。截至2020年3月底,中国大学MOOC平台共有388家供课院校和机构,累计发布7224门课程;智慧职教MOOC平台累计发布1644门课程;超星尔雅平台累计发布486门课程;好大学在线平台累计发布941门课程;学堂在线平台累计发布1935门课程;网易云课堂平台发布课程数量已高达10000门以上,海量在线优秀课程的积聚体现了中国MOOC的规模效应。

但从其应用情况来看,主要存在课程结课率偏低、跨校大规模应用不足、国际输出课程数量不多等问题。建议由教育主管部门出台相关MOOC课程建设质量标准、跨校学分认定与转换制度、资历框架体系下"学分银行"认定办法,推进

MOOC大规模应用与推广；联合各个专业指导委员会，成立MOOC专家工作组，全面负责课程的准入审核、过程监管、诊断改进等相关工作，避免以MOOC平台为中心的重复建设、无效建设和盲目建设问题，不断提升课程建设质量与国际水准。

三、教学应用：教育与技术关系

MOOC应用推进高校内部、高校之间等多种课程共享应用模式，线上与线下、课堂与实训、院校教师与行业专家相结合的混合式教学改革模式大量涌现，积累了一批因地因校制宜解决在线课程资源适用性问题的成功经验。

但由其应用成效来看，主要存在个体差异化的学习诉求无法满足，师生、生生相互讨论学习效果不佳，教学信息化与课堂改革匹配度不高等问题。建议课程负责人结合不同国家、不同职业、不同基础的学习者，细化课程资源的颗粒度，明确难中易的教学标签，利用大数据学习反馈，针对性推送学习资源，以满足分层次在线教育的需求。积极构建混合式学习社群，引导学生进行学习反思与互动讨论，形成全员性协作学习模式；积极开展教育信息化的应用研究，拓展主观题型的自动评分功能，开发晋级型、闯关型等"寓教于乐"类的在线题库，积极探索机器评分、学生自评、团队互评、教师评价等多元化教学评价技术。

设 计 篇

第三章 在线开放课程的共享平台

第一节 中国大学MOOC平台

中国大学MOOC(慕课)是国内优质的中文MOOC学习平台,是由网易与高等教育出版社携手推出的在线教育平台,它承接教育部国家精品开放课程任务,向大众提供中国知名高校的MOOC课程(具体见图3-1)。平台拥有众多985名校的优质课程,广泛认可的证书支持,全新的在线教学体验,让每一个有意愿提升自己的人都可以免费获得更优质的高等教育,利用互联网的渠道和手段,打破课堂壁垒,促进教育公平。

图3-1 中国大学MOOC平台(https://www.icourse163.org/[①])

一、名校优质课程

中国大学MOOC平台积聚一批名校优质的大学课程,主要涵盖国家精品课程以及计算机、外语、理学、工学、经济管理、心理学、文史哲、艺术设计、医药卫生、教

---

① 本章节涉及数据是根据2020年3月15日平台网站课程数据整理形成。

育教学、法学、农林园艺等学科门类的海量高校课程(具体见表3-1)。

表3-1　中国大学MOOC平台"大学课程"列表

序号	课程门类	数量	具体模块	课程展示
1	国家精品	820	计算机、外语、理学、工学、经济管理、心理学、文史哲、艺术设计、医药卫生、教育教学、法学、农林园艺	
2	计算机	281	前沿技术、程序设计与开发、计算机基础与应用、软件工程、网络与安全技术、硬软件系统及原理、C语言不挂科、2021考研计算机、2020考研计算机	
3	外语	350	听力/口语、语法/阅读、写作/翻译、文学与语言学、专门用途英语、综合语种、跨文化交际、对外汉语、大学英语、四六级/雅思、BEC/新概念、听说读写单项、万词班、考研英语	
4	理学	765	数据分析、数学、物理、化学、天文学、地理科学、生物科学、大气与海洋、数理不挂科、20考研数学、21考研数学	
5	工学	1260	数据分析、电气信息、机械、土建水利、力学、材料、交通运输、化工与生物制药、能源矿业、轻纺食品、航空航天、农林环境、安全、工学不挂科	
6	经济管理	825	金融考证、经济、金融、电商与贸易、会计、管理、图书情报、创新创业、思维力	

续表

序号	课程门类	数量	具体模块	课程展示
7	心理学	64	心理学	
8	文史哲	436	公务员考试、文学文化、新闻传播、哲学、历史	
9	艺术设计	300	设计、艺术学、美术学、戏剧与影视、设计学、音乐与舞蹈、考研设计	
10	医药卫生	382	基础医学、临床医学、公共卫生、口腔医院、中医中药学、药学、护理学、健康	
11	教育教学	296	公务员考试、考研教育学、教学方法、教学能力、信息化教学、职业素养、学科教学、素质教育、体育教育、学前教育	
12	法学	275	2021考研政治、法学、思政、社会	

续表

序号	课程门类	数量	具体模块	课程展示
13	农林园艺	153	公务员考试、植物、动物、生态	

二、升学择业辅导

中国大学MOOC平台的升学择业板块，主要提供期末不挂、21考研、四六级雅思、实用英语、考证就业等模块，助力学子升学、择业的多元辅导（具体见图3-2、图3-3）。

图3-2　"期末不挂"模块课程门类

图3-3　"四六级雅思"模块课程门类

三、名师学习专栏

中国大学MOOC平台的名师专栏板块，主要提供热门专栏、讲座Live、效率、职场实用技能、情商、思维力、外语、爱情、钢琴、人文、二胡、其他等类别(具体见表3-2)。

表3-2　中国大学MOOC平台"名师课程"列表

序号	专栏	数量	序号	专栏	数量
1	热门专栏	11门	2	讲座Live	3门
3	效率	3门	4	职场实用技能	6门
5	情商	4门	6	思维力	5门
7	外语	5门	8	爱情	2门
9	钢琴	7门	10	人文	5门
11	二胡	7门	12	其他	2门
课程展示					

四、合作学校机构

中国大学MOOC平台共有388家供课院校和机构。其中浙江大学供课数量183门,位居榜首(具体见图3-4);西安交通大学供课数量163门,排名第二;北京交通大学供课数量149门,排名第三;其他供课数量达100门以上的院校主要包括:山东大学、四川大学、哈尔滨工业大学、武汉大学、东北大学、华中农业大学、西安交通大学等（具体见表3-3）。

图3-4 中国大学MOOC平台——浙江大学校园云

表3-3 中国大学MOOC平台上线课程（Top12）

序号	学校名称	课程数量	序号	学校名称	课程数量
1	浙江大学	183	7	武汉大学	115
2	西安交通大学	163	8	东北大学	110
3	北京交通大学	149	9	华中农业大学	109
4	山东大学	145	10	西南交通大学	108
5	四川大学	143	11	东南大学	107

序号	学校名称	课程数量	序号	学校名称	课程数量
6	哈尔滨工业大学	128	12	电子科技大学	102

第二节　智慧职教MOOC平台

"智慧职教MOOC平台"是由高等教育出版社建设和运营的职业教育数字教学资源共享平台和在线教学服务平台(具体见图3-5)。平台一直致力于用信息化手段扩大优质教育资源覆盖面,构筑"人人皆可成才"之路,共同打造"智慧职教"。

图3-5　智慧职教MOOC平台(https://mooc.icve.com.cn/[①])

一、教学资源库平台

教学资源库平台积聚了国家"职业教育专业教学资源库"项目的建设成果,作为面向全社会共享的指定平台,为广大职业教育教师、学生、企业员工和社会学习者,提供优质数字资源和在线应用服务,促进职业教育教学改革,扩展教与学的手段与范围,提高教与学的效率与效益,推动学习型社会建设。同时,平台开放汇聚和运营省级、校级以及企业资源库的建设成果,为各级各方各类资源库的集成共享和推广应用提供支撑服务(具体见图3-6)。

---

① 本章节涉及数据是根据2020年3月15日平台网站课程数据整理形成。

41

图3-6 教学资源库平台(https://www.icve.com.cn/)

平台累计积聚了国家级职业教育专业教学资源库项目160个,省级职业教育专业教学资源库项目147个,院校级职业教育专业教学资源库项目88个,企业类职业教育专业教学资源库项目6个,学会类职业教育专业教学资源库项目5个,基本覆盖职业教育领域的核心主流专业的教学资源库项目。

会计专业国家教学资源库

高职会计专业教学资源库(具体见图3-7)于2010年立项,2011年6月建设完成。项目由山西省财政税务专科学校和山东商业职业技术学院共同主持,并聘请财政部会计司原司长刘玉廷教授担任首席顾问,聘请15所学校及单位的专家成立了领导小组,实施项目的全方位监管。资源库面向学生用户、教师用户、社会用户、企业用户,建设了课程中心、素材中心、微课中心、培训中心、专业中心,共建共享优质教学资源。项目建设成果于2014年被评为"国家级教学成果奖",培养了"国家万人计划"教学名师2名,国家教学团队1支,省级教学团队1支,国家精品资源共享课6门,省级精品资源共享课3门,省级教学成果奖5项,省级教学名师12名。

图3-7 会计专业教学资源库平台

📦 财务管理专业省级教学资源库

财务管理专业教学资源库(具体见图3-8)以产教深度融合为路径,对接财务管理专业国家级教学标准,依托财务行业新时代发展需要,遵循"一体化设计、结构化课程、颗粒化资源"的建构逻辑,面向学生用户、教师用户、企业用户和社会用户,以专业课程为基础重组整合教学资源,构建了统一在线学习门户系统,打造了"时时、处处、人人"的学习环境,实现了专业资源的共建、共享和共用。资源库主要包括专业级、课程级和素材级三级资源,构建多形态立体化教学资源,创建在线学习社群,创设各类能力训练考核系统,满足教师用户开展混合式教学改革的需求,大幅提升学生用户、社会用户和企业用户的线上学习吸引力,有效满足不同用户的学习需求。

图3-8　财务管理专业教学资源库平台

二、职教云SPOC平台

职教云SPOC平台立足于创新资源应用模式、构建资源共享机制,探索以云服务的方式,为院校或企业开通专属在线教学云平台(具体见图3-9),在"职教云"中构建专属在线教学环境,帮助教师或培训师整合平台资源和专属资源,为学生和员工开设专属在线课程,开展线上线下混合教学或培训。

图3-9 职教云SPOC平台

"职教云"SPOC平台通过导入资源库资源或MOOC平台资源,进行二次教学设计,打造专属的SPOC课堂。"职教云"积极推进线上线下混合式教学改革与实践,畅通课前(具体见图3-10)、课中(具体见图3-11)、课后(具体见图3-12)等教学环节,营造自主型、互动型、探究型的课堂。

图3-10 职教云SPOC平台——课前环节

图3-11 职教云SPOC平台——课中环节

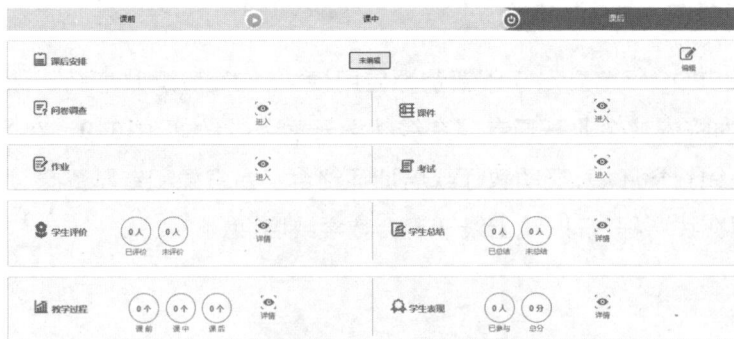

图3-12 职教云SPOC平台——课后环节

三、智慧职教MOOC平台

智慧职教MOOC平台提供了涵盖医疗卫生大类、食品药品与粮食大类、民族文化传承与创新、公共管理与服务大类、装备制造大类、农业牧渔大类、资源环境与安全大类、电子信息大类、土木建筑大类、文化艺术大类、轻工纺织大类、交通运输大类、教育与体育大类、旅游大类、生物与化工大类、新闻传播大类、水利大类、能源动力与材料大类、财经商贸大类、公共基础课等高等教育海量优质课程。其中：财经商贸大类、装备制造大类、电子信息大类、医疗卫生大类、土木建筑大类、公共基础课等6个大类课程总量均突破百门（具体见表3-4）。

表3-4　智慧职教MOOC平台课程列表

序号	专业大类	专业类别	专业方向	数量
1		临床医学类	临床医学、针灸推拿、口腔医学	17
2		公共卫生与卫生管理类	预防医学	4
3		药学类	药学	15
4	医疗卫生大类	康复治疗类	言语听觉康复技术、康复治疗技术、中医康复技术	15
5		健康管理与促进类	老年保健与管理、心理咨询	2
6		医学技术类	医学影像技术、医学检验技术、口腔医学技术、医学美容技术	30
7		护理类	助产、护理	53
8		其他	——	13
		小计		149
9		食品工业类	食品营养与检测、食品加工技术	4
10	食品药品与粮食大类	药品制造业	药品生产技术、中药制药技术、药品质量与安全	18
11		食品药品管理类	药品经营与管理	4
12		粮食储检类	粮食储藏与检测技术	2
13		粮食工业类	粮食工程技术	2

续表

序号	专业大类	专业类别	专业方向	数量
14		其他	——	2
		小计	32	
15	民族文化传承与创新	中国传统金属与泥塑工艺	——	2
16		中国烹饪传承与创新	——	3
17		民族音乐(表演)传承与创新	——	1
18		中华刺绣	——	2
19		百工录:中国工艺美术非遗传承与创新	——	13
20		其他	——	6
		小计	27	
21	公共管理与服务大类	公共事业类	社会工作、青少年工作与管理、社区管理与服务	4
22		公共服务类	老年服务与管理	3
23		公共管理类	公共事务管理、人力资源管理	6
24		其他	——	2
		小计	15	
25	装备制造大类	船舶与海洋工程装备类	船舶工程技术	4
26		汽车制造类	汽车电子技术、汽车检测与维修技术、汽车造型技术、汽车制造与装配技术、新能源汽车技术	46
27		机电设备类	机电设备安装技术、自动化生产设备应用、机电设备维修与管理	7
28		航空装备类	无人机应用技术、航空材料精密成型技术	3
29		自动化类	电梯工程技术、工业机器人技术、机电一体化技术、工业自动化仪表、电气自动化技术、工业过程自动化技术、智能控制技术	67

续表

序号	专业大类	专业类别	专业方向	数量
30		机械设计制造类	模具设计与制造、铸造技术、内燃机制造与维修、理化测试与质检技术、机械装备制造技术、工业设计、数控技术、金属材料与热处理技术、机械制造与自动化、机械设计与制造、焊接技术与自动化、材料成型与控制技术	72
31		铁道装备类	铁道机车车辆制造与维护	1
32		其他	——	27
小计			227	
33	农林牧渔大类	畜牧业类	宠物养护与驯导、动物防疫与检疫、动物医学、畜牧兽医	11
34		渔业类	水产养殖技术	5
35		农业类	园林技术、种子生产与经营、农业装备应用技术、现代农业技术、绿色食品生产与检验、茶树栽培与茶叶加工、植物保护与检疫技术、作物生产技术、农产品加工与质量检测、农业经济管理	20
36		林业类	园林技术	6
37		其他	——	2
小计			44	
38	资源环境与安全大类	资源勘查类	宝玉石鉴定与加工	3
39		金属与非金属矿类	金属与非金属矿开采技术	2
40		地质类	水文与工程地质、岩土工程技术、工程地质勘查	7
41		石油与天然气类	石油工程技术、油气储运技术	4
42		环境保护类	环境监测与控制技术、环境工程技术	11
43		安全类	安全技术与管理	1
44		煤炭类	煤炭开采技术	1

续表

序号	专业大类	专业类别	专业方向	数量
45		测绘地理信息类	地籍测绘与土地管理、工程测量技术、国土测绘与规划	12
46		其他	——	9
小计			50	
47	电子信息大类	通信类	移动通信技术、通信技术、通信工程设计与监理	10
48		电子信息类	电子信息工程技术、物联网应用技术、移动互联网技术、应用电子技术、电子制造技术与设备、智能产品开发	37
49		计算机类	移动应用开发、数字展示技术、数字媒体应用技术、计算机信息管理、软件技术、信息安全与管理、计算机网络技术、计算机应用技术、动漫制作技术	116
50		其他	——	12
小计			175	
51	土木建筑大类	建筑设计类	风景园林设计、建筑室内设计、建筑装饰工程技术、建筑技术	21
52		建设工程管理类	建设工程管理、建设项目信息化管理、工程造价	44
53		市政工程类	市政工程技术	1
54		土建施工类	土木工程检测技术、建筑钢结构工程技术、建筑工程技术、地下与隧道工程技术	34
55		房地产类	房地产经营与管理	4
56		建筑设备类	供热通风与空调工程技术、建筑智能化工程技术、建筑设备工程技术	3
57		其他	——	14
小计			121	
58	文化艺术大类	民族文化类	传统民族技艺、民族美术	3
59		文化服务类	文物修复与保护、公共文化服务与管理	4

续表

序号	专业大类	专业类别	专业方向	数量
60		表演艺术类	歌舞表演	1
61		艺术设计类	包装艺术设计、艺术设计、室内艺术设计、美术、环境艺术设计、摄影与摄像艺术、雕刻艺术设计、广告设计与制作、数字媒体艺术设计、陶瓷设计与工艺、产品艺术设计、服装与服饰设计、动漫设计、视觉传播设计与制作	46
62		其他	——	9
小计			60	
63	轻工纺织类	纺织服装类	服装设计与工艺、丝绸技术、鞋类设计与工艺、染整技术	11
64		印刷类	印刷媒体技术	1
65		轻化工类	化妆品技术、高分子材料加工技术	3
小计			15	
66	交通运输大类	航空运输类	空中乘务、民航通信技术、飞机电子设备维修、民航运输、飞机机电设备维修	24
67		邮政类	邮政通信管理	1
68		水上运输类	航海技术	2
69		铁道运输类	铁路物流管理、高速铁道工程技术、铁道型号自动控制、铁道交通运营管理、铁道工程技术、铁道车辆、铁道供电技术、高速铁路客运服务、动车组检修技术、铁道通信与信息化技术、铁道机车	36
70		道路运输类	工程机械运用技术、道路桥梁工程技术、汽车运用与维修技术、汽车车身维修技术	32
71		城市轨道交通类	城市轨道交通车辆技术、城市轨道交通运营管理、城市轨道交通通信型号技术、城市轨道交通机电技术	15
72		其他	——	12
小计			122	

续表

序号	专业大类	专业类别	专业方向	数量
73	教育与体育大类	教育类	学前教育、英语教育、科学教育、语文教育、心理健康教育、数学教育、小学教育、思想政治教育、早期教育、特殊教育、音乐教育	59
74		文秘类	文秘	1
75		语言类	应用日语、应用外语、商务英语、汉语、旅游英语、应用韩语、应用英语	22
76		体育类	健身指导与管理、社会体育、体育运营与管理、运动训练	7
77		其他	——	6
	小计		95	
78	旅游大类	餐饮类	餐饮管理、西餐工艺、烹饪工艺与营养	20
79		会展类	会展策划与管理	1
80		旅游类	导游、景区开发与管理、旅游管理、酒店管理	46
81		其他	——	5
	小计		72	
82	生物与化工大类	化工技术类	石油化工技术、精细化工技术、化工装备技术、煤化工技术、应用化工技术、工业分析技术	35
83		生物技术类	药品生物技术、化工生物技术、食品生物技术	5
84		其他	——	9
	小计		49	
85	新闻传播大类	广播影视类	广播影视节目制作、播音与主持	5
	小计		5	
86	水利大类	水利工程与管理类	水利水电建筑工程	1
87		水利水电设备类	水利机电设备运行与管理	1

续表

序号	专业大类	专业类别	专业方向	数量
		小计	2	
88	能源动力与材料大类	建筑材料类	建筑材料工程技术	2
89		非金属材料类	高分子材料工程技术	1
90		黑色金属材料类	黑色冶金技术	6
91		热能与发电工程类	电厂热工自动化技术、电厂热能动力装置、火电厂集控运行	4
92		电力技术类	供用电技术、发电厂及电力系统	6
93		有色金属材料类	金属压力加工、有色冶金技术	3
94		其他	——	3
		小计	25	
95	财经商贸大类	经济贸易类	国际贸易实务、国际文化贸易、国际经济与贸易、报关与国际货运、国际商务	22
96		物流类	物流管理、冷链物流技术与管理、物流信息技术、工程物流管理	36
97		财政税务类	税务	1
98		工商管理类	工商企业管理、商务管理	15
99		电子商务类	网路营销、电子商务、移动商务	35
100		金融类	金融管理、投资与理财、保险、互联网金融、国际金融	18
101		市场营销类	茶艺与茶叶营销、汽车营销与服务、市场营销	16
102		财务会计类	会计信息管理、会计、审计、财务管理	63
103		其他	——	30
		小计	236	
104	公共基础课	语文	大学语文、演讲与口才、应用写作	17
105		创新创业教育	——	22
106		职业指导	——	7
107		艺术教育	——	2
108		国防教育	——	1
109		数学	高等数学、线性代数	11

续表

序号	专业大类	专业类别	专业方向	数量
110		体育	——	1
111		职业基本素养	——	13
112		健康教育	——	4
113		计算机应用基础	——	10
114		其他	——	35
小计			123	
合计			1644	

财经商贸大类MOOC群

财经商贸大类主要包括经济贸易类、物流类、财政税务类、工商管理类、电子商务类、金融类、市场营销类、财务会计类等专业类别,涉及会计信息管理、会计、审计、财务管理等近30个专业方向。其中:财务会计类MOOC63门(具体见图3-13),上线课程数量排名最高;物流类MOOC36门,排名第二;电子商务类MOOC30门,排名第三;财政税务类MOOC数量最少,仅为1门。

图3-13 财务会计类MOOC展示

第三节　"超星尔雅"平台

　　"超星尔雅"平台由北京超星尔雅教育科技有限公司开发与运营,该平台自2011年起步,致力于国内通识课程学习平台的建设、应用和推广,面向全国服务1800余所高校用户(具体见图3-14)。平台坚持培养学生成为"真正意义上完善的人"的通识教育理念与愿景,更重视学生健全人格、人文情怀、科学精神以及民族、社会责任感上的收获与成长,深化民族根性,立足中国实情,拓宽国际视野。

图3-14　"超星尔雅"平台(http://erya.mooc.chaoxing.com/①)

　　"超星尔雅"平台的供课机构主要包括北京大学、清华大学、复旦大学、吉林大学、南京大学、南开大学、上海大学、上海交通大学、四川大学等150余所高校,累计上线500余门优秀课程。

---

　　① 本章节涉及数据是根据2020年3月10日平台网站课程数据整理形成。

一、通识教育课程

"超星尔雅"平台着力打造的通识教育品牌,拥有综合素养、通用能力、成长基础、创新创业、公共必修、考研辅导等6大门类(具体见表3-5)。其中:综合素养板块作为通识教育体系的核心,旨在打破专业局限,树立完整人类思想,主要包括文明起源与历史演变、人类思想与自我认知、文学修养与艺术鉴赏、科学发现与技术革新、经济活动与社会管理、国学经典与文化传承等6个部分。

表3-5 "超星尔雅"综合素养板块课程列表

序号	类别	数量	序号	类别	数量
1	文明起源与历史演变	49	2	人类思想与自我认知	39
3	文学修养与艺术鉴赏	82	4	科学发现与技术革新	85
5	经济活动与社会管理	54	6	国学经典与文化传承	43
7	通用能力	61	8	成长基础	21
9	公共必修	23	10	创新创业	21
10	考研辅导	9	合 计		487

课程展示
葡萄酒与西方文化 尹克林(西南大学) 350752 / 百年风流人物:载湉 周鼎(四川大学) 217772 / 百年风流人物:曾国藩 周鼎(四川大学) 168651 / 百年风流人物:康有为 周鼎(四川大学) 87951
欧洲文明概论 朱孝远(北京大学) 148527 / 英美文化概论(英文授课) Alex Olah(中国石油大学) 434425 / 文艺复兴:欧洲由衰及盛的转折点 朱孝远(北京大学) 310185 / 中国古代史 李鸿宾(中央民族大学) 408088
中华诗词之美 叶嘉莹(南开大学) 1513726 / 中国戏曲·昆曲 张弘(江苏省昆剧院) 243950 / 西学经典:修昔底德《战争志》 任军锋(复旦大学) 163749 / 西方文论原典导读 塞壬阳(吉林大学) 147325
诗意的人学:西方文学名著欣赏 蒋承勇(浙江工商大学) 221639 / 艺术鉴赏 彭吉象(北京大学、重庆大学) 529393 / 设计与人文:当代公共艺术 王鹤(天津大学) 340388 / 西方现代艺术赏析 铁璐铟(吉林大学) 211336

二、名师大家讲坛

超星尔雅与数百位名师合作开发课程,其中不乏叶嘉莹、江怡、吴国盛、葛剑雄、朱光磊、邓兴旺、温儒敏、刘擎、许纪霖、彭吉象、郭毅可、赵毅衡等学术思想界的名师大家。对话名师,聆听大家,传播优质教育资源,促进教育公平发展(具体见图3-15)。

图3-15 "尔雅名师"系列课程展示

三、品质特色课程

"超星尔雅"平台重磅推荐经典导读、人文启蒙、时代聚焦、智创未来、院士系列、名家大师、艺术审美、核心素养类课程28门,助力高校通识教育发展、提升通识教育质量、形成特色通识品牌(具体见表3-6)。

表3-6 "超星尔雅"平台品质特色课程列表

序号	类别	课程名称	课程负责人	供课学校
1	经典导读	《大学》精读	孟琢	北京师范大学
2	经典导读	《论语》精读	孟琢	北京师范大学
3	经典导读	《上帝掷骰子吗:量子物理史话》导读	曹天元	赋山传媒
4	人文启蒙	中国文化:复兴古典同济天下	柯小刚	同济大学
5	时代聚焦	公共治理与非政府组织	徐家良	上海交通大学

续表

序号	类别	课程名称	课程负责人	供课学校
6	时代聚焦	媒体创意经济:玩转互联网时代	童清艳	上海交通大学
7	智创未来	智能文明	顾骏等	上海大学
8	智创未来	中华诗词之美	陈斌等	北京大学
9	智创未来	工程伦理	丛杭青等	浙江大学
10	智创未来	整合思维	孙金峰等	汕头大学
11	院士系列	线性代数	席南华	中国科学院大学
12	院士系列	人工智能与信息社会	叶嘉莹	南开大学
13	院士系列	舌尖上的植物学	邓兴旺	北京大学
14	院士系列	创新中国	顾骏等	上海大学
15	院士系列	儒学复兴与当代启蒙	许倬云	台湾大学
16	名家大师	艺术哲学:美是如何诞生的	孙周兴	同济大学
17	名家大师	中国现代文学名家名作	温儒敏	北京大学
18	名家大师	中国古典哲学名著选读	吴根友	武汉大学
19	名家大师	艺术鉴赏	彭吉象	北京大学、重庆大学
20	名家大师	历史的三峡:近代中国的思潮与政治	许纪霖	华东师范大学
21	名家大师	纷争的年代:二十世纪西方思想文化潮流	刘擎	华东师范大学
22	艺术审美	走近大诗人	戴建业	华中师范大学
23	艺术审美	聆听心声:音乐审美心理分析	周海宏	中央音乐学院
24	艺术审美	中国戏曲·昆曲	张弘	江苏省昆剧院
25	艺术审美	中国古建筑欣赏与设计	柳肃	湖南大学
26	核心素养	批创思维导论	熊明辉	中山大学
27	核心素养	大学生魅力讲话实操	殷亚敏	中华企管培训网
28	核心素养	情绪管理	韦庆旺	中国人民大学

第四节　"好大学在线"CNMOOC平台

"好大学在线"CNMOOC平台是中国高水平大学慕课联盟的官方网站,联盟是由部分中国高水平大学自愿组建的开放式、公益性、非法人的合作教育平台(具体见图3-16)。平台旨在通过交流、研讨、协商与协作等活动,建设具有中国特色的、高水平的大规模在线开放课程平台,向成员单位内部和社会提供高质量的MOOC课程,实现"让所有人都能上最好的大学"的教育愿景。

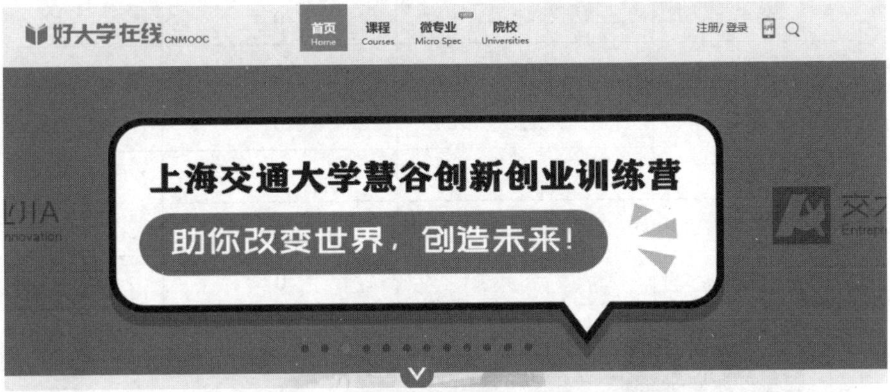

图3-16　"好大学在线"CNMOOC平台
(https://www.cnmooc.org/home/index.mooc)

一、平台优质课程

"好大学在线"CNMOOC平台向社会公众提供哲学、经济学、法学、教育学、文学、历史学、理学、工学、农学、医学、军事学、管理学、艺术学、体育学等学科近1000门优质课程及在线课程教学服务,提升公民的科学素养和文化素养;向全球华人和相关需求者开放,传播与弘扬优秀中华文化(具体见表3-7)。

表3-7　"好大学在线"CNMOOC课程列表

序号	学科分类	中文课程(门)	英文课程(门)	合计(门)
1	哲学	23	18	41
2	经济学	59	37	96

续表

序号	学科分类	中文课程(门)	英文课程(门)	合计(门)
3	法学	22	19	41
4	教育学	46	13	59
5	文学	77	13	90
6	历史学	11	3	14
7	理学	120	3	123
8	工学	222	34	256
9	农学	42	0	42
10	医学	64	2	66
11	军事学	7	0	7
12	管理学	61	0	61
13	艺术学	37	0	37
14	体育学	8	0	8

课程展示

二、微专业在线课程

"好大学在线"CNMOOC平台联合"知途"出品"数据分析师(Python)"微专业

在线课程(具体见图3-17)。知途是金智教育信息技术股份有限公司旗下的子公司,聚焦云计算、大数据、虚拟现实、人工智能等高科技产业领域,从事在线教育十余年。"数据分析师"微专业在线课程是针对人工智能领域,亟需大数据分析人才的市场需求而开设的在线专业课程。面向零基础学员,由高校名师、企业大牛联合教学,直播点评作业、组建线下学习小组、实施学习打卡、班主任监督辅导,使学员在14周内掌握职场精英数据技能,取得微专业认证证书,挑战高薪职业。

图3-17　"好大学在线"微专业在线课程

三、高端企业课程

"好大学在线"CNMOOC平台联合INTEL亚太研发中心、IBM、华为、阿里、百度等国内外优秀企业,推出了以"随到随学"方式为主的系列高端企业培训课程,让学习者近距离接触企业最新的行业技术、业务性态和专业能力(具体见表3-8)。

表3-8 "好大学在线"CNMOOC企业课程列表

序号	类型	数量	序号	类型	数量
1	INTEL亚太研发中心合作课程	6	2	IBM认知学堂系列课程	85
3	华为e学云系列课程	6	4	阿里云在线课程	8
5	百度云智学院	1	6	交大创业JIA	4
课程展示					

四、合作院校机构

"好大学在线"CNMOOC作为大规模在线课程(慕课)开放与公共服务的平台,跨越院校围墙,汇聚了中国、韩国、德国等一流大学丰富的优质教学资源,为在校学生获取一流大学学分提供便捷途径,也可供有兴趣参与平台学习的社会公众提供随时随地的学习机会,满足不同层次的学习需求(具体见表3-9)。

表3-9　"好大学在线"CNMOOC供课排名(Top5)

序号	供课学校/组织名称	供课数量
1	华侨大学	237
2	全国高校混合式教学设计创新大赛	185
3	温州大学	160
4	广州大学	157
5	上海交通大学	142

五、学分互认课程

"好大学在线"CNMOOC平台积极推进中国高水平大学校际的教学资源共享及学分互认。在校大学生在"好大学在线"按照课程教学计划学习,完成课程学习所有环节,参与所有考核,且最终学习成绩合格,由学生所在学校给予学分,认定其作为在校生学习总量的一部分,成为获取学位证书的必要组成部分。校际学分认定的前提是学生所在学校对计入学分所对应课程、所属学科、课程科目、课程学时均有明确的规定,并在培养计划中予以体现,学生在所在学校认定的"好大学在线"课程范围内按照学校规定修读。

同时,平台对于达到课程学习要求的学生,颁发"好大学在线"课程证书(具体见图3-18),证明学生取得平台课程修读成绩。注册申请"好大学在线"课程学习的学生,在完成规定的线上学习任务(观看课程视频、完成线上作业与各类测验、参与论坛与教学互评),通过线上考试,课程总成绩合格,经课程组核实确认,即可在线提出领取证书申请。课程证书作为学生学习或终身学习简历和结果记载,对学生的毕业、就业、读研、出国深造或再就业具有积极帮助作用。

图3-18　"好大学在线"课程证书

第五节 "学堂在线"平台

"学堂在线"是清华大学发起的基于互联网技术的新型学习平台,于2013年10月10日正式启动,面向全球提供在线课程。平台旨在汇聚并共享全球优质教育资源,引领教育教学模式创新,提升教学质量,促进教育公平。在2016年发布的"全球慕课排行"中,"学堂在线"被评为"拥有最多精品好课"的三甲平台之一。

"学堂在线"平台(具体见图3-19)涵盖了课堂智慧教学平台"雨课堂"、校内网络教学平台"学堂云"、在线课程运行平台"学堂在线"以及课程国际化推广平台,为高校提供从辅助课堂教学,到SPOC教学,到国家精品在线开放课程运行,再到课程和学位国际化的全方位、全流程服务。

图3-19 "学堂在线"平台(https://next.xuetangx.com/[①])

一、在线学分课程

"学堂在线"平台一直坚持教育资源的精品化和多元化,践行"创新教育、改变世界"的教育理念。平台发起方清华大学联合北京大学、复旦大学、中国人民大学、浙江大学、上海交通大学、南京大学、武汉大学、中山大学、华中科技大学、西安交通大学、中国科技大学、台湾新竹清华大学、台湾新竹交通大学等国内著名高校,累计发布近2000门课程(具体见表3-10),引进和设计了在线学习、混合式学习等模式,

_____

① 本章节涉及数据是根据2020年3月20日平台网站课程数据整理形成。

学员可在"学堂在线"平台随时随地学习在线课程,通过认证考试取得的学分,获得合作大学的高度认可。

表3-10　学堂在线MOOC列表

序号	学科分类	数量	序号	学科分类	数量
1	计算机	237	2	外语	108
3	管理学	154	4	哲学	47
5	经济学	96	6	法学	70
7	教育教学	119	8	文学文化	69
9	历史	34	10	理学	197
11	工学	403	12	农林园艺	11
13	医药卫生	145	14	艺术设计	132
15	其他	113		合计	1935

其中:"学堂在线"平台的"学分课"板块,主要提供创新创业课、公共选修课、公共必修课、专业课和研究生课等模块。其中:创新创业MOOC(具体见表3-11)能够使学习者具备更多的创业知识和创业技能,降低创业风险,为学习者的职业发展开辟更广阔的道路,提高其就业竞争力。

表3-11　创新创业MOOC课程列表

序号	课程分类	数量	序号	课程分类	数量
1	通识课	8	2	技能课	8
3	实践课	10	4	领导力	2
5	行业课	3		合计	31
课程展示					

公共课程MOOC不限专业、不限年级,主要涉及通识教育课程,包括公共必修课(具体见表3-12)和公共选修课(具体见表3-13)。其目的是教授大学生基本且全面的社会常识,帮助其建立一套完整的知识体系框架,形成价值观与世界观,更好地认知世界,更好地应用常识和科学的思维方法独立思考。

表3-12　公共必修课MOOC课程列表

序号	课程分类	数量	序号	课程分类	数量
1	思政教育	4	2	安全与心理健康	4
3	就业指导	2	4	计算机基础	3
5	军事理论	1	6	大学语文	2
7	大学数学	5	8	大学英语	7
9	大学物理	3	10	大学体育	4
合计					35

课程展示	

表3-13　公共选修课MOOC课程列表

序号	课程分类	数量	序号	课程分类	数量
1	国学与传承	16	2	文学与艺术	34
3	历史与文化	12	4	经济和社会	43
5	科技与技术	26	6	技能与素养	42
7	写作	9	合计		182

续表

序号	课程分类	数量	序号	课程分类	数量
课程展示					

专业课MOOC主要讲授必要的专业基本理论、专业知识和专业技能,帮助学生了解本专业的前沿科学技术和发展趋势,培养分析解决本专业范围内一般实际问题的能力(具体见表3-14)。

表3-14　专业课MOOC课程列表

序号	课程分类	数量	序号	课程分类	数量
1	工学	11	2	管理学	25
3	经济学	3	4	教育学	7
5	法学	2	6	艺术学	11
7	理学/医学	6		合计	65
课程展示					

研究生课MOOC是研究生教育的重要组成部分,不仅是研究生掌握基础理论和专业知识的主要途径,也是培养和拓展研究生综合素质、科研创新精神的关键(具体见表3-15)。研究生课程体系主要涵盖研究生必备的专业课和通用技能课,以及学风建设和身心健康类课程,帮助研究生奠定良好的科研和工作的基础。

表3-15　研究生课MOOC课程列表

序号	课程分类	数量	序号	课程分类	数量
1	学风建设与身心健康	12	2	通用学术技能	10
3	研究生专业课	15		合计	37
课程展示					

二、国际名校课程

"学堂在线"平台联合麻省理工学院(具体见图3-20)、加州大学伯克利分校(具体见图3-21)、斯坦福大学、荷兰代尔夫特理工大学、澳大利亚昆士兰大学等世界一流大学,提供国际名校的优质课程,所有课程均严格遵循MOOC的教学特点和规律进行设计和制作,以保证课程品质和教学效果。

创业102：你能为客户做什么？

Bill Aulet ｜　🏛 麻省理工学院　👤 82103人

你可以为你的客户做些什么？

创业101：你的客户是谁？

Bill Aulet 王文成 ｜　🏛 麻省理工学院　👤 76611人

在你的创业旅途中，你会发现：创业中最重要的资源是客户。赶快加入MIT《创业101》课程，成为这个社区的一员吧！

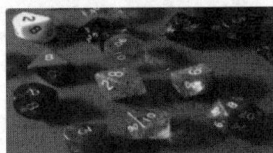

概率论——不确定性的科学

Patrick Jaillet Dimitri Bertsekas 等 ｜　🏛 麻省理工学院　👤 34779人

一门关于概率模型的导论课，同时涵盖了随机过程和统计推断的一些基本知识。

图3-20　麻省理工学院MOOC展示

英语写作指导——写作入门

Maggie Sokolik ｜　🏛 加州大学伯克利分校　👤 81038人

针对英语语言学习者的写作入门课程，主要关注短文写作、语法使用和自我检查。

英语写作指导——科学写作

Maggie Sokolik ｜　🏛 加州大学伯克利分校　👤 51832人

针对英语语言学习者的学术写作入门课程，主要关注短文写作、语法使用和自我检查。

Foundations of Computer Graphics

Ravi Ramamoorthi ｜　🏛 加州大学伯克利分校　👤 22992人

CS184.1x教授计算机图形学基础。学生通过本课程将学会制作实时和离线光线追踪3D场景的图像。

英语写作指导——润色提升

Maggie Sokolik ｜　🏛 加州大学伯克利分校　👤 1102人

针对英语语言学习者的写作入门课程，主要关注短文写作、语法使用和自我检查。

图3-21　加州大学伯克利分校MOOC展示

三、名师公益直播课

"学堂在线"平台积聚高校名师、学界权威、业界大佬等优秀师资,提供涵盖经管、金融、商业、心理、沟通、创新等领域的直播课(具体见表3-16)。匠心打造"智"课,助力线上教育,面向社会开放名校的优质教育资源。

表3-16　名师公益直播课程列表

序号	学科分类	直播课数量	序号	学科分类	直播课数量
1	计算机	16	2	外语	2
3	管理学	2	4	经济学	6
5	教育教学	6	6	文学文化	3
7	艺术设计	3	8	其他	12
课程展示	学堂公益直播系列一 疫情停课不停学,外语课程在家学　影响力:如何把观念"植入"他人的头脑　疫情当前,如何利用创新思维达成今年的KPI?　疫情之下,如何保卫你的现金流?				

四、微学位企业课程

"学堂在线"平台联合微软、百知教育、洛可可、猎聘、阿里云等优秀公司,面向大学生群体及初入职场人士,推出适合职业发展需求的应用型知识服务产品(具体见图3-22)。微学位项目直推企业课程,由学堂在线与知名企业共同打造,由高校理论课、企业应用课以及行业名师直播讲座课组成的课程体系,重点培养热点岗位技能需求的应用型人才,实现轻松就业。课程采取"录播视频+线上作业+直播答疑"的形式;每周线下高端讲座、线上免费同步直播,提供有效期内无限次的学习观看,名师指导建立精英师生圈,组建职场在线人脉资源。用户学习行为数据以及所获得的认证证书,将同步到招聘网站工作简历中,并且获得热门工作岗位的企业直推。

图 3-22　微学位课程展示

五、职场训练营项目

　　"学堂在线"平台依托名校名师资源,精心打造训练营项目(具体见图 3-23)。训练营选取各种类型学习者的需求重点,面向各行业小白人群,通过汇集人气名师,配备辅导团队阵容,以渊博的专业知识、丰富的实战经验为学习者提供优质的教学服务体验。课程设计团队为训练营项目精心设计了科学的学习流程,以实战练习作为主要学习方式,引导学习者"学-习-思-练-测-问",环环相扣,确保学习者学有所获、学有所悟、学有所成,打造一流的学习体验。

图 3-23　职场训练营课程展示

六、名校认证证书项目

"学堂在线"平台依托在线教育学习优势,与清华大学等国内外知名院校合作,推出公共管理、数据科学、人工智能等项目的认证(具体见图3-24)。学习者可通过学习线上课程,在线完成作业并通过考试后,获得院校颁发的认证证书。同时,教师及助教团队将在学生学习过程中提供完备的支持,学校及院系将在招生及培养环节中对证书持有者给予考虑,项目的社会合作机构将为证书获得者在实习与就业环节中优先给予考虑。

图3-24　名校认证课程展示

第六节　浙江省高等学校在线开放课程共享平台

浙江省高等学校在线开放课程共享平台(以下简称"省平台")是由浙江省教育厅主办,浙江省教育技术中心指导,浙江广播电视大学主办,浙江蓝奥教育科技有限公司提供技术支持,旨在通过"跨界·融合·创新"的模式,实现浙江省高等教育的协同创新,打造"质量优良、投入多元、权责清晰、利益共享、开放包容、充满活力"的浙江特色云大学平台(具体见图3-25)。

图3-25　浙江省高等学校在线开放课程共享平台(https://www.zjooc.cn/①)

---

① 本章节涉及数据是根据2020年3月27日平台网站课程数据整理形成。

一、高校精品课程

为促进现代信息技术与教育教学深度融合,充分发挥"互联网+"在高等教育人才培养过程中的重要作用,促进高校精品在线开放课程共享与应用,扩大学生学习选择权,提高人才培养质量,浙江省教育厅颁布《浙江省教育厅关于推进高等学校精品在线开放课程学分认定和转换工作的实施意见》(浙教高教〔2018〕101号)、《浙江省教育厅关于加快推进普通高校"互联网+教学"的指导意见》(浙教高教〔2018〕102号)等系列指导文件。文件明确指出:"力争建成600门以上省级学分互认精品在线开放课程,选课学生人次达到100万以上,力争实现跨校认定学分学生人次累计达到50万",同时明确要求,"到2020年,高校30%的课程都能使用在线开放课程进行教学,努力使50%的专任青年教师都能使用在线课程授课"。各高校高度重视省级精品在线开放课程的建设与管理工作,按照"先建设、后应用、再认定"的原则,坚持应用驱动,建以致用,整合优质教育资源和技术资源,促进教育教学改革和教育制度创新,提高教育教学质量(具体见表3-17、表3-18)。

表3-17　2020年春季"省平台"开课列表(按本科学科类别)

学科类别	课程数量	学科类别	课程数量
哲学	6	经济学	48
法学	27	教育学	72
文学	80	历史学	8
理学	194	工学	182
农学	12	医学	134
管理学	101	艺术学	83
课程展示			

表3-18　2020年春季"省平台"开课列表（按高职学科类别）

学科类别	课程数量	学科类别	课程数量
农业牧渔大类	35	资源环境与安全大类	4
能源动力与材料大类	0	土木建筑大类	51
水利大类	8	装备制造大类	93
生物与化工大类	4	轻工纺织大类	16
食品药品与粮食大类	14	交通运输大类	26
电子信息大类	99	医药卫生大类	37
财经商贸大类	259	旅游大类	34
文化艺术类	51	新闻传播大类	7
教育与体育大类	65	公安与司法大类	11
公共管理与服务大类	21	——	——
课程展示			

二、跨校共享课程

图3-26　"省平台"跨校共享平台

　　"省平台"(具体见图3-26)鼓励高校跨校或跨专业建设满足不同教学需要、不同学习需求的在线开放课程或课程群,推动信息技术与教育教学深度融合,促进优质教育资源应用与共享,探索在线开放课程学分认定与互换机制,为高校师生和社会学习者提供优质高效的全方位或个性化服务,全面提高教育教学质量(具体见表3-19)。

表3-19　2020年春季"省平台"跨校共享开课列表(课程类别)

学科类别	本科院校	高职院校	合计
通识教育课	207	132	339
学科基础课	224	252	476
专业核心课	127	168	295
创新创业类课	12	15	27
公共课	25	14	39
大学文化素质教育课	13	8	21
教师教育课程	6	1	7
其他	2	2	4
合计	616	592	1208

三、平台合作院校

　　"省平台"协同高校教师积极推进课程建设、应用和管理的信息化水平,致力提高在线开放课程平台服务水平,实现教学、管理、服务一体化,为学生注册、选课、学习、考试、学分认定与转换等提供一站式在线服务。截至2020年3月,"省平台"累计进驻高校529所,上线精品课程243门,上线平台课程3692门,用户总人数达1929611人,教师总数达16740位(具体见图3-27至图3-29)。

图3-27 "省平台"院校上线课程排名（Top 10）

图3-28 "省平台"院校立项精品课程排名（Top 10）

图3-29 "省平台"院校选课人数排名（Top 10）

第七节　"智慧树"平台

"智慧树"平台（具体见图3-30）隶属于上海卓越睿新数码科技有限公司，是全球大型的学分课程运营服务平台。服务的会员学校近3000所，已有超过1700万大学生通过"智慧树"平台跨校修读并获得学分。"智慧树"平台致力于成为中国领先的教育信息化制造商与互联网教育运营商，共享优质教育资源，促进教学方法改革，提升中国人才质量；为社会各界提供学习的机会，服务学习型社会；促进优质教育资源国际交流，弘扬中华文化，吸收世界文明。

图3-30　"智慧树"平台（https://www.zhihuishu.com/[①]）

一、精品课程系列

"智慧树"平台锤炼精品课程，精心策划与上线国家安全与思政系列（具体见图3-31）、创新创业与职业就业（具体见图3-32）、健康安全与生态文明、中国历史与文化传承、世界眼光与国际视野、社会科学与经济管理、哲学智慧与批判思维、艺术体验与审美鉴赏、自然科学与新工科、兴趣爱好与技能拓展等10个模块100余门精品课程。

[①]　本章节涉及数据是根据2020年3月25日平台网站课程数据整理形成。

思政课，是高校落实立德树人根本任务的核心课，是实现高等教育内涵式发展的灵魂课，是当之无愧的"高校第一课"。全面推动习近平新时代中国特色社会主义思想进教材、进课堂、进学生头脑，是高校思政课战线的头等大事和重中之重。

课程名称	学校	教师
形势与政策	中共中央党校报刊社、北京大学等/跨校共建	钟国兴、燕继荣
军事理论-综合版	国防大学、北京大学、海军指挥学院、陆军指挥学院等	孙景伟、孙华
军事理论-国家安全环境强化版	国防大学、北京大学、海军指挥学院、陆军指挥学院等	孙景伟、孙华
军事理论-军事思想强化版	国防大学、北京大学、海军指挥学院、陆军指挥学院等	孙景伟、孙华
大趋势	联盟推荐	钟国兴
思想道德修养与法律基础	复旦大学、北京大学、中国人民大学等10校/跨校共建	高国希
解码国家安全	国际关系学院	李文良
大学生爱国教育十讲	中国海洋大学	王付欣

图3-31 国家安全与思政系列课程

创新创业教育旨在深化高等教育综合改革，激发大学生的创造力，培养造就"大众创业，万众创新"生力军；职业就业教育，强调职业在人生发展中的重要地位，又关注学生的全面发展和终生发展。通过激发大学生的自主意识，树立正确的职业就业观。课程内容关注大学生的未来发展，引导学生建立更加完善的自我规划力、就业竞争力，激发创造力与领导力。

课程名称	学校	教师
创新设计前沿	浙江大学	周磊晶
创践—大学生创新创业实务	中国海洋大学、南开大学、四川大学、厦门大学/跨校共建	乔宝刚
创造性思维与创新方法	大连理工大学	冯林
创业管理（上海财经大学）	上海财经大学	刘志阳
大学生创新创业	海南经贸职业技术学院	吉家文
创新工程实践	北京大学等跨校共建	张海霞
职业生涯规划——体验式学习	华侨大学	黄天中
公共关系与人际交往能力	同济大学、复旦大学、华东师范大学/跨校共建	李占才
大学生劳动就业法律问题解读	华东理工大学	刘金祥
不负卿春-大学生职业生涯规划	昆明理工大学	洪云
职场沟通	联盟推荐	胡刚

图3-32 创新创业与职业就业课程

2020年"智慧树"平台新上"中国历史传承"系列课程5门，"传统文化与民俗"系列课程4门，"探索与发现中国"系列课程6门，"行业导论与科技新知"系列课程7门，"社会与生活"系列课程4门，"优质专业课"系列课程17门（具体见表3-20）。

表3-20　2020年春季平台新上课程

中国历史传承	传统文化与民俗	社会与生活
1　华陵·帝国与梦想　西北大学　徐卫民 2　西南联大与现代中国　云南师范大学　宋红英 3　大庆精神及其时代价值　东北石油大学　罗万周 4　东北抗联铁骨　牡丹江师范学院　陈 政 5　红船精神与时代价值　嘉兴学院　黄文秀	1　中医药文化　浙江中医药大学　马睿杰 2　纺织非遗：让世界读懂中国之美　天津工业大学　赵宏 3　孔子与论语　曲阜师范大学　成积春 4　民间美术　西安文理学院　涂俊	1　批判性思维　浙江大学　王彦君 2　商业伦理与企业社会责任　山东财经大学　王璟珉 3　艺术品拍卖　山东财经大学　周环佳 4　中小学教师资格考试专题　湖南热带海洋学院　郑力乔

探索与发现中国		行业导论与科技新知	
1　中国蚕丝绸文化　浙江大学　楼程富		1　木材·人类·环境　东北林业大学　李坚	
2　中国茶文化与茶健康　浙江大学　王岳飞		2　走进民航　中国民航大学　于剑	
3　中国竹文化　浙江农林大学　方 伟		3　生活中的工业设计　南开大学　秦岩丁	
4　刀尖上的绘画：云南绝版木刻赏析与应用　玉溪师范学院　张汉东		4　健康评估 – 学评估方法，做健康守门人　南方医科大学　张立力	
5　探索·鄱阳湖　江西师范大学　钟业喜		5　青春健康懂营养　昆明医科大学　殷建忠	
6　印象云南—植物王国探秘　云南林业职业技术学院　林向群		6　你不知道的毒品真相　云南师范大学　莫关耀	
		7　近视防控　温州医科大学　吕帆	

优质专业课	
1　汽车构造　同济大学　李理光	10　财务管理　山东财经大学　张涛
2　生物分子的生命演义　湖南大学　李新梅	11　管理信息系统　山东财经大学　张新
3　林业工程前沿进展　东北林业大学　许民	12　药用植物学　天津中医药大学　马琳
4　液压传动　武汉科技大学　陈奎生	13　中药化学　天津中医药大学　邓雁如
5　动物生物化学　华南农业大学　张永亮	14　字体设计　天津美术学院　商毅
6　智能包装设计　湖南工业大学　朱和平	15　酒店运营管理　上海商学院　姜红
7　国际经济法　华东政法大学　张国元	16　秘书理论与实务综合实训教程　海南热带海洋学院　徐立新
8　知识产权信息检索与利用　湘潭大学　肖冬梅	17　中华法文化的制度解读　西华大学　唐丹
9　民族民间体育精选　云南师范大学　聂真新	

二、直播live课系列

"智慧树"平台践行"直播有价值、校园无边界"的理念,打开学分课程的大门,共聚云端在线课堂。平台提供海量的直播课程,涉及艺术学、文学、管理学、教育学、心理学、哲学等多个学科领域,坚持"周周不断线、月月不间断、日日可回看",让学习者聆听名校名师的优秀课堂(具体见图3-33)。

图3-33　直播live课程展示

三、微专业系列课程

“智慧树”平台推出了“我的大学我做主”微专业系列课程，微专业学程短，主修4～6门重点课程，采用线上视频与直播互动的混合式教学模式，自主学习与有效辅导相结合的学习模式，为学有余力的学生提供跨学科、前沿学科的修读机会，培养宽口径、多方向的复合型人才。

2020年春季“智慧树”平台上线北京大学“国际组织与全球治理”微专业项目（具体见图3-34）、东西部高校课程共享联盟与ICAN国际创新创业大赛组委会联合推出的“创新工程”微专业项目（具体见图3-35）。项目积聚一批业界知名的专家学者担任学术策划团队，组建专兼结合、中外联合的教学团队，倾力打造高品质的微专业优秀课程。上线的微专业学习周期为12个月，要求学员参加集中时间、规定地点的闭卷考试，学习成绩优异、成果展示突出的学员可以获得实习与就业推荐资格，助力职业成长。

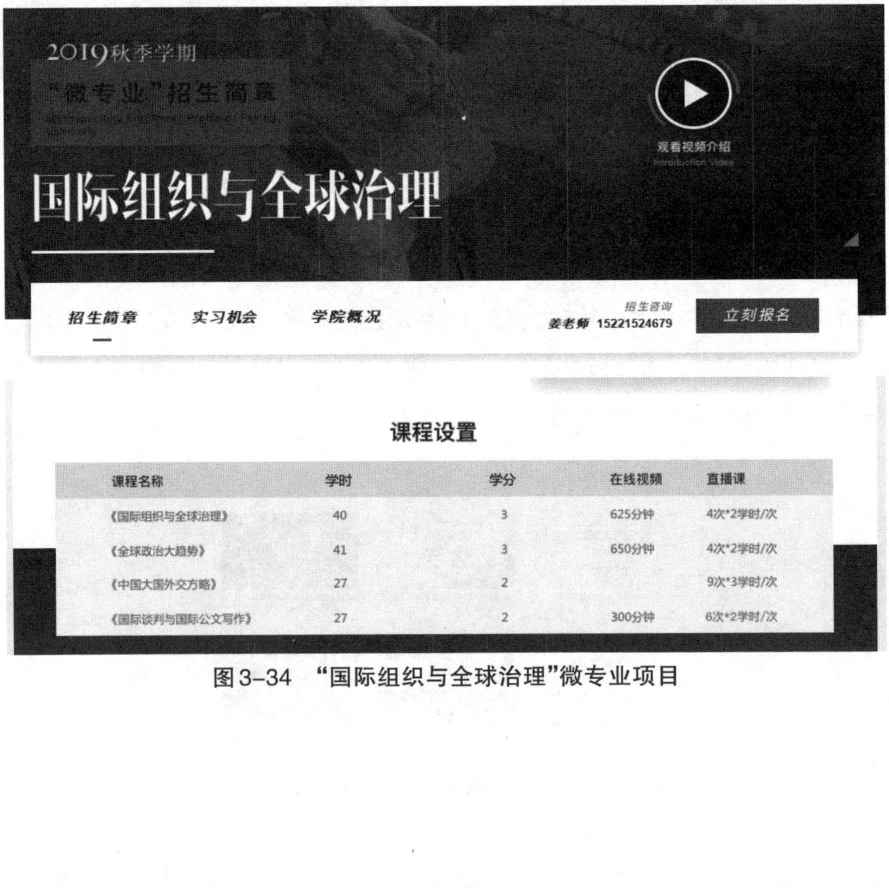

2019秋季学期
“微专业”招生简章
观看视频介绍
Introduction Video
国际组织与全球治理
招生简章
实习机会
学院概况
招生咨询
姜老师 15221524679
立刻报名
课程设置
课程名称 学时 学分 在线视频 直播课
《国际组织与全球治理》 40 3 625分钟 4次*2学时/次
《全球政治大趋势》 41 3 650分钟 4次*2学时/次
《中国大国外交方略》 27 2 9次*3学时/次
《国际谈判与国际公文写作》 27 2 300分钟 6次*2学时/次

图3-34 “国际组织与全球治理”微专业项目

图 3-35　"创新工程"微专业项目

四、虚拟仿真实验系列

"智慧树"平台打破虚拟与现实的边界,帮助学生自主探索,实现创新教学模式。平台陆续上线同济大学的"汽车发动机结构认知虚拟仿真实验"课程(具体见图 3-36)、中南财经政法大学"金融衍生品设计与风险管理虚拟仿真实验"课程、华北科技学院"矿业与地下工程虚拟仿真实验"课程,破解了实验训练类课程在线学习的教学瓶颈,进一步培养学生运用理论知识解决实际问题的能力。

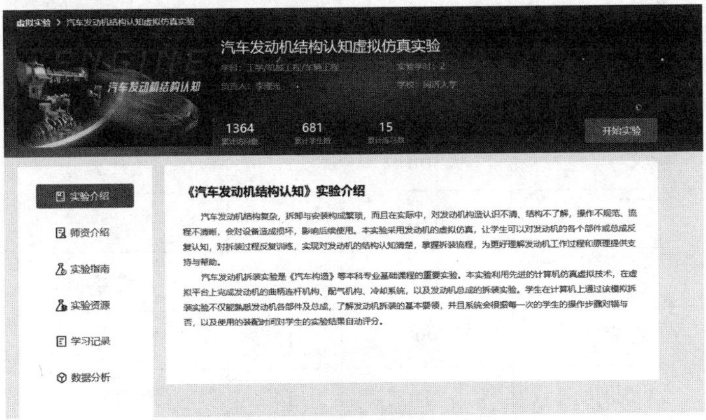

图 3-36　汽车发动机结构认知虚拟仿真实验

五、专业共享联盟平台

"智慧树"平台诚邀1000+优质名校加盟中国大学专业共享联盟(具体见图3-37),上线3000+优秀的专业课程,涵盖110+学科专业门类,积聚40000+优秀名师(具体见表3-21),汇聚优质专业内容,促进专业课程共享,推动教学方法改革,建立有效补贴机制,激励教师改善教学,践行"汇聚改变教育的力量",在共享中形成价值循环。

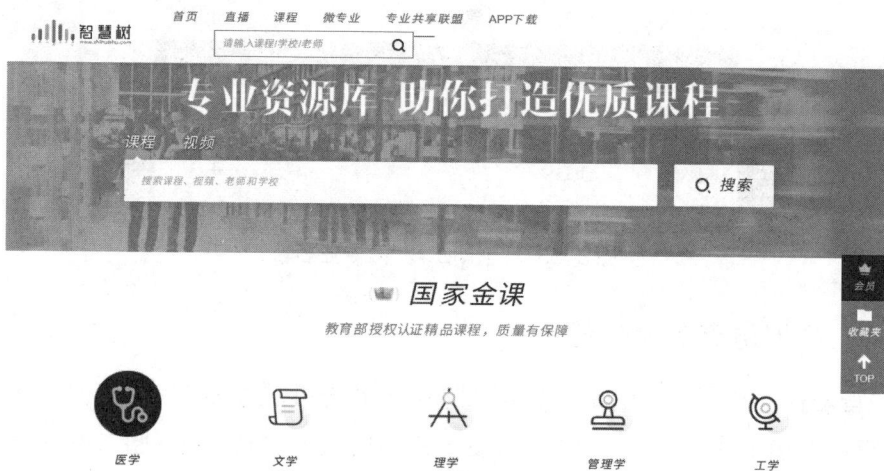

图3-37 专业共享联盟

表3-21 专业资源库课程列表(学科分类)

序号	学科门类	课程数量	序号	学科门类	课程数量
1	哲学	62	2	经济学	155
3	法学	203	4	教育学	156
5	文学	300	6	历史学	63
7	理学	410	8	工学	802
9	医学	393	10	管理学	359
11	农学	99	12	艺术学	218
13	小语种	1	14	军事学	6

续表

序号	学科门类	课程数量	序号	学科门类	课程数量
15	多学科综合	142	16	其他	7
课程 展示					

第八节　"网易云课堂"平台

　　"网易云课堂"是网易公司打造的在线实用技能学习平台,该平台于2012年12月底正式上线,主要为学习者提供海量、优质的课程,用户可以根据自身的学习程度,自主安排学习进度,其宗旨是为每位学习者提供一站式的学习服务。

　　网易云课堂(具体见图3-38)立足于实用性的要求,与多家教育、培训机构建立合作,课程数量已达10000+,课时总数超100000,涵盖实用软件、IT与互联网、外语学习、生活家居、兴趣爱好、职场技能、金融管理、考试认证、中小学、亲子教育等十余大门类,其中不乏数量可观、制作精良的独家课程,为用户打造实用学习平台。

图3-38 网易云课堂平台(https://study.163.com/[①])

一、职场系列课程

"网易云课堂"在线学习平台持续专注职业技能提升,上线职业通用技能、编程与开发、AI与数据科学、产品与运营、设计创意、电商运营等六大课程体系(具体见图3-39),构建系统化学习路径,让学习有章有序。

图3-39 网易云课堂课程体系

第一,"职业通用技能"课程体系涵盖求职准备、办公技能、个人提升、职场晋升、职场成就等5个维度共计20余项必备的通用技能(具体见表3-22),全面系统地提升求职者的核心竞争力。

表3-22 "职场通用技能"课程列表

序号	课程模块	课程类型	课程数量
1	求职准备	自我认知、职业形象、职业规划、求职应聘	126
2	办公软件	PPT、Excel、Word、Keynote、Project、Outlook、SPSS、更多软件、考试认证	712
3	效率工具	思维导图、时间管理、笔记工具、项目管理工具、更多效率工具	81

---

① 本章节涉及数据是根据2020年3月25日平台网站课程数据整理形成。

续表

序号	课程模块	课程类型	课程数量
4	电脑基础	基础知识、操作系统、常用技巧	19
5	个人提升	学习能力、思维能力、表达能力、自我管理、人脉管理	270
6	职场能力	职场效能、职场人际、向上管理、跨界转型	195
7	商业管理	管理能力、商业通识、商业经典、商业实战	127
8	专业岗位	项目管理、医学科研、文献写作、汽车制造、人力资源管理、职业培训	283
课程展示			

第二,"编程与开发"课程体系重点介绍编程的基本技能,为产品的开发工作奠定基础,具体包括编程语言、前端开发、后端开发、移动开发、网络与安全等课程板块(具体见表3-23)。

表3-23 "编程与开发"课程列表

序号	课程模块	课程类型	课程数量
1	编程语言	Python、PHP、Java、C、C++、C#、R	668
2	前端开发	语言基础、前端框架、开发实践	385
3	后端开发	Java Web、Python、PHP Web、.NET	415
4	移动开发	微信开发、iOS、Unity3D、Android	217
5	网络与安全	信息安全、测试运维	343

续表

序号	课程模块	课程类型	课程数量
课程展示			

第三,"AI与数据科学"课程体系重点介绍机器学习、NLP、CV、神经网络、语音识别等人工智能技术,以及结合机器学习、统计、高级分析和编程技术的数据分析技术,具体包括人工智能、数据科学、大数据、区块链、云计算等课程板块(具体见表3-24)。

表3-24 "AI与数据科学"课程列表

序号	课程模块	课程类型	课程数量
1	人工智能	语言数字基础、算法基础、应用技术、应用领域	270
2	智能科学	数据分析、数据挖掘、数据基础	382
3	大数据	语言工具基础、大数据开发、大数据应用	96
4	区块链	——	21
5	云计算	——	10
课程展示			

第四，"产品与运营"课程体系重点介绍互联网产品的设计、开发和运营等必备技能，具体包括产品经理、新媒体运营、产品运营等课程板块（具体见表3-25）。

表3-25　"产品与运营"课程列表

序号	课程模块	课程类型	课程数量
1	产品经理	交互设计、产品入门、项目管理、商业模式/案例	127
2	新媒体运营	新媒体入门、文案写作、微信公众号、多平台运营	174
3	产品运营	运营入门、用户运营、数据分析	84
课程展示			

第五，"设计创意"课程体系聚焦通用设计素养、常用设计软件等两大基础能力，通过包括平面设计应用、互联网产品设计、摄影及后期、视频制作及后期、室内/景观设计、工业设计、三维设计、游戏设计等8大专业方向课程学习，提升自身优质设计竞争力（具体见表3-26）。

表3-26　"设计创意"课程列表

序号	课程模块	课程类型	课程数量
1	设计软件基础	Photoshop、After Effects、Sketch、Illustrator、C4D、Adobe XD、3Dmax、InDesign、其他软件	431
2	工业设计	工业设计应用	65

续表

序号	课程模块	课程类型	课程数量
3	平面设计	电商视觉设计、海报设计、字体设计、版式设计、品牌设计、插画绘画	154
4	互联网产品设计	界面设计、图标设计、设计思维、动效设计、设计案例	50
5	通用设计素养	——	91
6	摄影及摄影后期	摄影基础、手机摄影摄像、摄像后期	214
7	三维设计	建模、渲染	71
8	动画&游戏	游戏设计	21
9	视频制作及后期	视频基础、视频后期、音乐制作	199
10	建筑家装设计	建筑家装、室内设计	53
课程展示			

第六,"电商运营"课程体系重点介绍本土、跨境电商经营等必备技能。具体包括淘宝电商、跨境电商、拼多多电商、京东电商、社交&内容营销等课程板块(具体见表3-27)。

表3-27　"电商运营"课程列表

序号	课程模块	课程类型	课程数量
1	淘宝电商	开店认知、推广营销、店铺视觉、数据分析、客户服务	85
2	跨境电商	开店认知、行业选品、推广营销、跨境物流、跨境支付	38
3	拼多多电商	开店认知、选品定位、推广营销、数据分析	24
4	京东电商	开店认知、仓配客售、推广营销、数据分析	52
5	社交&内容营销	内容生产、发布渠道、社群运营、活动策划	43
6	市场营销	销售、广告创意、品牌推广、公共关系、其他	80
课程展示			

二、微专业课程群

　　微专业是由"网易云课堂"平台联合各领域知名专家,以就业为导向,直达企业具体刚需岗位,精心打造的职业培训方案,解决传统教育与社会需求脱节的问题,让学员快速、全面地掌握相关技能,并获得工作机会。行业专家亲自参与授课,企业真实案例实践,按要求完成学习,考试通过可获得专业认定证书,为求职或加薪增添一份独特优势,助力学员成为企业关键性人才。"网易云课堂"共上线数据分析(具体见表3-28)、人工智能(具体见表3-29)、技术开发(具体见表3-30)、设计·摄影(具体见表3-31)、产品·运营(具体见表3-32)等五大类型的微专业课程。

表3-28　微专业(数据分析)课程列表

序号	微专业名称	专业类别	出品人	课程数量
1	城市数据分析师	数据分析	城市数据团	5
2	Python定量城市研究实战	数据分析	城市数据团	11
3	数据可视化	数据分析	城市数据团	8
4	商业数据分析师	数据分析	网易云课堂IT互联网	5
5	算法与数据结构	数据分析	网易有道每颗豆	8
6	数据分析师	数据分析	网易有道每颗豆	10
7	地产数据分析师	数据分析	城市数据团	6
8	Python实用技能	数据分析	网易有道每颗豆	2
9	大数据开发工程师	大数据开发	网易云课堂IT互联网	13
10	电商数据分析师	数据分析	网易云课堂IT互联网	9
11	Python爬虫工程师	数据分析	网易有道每颗豆	6
课程展示				

表3-29　微专业(人工智能)课程列表

序号	微专业名称	专业类别	出品人	课程数量
1	AI工程师	AI基础入门	网易有道每颗豆	10
2	Python应用基础	AI基础入门	网易云课堂IT互联网	6
3	算法与数据结构	AI基础入门	网易有道每颗豆	8
4	AI工程师	AI应用	城市数据团	9
课程展示				

表3-30　微专业(技术开发)课程列表

序号	微专业名称	专业类别	出品人	课程数量
1	初级前端开发工程师	前端开发	网易杭州研究院	5
2	高端前端开发工程师	前端开发	网易云课堂IT互联网	7
3	Java高级开发工程师	后端开发	网易云课堂IT互联网	6
4	Python应用基础	后端开发	网易云课堂IT互联网	6
5	Python全栈工程师	后端开发	网易云课堂IT互联网	4
6	算法与数据结构	后端开发	网易有道每颗豆	8
7	Java基础入门	后端开发	网易云课堂IT互联网	5
8	Web安全工程师	Web安全	网易云课堂IT互联网	6

续表

序号	微专业名称	专业类别	出品人	课程数量
9	MySQL 数据库工程师	数据库	网易云课堂IT互联网	7
10	大数据开发工程师	大数据	网易云课堂IT互联网	13
课程展示				

表3-31　微专业(设计·摄影)课程列表

序号	微专业名称	专业类别	出品人	课程数量
1	用户研究员	设计基础	网易云课堂IT互联网	6
2	电商推广设计师	视觉设计	网易云课堂设计学院	8
3	UI设计师(进阶)	视觉设计	网易云课堂设计学院	7
4	UI设计师	视觉设计	网易云课堂设计学院	8
5	运营插画设计	视觉设计	网易云课堂设计学院	6
6	交互设计师	交互设计	网易云课堂IT互联网	8
7	自由摄影师	摄影影视	咔图摄影教育中心	7
8	自由摄影师 Plus	摄影影视	咔图摄影教育中心	11
9	新媒体视频导演	摄影影视	咔图摄影教育中心	8

续表

序号	微专业名称	专业类别	出品人	课程数量
课程展示	运营插画设计 - 覆盖4大运营必备场景，5周打造爆款插画设计 网易云课堂设计学院 ｜ 共6门课程 梳理大厂一线设计经验，为你量身打造运营插画技能课程，详解流行插画风格技法根源，覆盖4大运营必备场景，5周打造爆款插画设计！ 　自由摄影师 - 摄影有技巧 兴趣不业余 味图摄影教育中心 ｜ 共7门课程 属于摄影爱好者的必选好课，7门课程均由知名旅行纪实摄影人、Adobe资深客席讲师叶梓全程亲授，系统提升，循序渐进，让摄影不止于爱好。 　交互设计师 - 零基础4个月掌握交互设计核心技能 网易云课堂IT互联网 ｜ 共8门课程 网易一线产品案例实战，搭配全新课程模块 AI 语音交互&求职攻略，全面掌握交互设计知识体系，赢得梦想工作岗位。			

表3-32　微专业(产品·运营)课程列表

序号	微专业名称	专业类别	出品人	课程数量
1	互联网项目管理	产品策划	网易杭研项目管理	5
2	用户研究员	产品策划	网易云课堂IT互联网	6
3	互联网运营	产品运营	网易云课堂IT互联网	7
4	新媒体运营	产品运营	网易云课堂IT互联网	8
5	电商数据分析师	产品运营	网易云课堂IT互联网	9
6	电商运营实战	电商运营	网易云课堂IT互联网	16
课程展示	互联网运营 - 3个月带你掌握2年大厂运营经验 网易云课堂IT互联网 ｜ 共7门课程 基于网易内部真实工作场景设计，7大模块，20项技能实战，资深导师全程带班，网易HR手把手就业指导，帮助学员系统掌握运营能力，3个月掌握大厂2年运营经验。 　新媒体运营 - 执行到操盘，成为独当一面的高阶新媒体人 网易云课堂IT互联网 ｜ 共8门课程 视觉志、深夜发媸、有布、新榜等一线大号操盘手亲自授课，8大实战技能系统输出，3个月带你攻破新媒体内容、流量、变现瓶颈 　互联网项目管理 - 人人都是项目经理 网易杭研项目管理 ｜ 共5门课程 由网易杭研项目管理部主讲，通过各式各样网易产品案例(考拉、云音乐、网易云等)来帮助学员了解互联网项目管理理论、方法、工具、实践、管理。			

91

三、素质提升课程

(一)语言学习类课程

"网易云课堂"平台根据学习者的多元化语言学习需求,上线了英语、日语、韩语、法语、德语、俄语、泰语等语言学习类课程(具体见表3-33),其中:英语系列的语言课程重点突出实用性、功能性,分类上线了生活英语、职业英语、新概念英语、英语零基础、英语考试、出国留学、少儿英语等相关课程。

表3-33 "语言学习类"课程列表

序号	课程模块	课程类型	课程数量
1	生活英语	全面提升、生活口语、更多应用	92
2	职场英语	求职英语、商务英语、专业英语	30
3	新概念英语	第一册、第二册、第三册、专项课	52
4	英语零基础	音标发音、英语单词、英语语法、听说读写译	42
5	英语考试	英语四级、英语六级、中小学考试、大学生考试、TOEIC、BEC、更多考试	76
6	出国留学	雅思、托福、GRE、留学申请	32
7	少儿英语	自然拼读、英语绘本、英语启蒙	46
8	日语	五十音图、日语能力考、日语教材	50
9	韩语	韩语零基础、韩语能力考、韩语教材、韩语口语	43
10	法语	法语零基础、法语进阶	14
11	小语种	德语、俄语、泰语、其他语种	37
课程展示			

（二）职业考证类课程

"网易云课堂"平台针对学习者职业发展需求，提供了计算机认证、建筑工程、项目管理、医药卫生、金融财会、公职培训、网络营销、室内设计、人力资源等多个职业领域证书辅导课程（具体见表3-34）。

表3-34　"职业考证类"课程列表

序号	课程模块	课程类型	课程数量
1	计算机认证	计算机等级考试、软考、华为/思科认证	118
2	建筑工程	一级消防、一级建造师、二级建造师	50
3	项目管理	PMP	12
4	医药卫生	医师/药师、康复医学	67
5	金融财会	金融考试、财会考试、CFA	106
6	公职培训	公务员、教师教职、事业单位、社工等其他公职	96
7	网络营销	电子商务师、新媒体运营师	33
8	室内设计	室内设计师考试	6
9	更多考试	人力资源、更多考试	138
课程展示			

（三）生活兴趣类课程

"网易云课堂"平台综合考虑学习者的兴趣与爱好，上线发布了涵盖摄影、绘画、音乐、书法、个人理财、学习辅导、心理学科、生活百科、运动健康、亲子育儿等多个方面的生活兴趣类课程（具体见表3-35）。

表3-35 "生活兴趣类"课程列表

序号	课程模块	课程类型	课程数量
1	摄影	摄影基础、手机摄影摄像、摄影后期	282
2	绘画	绘画基础、铅笔画、水彩画、油画、水粉画、更多手绘	241
3	音乐	乐理基础、声乐唱歌、乐器学习、编曲创作	198
4	书法	行书、草书、隶书、楷书、篆书	117
5	个人理财	理财基础、保险、基金、股票、更多产品、资产配置	326
6	学习辅导	考研、高等学科	116
7	心理学科	婚恋心理、心理知识、思维记忆、情绪管理	45
8	生活百科	居家生活、手工DIY、人文科普、魔术、游戏棋牌	238
9	运动健康	体育运动、医疗养生、两性健康、健身、瑜伽、武术、舞蹈	121
10	亲子育儿	家庭教育、科学育儿、科学孕产、护理保健、疾病重症、综合素质	192
课程展示			

第九节　中国高校外语慕课平台

中国高校外语慕课平台(UMOOCs)是我国首个以外语学科特色为主的慕课平台,是北京外国语大学中国高校外语慕课联盟的专属课程平台(具体见图3-40)。课程体系完善、专业特色突出、资源优质精良,涵盖英、日、俄、德、法、西、阿、意、韩、泰等10个语种,涉及语言技能、专门用途、语言学、文学文化、翻译课程、语言测试、教师发展、通识教育、商务英语、研究生外语、职业教育等12个课程方向,以及"一带一路"沿线国家语言文化、外语话中国、国际人才、国家精品在线开放课程、汉语国际教育等5大特色专题,平台累计上线100多门语言类专门课程,聚焦外语教育、服务国家对外发展。

图3-40　中国高校外语慕课平台(http://moocs.unipus.cn/[①])

一、"一带一路"语言课程

中国高校外语慕课平台(UMOOCs)旨在满足国家"一带一路"倡议深度推进所带来的教学改革需求,建设"一带一路"语言文化数字资源群,积极促进外语语言文学学科发展,实现"中国话语,国际表达"教育愿景,为各项国家多边合作政策培养综合语言运用人才,帮助全社会实现参与人类命运共同体建设,打造"一带一路"

---

① 本章节涉及数据是根据2020年3月20日平台网站课程数据整理形成。

的学习型社会、学习型国家贡献力量（具体见表3-36）。

表3-36 "一带一路"语言文化课程

序号	语种	开课数量	序号	语种	开课数量
1	英语	2	2	汉语	——
3	日语	4	4	俄语	3
5	法语	3	6	德语	5
7	西班牙语	1	8	阿拉伯语	1
9	其他语种	5	合 计		24
课程展示	<div>**英语漫谈海上新丝路** 第2期　　　　　　　　　　　　开课中 大连海事大学　　逄天蕾、祁凡、王燕宁、付科 本课程以跨文化交际理论为框架，以"21世纪海上丝绸之路"为主线，介绍新丝路沿线国家社会文化。通过学习本课程，学习者不仅可以知晓相关国家的风土人情，还能了解深层次的文化传统和价值观念，提高对文化… 2326人已参与 **中外铁路文化之旅** 第1期　　　　　　　　　　　　开课中 华东交通大学　　孟冬梅、唐斌、吴秋芳、裘白莲 在"一带一路"背景下，"高铁走出去"的市场需求日益增加，接受铁路工程领域的文化通识教育，扩充铁路文化相关英语知识愈发显得十分必行，本课程依托学校特色学科，旨在帮助学生了解中外铁路发展的历史以及车站、机… 63人已参与 **德语语言学导论** 第5期　　　　　　　　　　　　开课中 中国海洋大学　　王京平、齐冬冬、高磊、yulia555 介绍德语语言学的基本领域、主要概念及研究方法。 439人已参与 **零起点德语入门** 第7期　　　　　　　　　　　　开课中 北京第二外国语学院　　邹蕾、包薇齐 将德语语音的全部要素有逻辑地展现，循序渐进，让德语语音学习变得轻松易学。 1780人已参与 **零起点法语入门** 第6期　　　　　　　　　　　　开课中 北京外国语大学　　傅绍梅、单志斌、于逢源 《零起点法语入门》课程，每讲从元音和辅音的发音讲解开始，纠正中国人学法语中容易出现的口音问题，并通过巧妙的单词练习编排和简明对话设置，帮助学习者开发音规则，熟悉发音技巧、并能使其迅速掌握日常… 4231人已参与</div>				

二、外语话中国专题

中国高校外语慕课平台（UMOOCs）立足自身特色，打造"外语话中国"特色板块（具体见表3-37）。上线"中国文化概况""中国文化导论及经典文本选读""中国社会与文化"等更多语种、更加体系的系列课程,通过对外语学习者内涵式交流能力的提升,由表及里地传播中国特色文化,讲好"中国故事",传播"中国声音"。

表3-37　"外国话中国"课程专题

序号	课程分类	课程名称	期数	供课院校
1	专门用途	英语话农史——成语篇	第2期	江西农业大学
2	专门用途	中外铁路文化之旅	第1期	华东交通大学
3	文学文化	中国文化概况	第9期	华东理工大学
4	文学文化	中国文化导论及经典文本选读	第2期	四川外国语大学
5	文学文化	畅游赣鄱——水文化英文之旅	第3期	南昌工程学院
6	文学文化	英语话农史——华夏篇	第6期	江西农业大学
7	文学文化	英语话中国传统节日	第2期	河南理工大学
8	文学文化	英语畅谈中国	第6期	湖北大学
9	文学文化	中国社会与文化	第2期	清华大学
10	文学文化	风从东方来:今日中国概况	第1期	杭州师范大学
11	通识教育	中国文化概况(汉语+手语版)	第2期	华东理工大学
课程展示				

三、国际人才专项课程

中国高校外语慕课平台(UMOOCs)始终坚持"语言锻造思维",面向高校的国际人才培养需求,侧重对学生文化力、思辨力、学业力的专业培养(具体见表3-38)。平台已上线的"印象英美——穿越时空之旅""海外名校巡礼——理念、特色与求学路径""大学英语:英语语言技能提高方法""学术英语"等课程,以多语言文化学习开拓学生思维,打造具有中国情怀、国际视野的跨国复合型高端人才。

表3-38 "国际人才"课程专题

序号	课程分类	课程名称	期数	供课院校
1	语言技能	学术英语论文写作	第2期	西南交通大学
2	语言技能	英语之"声" ——实用发音技巧轻松学	第3期	南京师范大学
3	语言技能	英语演讲技巧与实训	第5期	中南大学
4	语言技能	英语演讲	第2期	集美大学
5	语言技能	大学英语口语(国际化方向)	第1期	沈阳师范大学
6	语言技能	英语演讲艺术	第5期	湖北大学
7	专门用途	学术英语视听说	第2期	西南交通大学
8	专门用途	IT行业职场英语	第4期	大连理工大学
9	商务外语	市场营销英语	第3期	广东外语外贸大学
10	商务外语	商务英语:案例篇	第2期	西南财经大学
11	语言测试	TOEFL Test Preparation: The Insider's Guide	第3期	美国教育考试服务中心
12	通识教育	大众传媒与媒介素养	第6期	北京外国语大学
课程展示				

四、国家精品在线开放课程

中国高校外语慕课平台(UMOOCs)充分发挥外语类院校及联盟学校特色,运用各校的学科优势发掘外语名师优课,通过上线外语类国家精品在线开放课程,不断推进优质教育资源的合作共建和公平共享(具体见表3-39)。

表3-39　"国家精品在线开放课程"专题

序号	课程分类	课程名称	期数	供课院校
1	语言技能	新标准大学英语(第二版)综合教程1	第4期	四川外国语大学
2	语言技能	新标准大学英语(第二版)综合教程3	第3期	四川外国语大学
3	语言技能	新标准大学英语(第二版)综合教程4	第1期	四川外国语大学
4	语言技能	英语演讲	第2期	集美大学
5	语言技能	英语口语趣谈	第2期	牡丹江大学
6	语言技能	职场英语	第6期	西南交通大学
7	职业教育	高职英语(Ⅰ)	第2期	南京工业职业技术学院
8	职业教育	高职英语(Ⅱ)	第3期	南京工业职业技术学院
9	专门用途	IT行业职场英语	第4期	大连理工大学
10	专门用途	大学英语学术阅读	第6期	南京大学
11	文学文化	英语畅谈中国	第6期	湖北大学
12	文学文化	文化差异与跨文化交际	第6期	郑州大学
13	文学文化	中国文化概况	第9期	华东理工大学
14	文学文化	印象英美——穿越时空之旅	第6期	杭州师范大学
15	商务外语	外经贸英语函电	第1期	福建农林大学

续表

序号	课程分类	课程名称	期数	供课院校
课程展示				

五、汉语国际教育课程

汉语国际教育课程主要面向中文学习者，教授中国文学、中国文化、跨文化交际等方面的系列课程，弘扬中国汉语文化、推进汉语国际推广（具体见图3-41）。培养学习者掌握汉语文化的传播技能，具备一定的跨文化交际能力。

图3-41　汉语国际教育课程

第四章 在线开放课程的资源建设

第一节 文本资源建设技术

文本是指书面语言的表现形式,通常是具有完整、系统含义的一个句子或多个句子的组合。一个文本可以是一个句子、一个段落或者一个篇章。文本资源是指主要用于记载和储存文字信息的数据资源,是一种常见的多媒体素材,主要包括文字、数字、符号等。常见的文本资源格式为txt、doc、docx、wps、pdf等。

一、利用网络获取文本资源

百度专业搜索网站(具体见图4-1)是全球最大的中文搜索引擎及最大的中文网站,全球领先的人工智能公司。公司于2000年1月1日创立,公司创始人李彦宏拥有"超链分析"技术专利,使中国成为美国、俄罗斯、韩国之外,全球仅有的四个拥有独立搜索引擎核心技术的国家之一。

图4-1 百度网站(https://www.baidu.com/)

登录百度官网,输入查找文本资源的关键词,点击"百度一下",通过文字、语音、图像等多种交互方式,瞬间显示用户需要查找的信息和服务。进一步点击搜索结果,查看信息详情,选中符合要求的文本数据信息,使用"Ctrl+C"复制,新建文本文档,使用"Ctrl+V"粘贴,即可获取网络文本资源。

二、专业数据库检索文本资源

教师可以利用专业数据库检索相关教学素材,常用的中文文献检索数据库主要包括中国知网数据库、万方数据库、维普数据库、百度文库、国研网数据库、中诚信数据库、中经网数据库等(具体见图4-2)。

图4-2 常用专业数据库展示

以"中国知网"数据库为例,登录官方网站,平台提供了按照主题、关键字、篇名、全文、作者、单位等检索方式(具体见图4-3)。

图4-3 中国知网(https://www.cnki.net/)

检索栏中输入相关信息，点击"检索"，显示检索结果，点击选中的文献，进入文献的详细页面，点击"HTML阅读"，进行在线阅读；点击"下载"，可以下载相关文献检索资料的CAJ、PDF等格式。

三、专门工具获取文本资源

(一)扫描全能王

扫描全能王(CamScanner)是一款操作便捷、功能强大的实用工具(具体见图4-4)。它将智能手机变成随身携带的扫描仪；可方便快捷地记录、管理各种文档、收据、笔记和白板讨论等；通过智慧精准的图像裁剪和图像增强，保证扫描的内容清晰可读。

图4-4 扫描全能王APP

1.高清扫描功能。快速拍摄文件、发票、设计图、笔记、证书、PPT和白板等，精确去除杂乱背景，自带增亮、黑白、增强并锐化、灰度等多种图像处理模式，还支持手动调节图像参数，让文档更清晰，可生成PDF或JPEG文件。

2.智能管理功能。扫描全能王的应用，不仅可以修改文档名称、添加标签，还能给文档添加自定义水印、手写批注，智能管理文档。

3.图片搜索功能。对文档全篇扫描后，只需输入图片或文档内的关键字，即可快速查找到含有此关键字的文档。高级账户还能把图片上的文字直接变成文本导出。

4.文档共享功能。支持向近30个国家、地区传真文档，通过邮件、文档链接、SNS社交账户分享文档，可应用AirPrint无线打印，还支持共享文档，可以发起邀请，和朋友一起查看、评论文档。

5.云端同步功能。手机、平板、电脑等多终端随时同步，一处编辑，实时更新，也支持 Box、Google Drive、Dropbox、Evernote、OneDrive 等第三方云端存储。

（二）迅捷文字识别

迅捷文字识别是一款文字识别软件，由上海互盾信息科技有限公司开发，软件具有拍照识别翻译、图片转文字、文字提取、文字编辑等功能。使用该软件可以轻松借助扫描仪，实现照片扫描、文件扫描、文字提取等工作，让图片转文字识别校对变得更加简单便捷。对于识别后的文字还可以进行在线编辑、内容复制、翻译、实时校对、重新识别、文本导出，以满足教学资源的建设和运用（具体见图4-5）。

图4-5　迅捷文字识别 APP

1.图片识别功能。支持手机相册图片直接上传，转换成文字。

2.拍照识别功能。支持实时拍照，再提取图片中的文字内容转换成电子档。

3.图片生成 PDF 功能。支持图片生成 PDF，满足工作的需求。

4.图片转 Word 功能。支持手机相册图片、实时拍摄图片，识别图片中文字，保存为 Word 文档。

5.手写识别功能。支持纸质档手写内容，拍照识别、图片识别。

6.拍照翻译功能。支持拍照提取文字，直接翻译，满足日常翻译需求。

7.票证识别功能。支持身份证、银行卡等证件类型的图片，直接提取卡号、身份证号等。

（三）迅捷 PDF 转换器

迅捷 PDF 转换器是一款功能强大、界面简洁、操作简单的 PDF 转换成 Word 转换器，支持 PDF 文档和 doc、ppt、图片以及 txt 文档等多种格式之间的转换。软件具备快速转换、批量转换、高质量识别等功能，迅捷 PDF 转换器提供免费版本，可终身使用（具体见图 4-6）。

图 4-6　迅捷 PDF 转换器官网（http://www.xjpdf.com/）

1. 支持多种格式转换。软件支持 Word、PDF、Excel、电子书等多种格式文档任意转换（具体见图 4-7）。

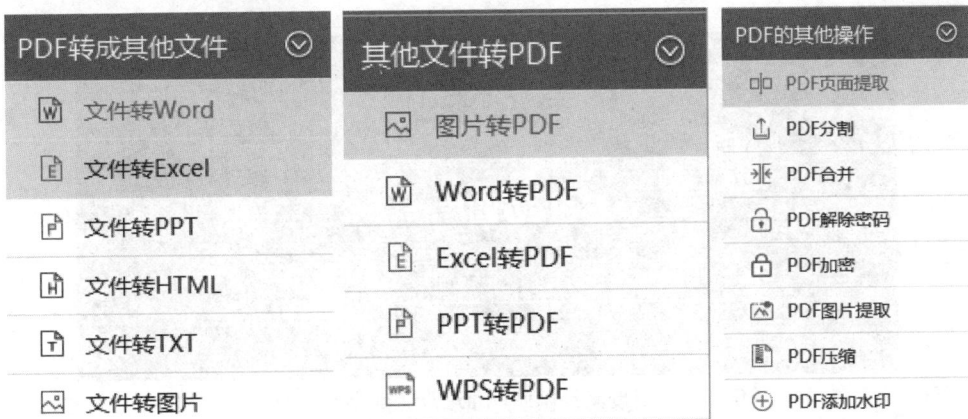

图 4-7　迅捷 PDF 转换器功能

2. 轻松拖拽批量转换。支持用鼠标拖曳文件至工作界面,实现一键轻松转换。

3. 快速转换质量保证。软件具备安全稳定的转换内核,使用多核心CPU处理技术,实现复杂内容的快速转换,提高工作效率。

4. 界面简洁操作方便。便捷的交互与界面设计,操作简单易懂,通过"选择功能→添加文件→开始转换"等三步骤,轻松实现文档转换。

5. 智能识别轻松转换。智能识别用户需要转换的文档格式,支持转换加密后的PDF文件。

第二节 图片资源建设技术

图片是指由图形、图像等构成的平面媒体,主要包括点阵图和矢量图等两大类型。随着数字采集技术和信号处理理论的发展,越来越多的图片以数字形式存储,常用图片格式为BMP、JPG、PNG、SWF、CDR、AI、GIF等。

一、网络图片资源获取

(一)百度图片搜索

百度图片(具体见图4-8)是百度针对用户需求,从8亿中文网页中提取各类图片,而建立的世界第一大中文图片库。登录百度图片官网,搜索栏输入"关键字",页面自动显示图片的搜索结果。

图4-8 百度图片网站(http://image.baidu.com/)

以"教室场景简笔画"为关键字进行搜索,点击选中图片,跳转页面,点击"下载",保存图片即可(具体见图4-9)。

图4-9　百度图片搜索页面

(二)专业素材网站

教师可以登录千图网、千库网、昵图网等专业素材官网,搜索栏输入"关键字",查找与下载相应的图片教学资源。

1.千图网。千图网(具体见图4-10)是中国素材最多的网站之一,拥有800多万张素材,平台主要提供矢量图、psd源文件、图片素材、网页素材、3D模型素材、手机APP素材、PPT、画册、图标热门主流素材等下载服务。网站提供了一个创意设计分享的网络平台,面向各种行业用户需求,提供国内最多的免费素材资源,方便用户快速查找满意素材。

图4-10　千图网(https://www.58pic.com/)

2.千库网。千库网(具体见图4-11)是国内提供PNG图片的素材免费下载网站,网站拥有500万优质PNG免抠元素、300万精品背景素材和700万模板素材。PNG免抠元素主要包括漂浮素材、效果元素、装饰图案、卡通手绘、促销标签、节日元素、艺术字、图标元素、不规则图形、边框纹理、PPT元素、产品实物及其他等。背景素材主要包括海报banner、广告背景、主图/直通车、H5背景、店铺背景、详情页海报、高清摄影图等。模板素材主要包括矢量模板、PSD模板、精品模板、平面模板、电商模板、网页模板、APP/UI、PPT、节日素材、装饰设计、服装设计、艺术字体等。

图4-11　千库网(https://588ku.com/)

3.昵图网。昵图网(具体见图4-12)是一个设计素材、图片素材共享平台,网站内所有素材图片均由网友上传而来,昵图网不拥有此类素材图片的版权。昵图网内标明版权为"共享""昵友原创""原创作品出售"等图片素材均由网友上传,用于学习交流;若需商业使用,需获得版权拥有者授权,并遵循国家相关法律、法规的规定。

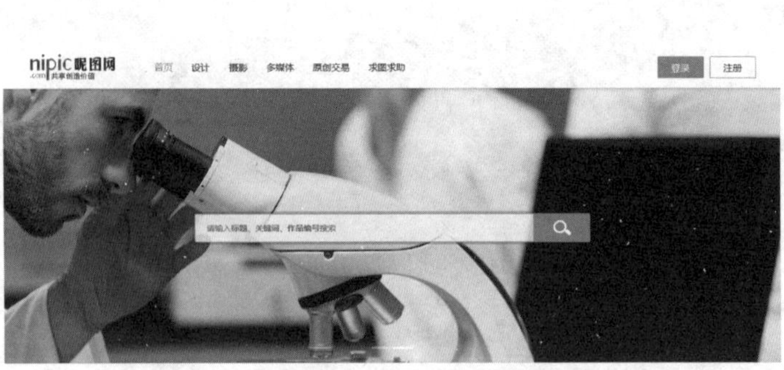

图4-12　昵图网(http://www.nipic.com/)

(三)腾讯QQ截图工具

打开腾讯QQ软件,登录个人账号,点击弹出页面右下侧"主菜单"—"设置"—"热键"—"设置热键",系统默认使用Ctrl+Alt+A热键,捕捉屏幕(具体见图4-13)。利用热键选中截图屏幕,点击图片下方的工具栏,点击"保存"即可。

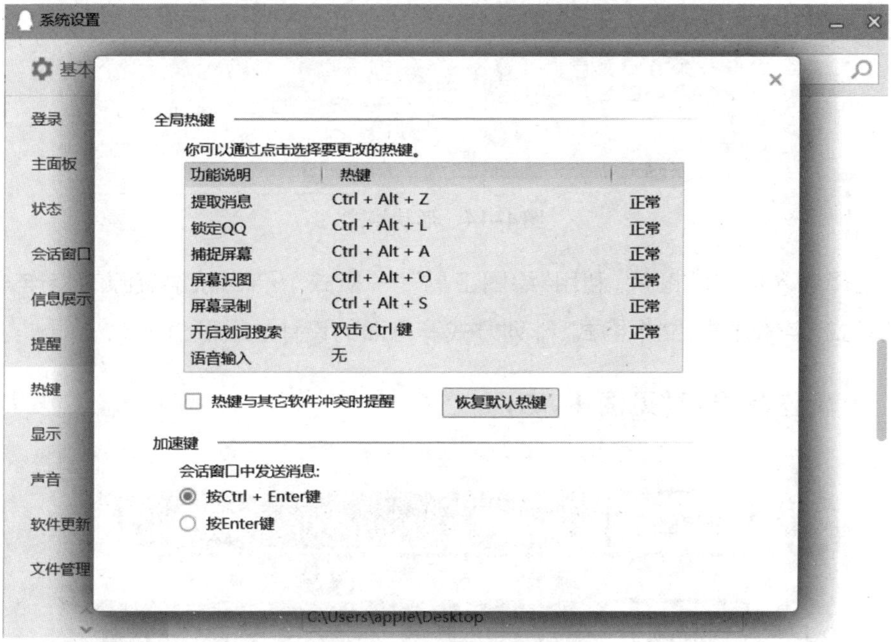

图4-13　QQ截图功能

二、Office图片制作工具

(一)"形状"制作工具

以Microsoft Word为例,打开新建文档,点击"插入"—"形状",软件主要提供线条、矩阵、基本形状、箭头、公式形状、流程图、星与旗帜、标注等8种类型的形状格式(具体见图4-14)。

图4-14　形状格式

　　选择插入形状的图片,利用"绘图工具"—"格式",结合教学资源的特点,进行形状样式、字体样式、文本格式、排列方式等方面的设计、编辑与调整。

作品展示(见图4-15)

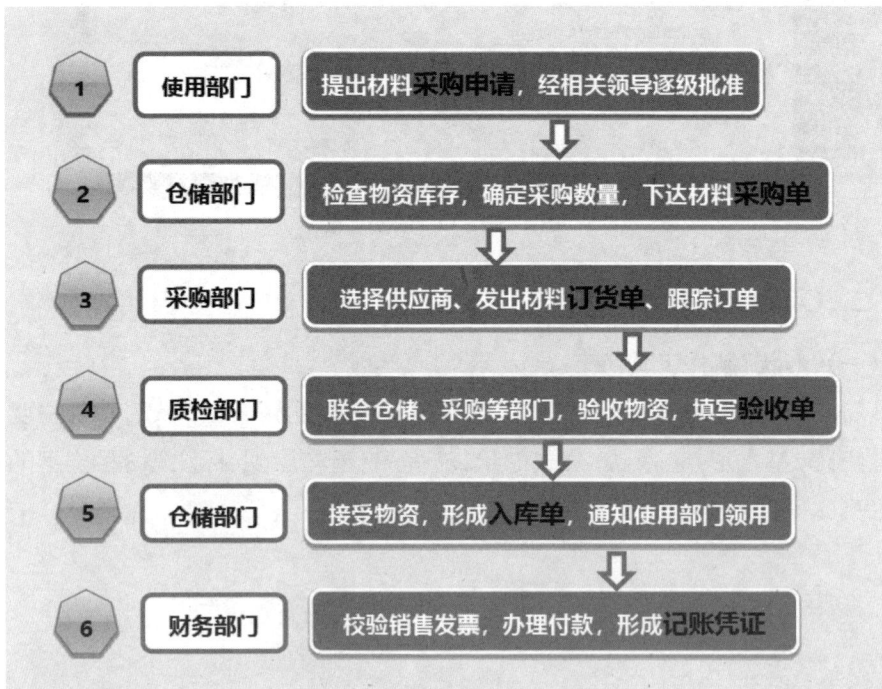

1	使用部门	提出材料**采购申请**,经相关领导逐级批准
2	仓储部门	检查物资库存,确定采购数量,下达材料**采购单**
3	采购部门	选择供应商、发出材料**订货单**、跟踪订单
4	质检部门	联合仓储、采购等部门,验收物资,填写**验收单**
5	仓储部门	接受物资,形成**入库单**,通知使用部门领用
6	财务部门	校验销售发票,办理付款,形成**记账凭证**

图4-15　采购业务流程图

（二）"SmartArt"制作工具

SmartArt 是 Microsoft Office 2007 中新加入的特性，用户可在 PowerPoint、Word、Excel 中创建各种图形图表。SmartArt 图形是信息和观点的视觉表示形式，可以通过选择多种不同布局，创建 SmartArt 图形，从而快速、轻松、有效地传达信息。

以 Microsoft Word 为例，打开新建文档，点击"插入"—"SmartArt"，弹出"选择 SmartArt 图形"对话框，软件主要提供列表、流程、循环、层次结构、关系、矩阵、棱锥图、图片等8种类型、近200种 SmartArt 图形（具体见图4-16）。

图4-16　SmartArt 图形

📁 作品展示（见图4-17）

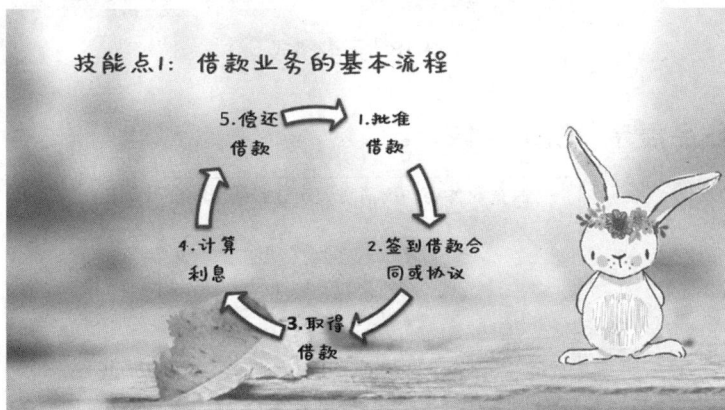

图4-17　借款业务基本流程

(三)"图表"制作工具

以Microsoft Word为例,打开新建文档,点击"插入"—"图表",选择表格类型,点击确定。文档立即生成图片以及数据表,教师根据教学资源要求,调整数据表的结构,利用"图表工具"—"设计"/"工具"等工具栏,进一步优化图表的表现形式。软件主要提供柱形图、折线图、饼图、条形图、面积图、XY散点图、股价图、曲面图、雷达图、树状图、旭日图、直方图、箱形图、瀑布图、组合图等15种图表格式(具体见图4-18)。

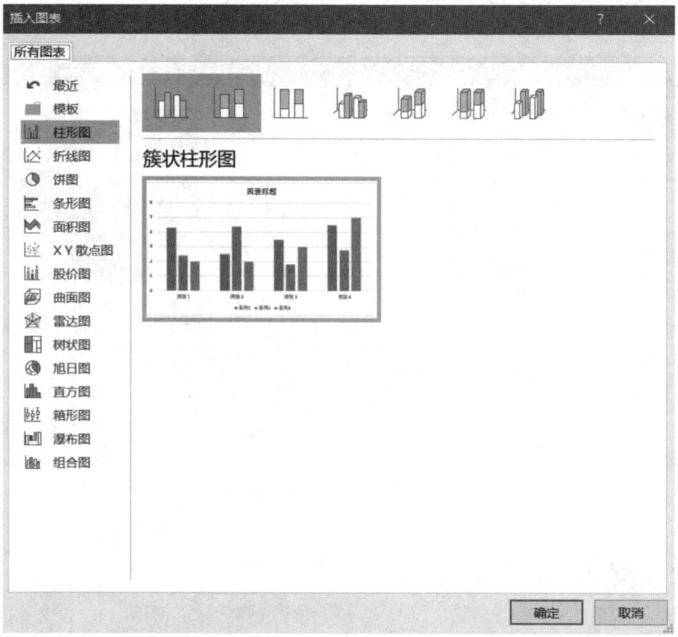

图4-18　图表格式

作品展示(见图4-19)

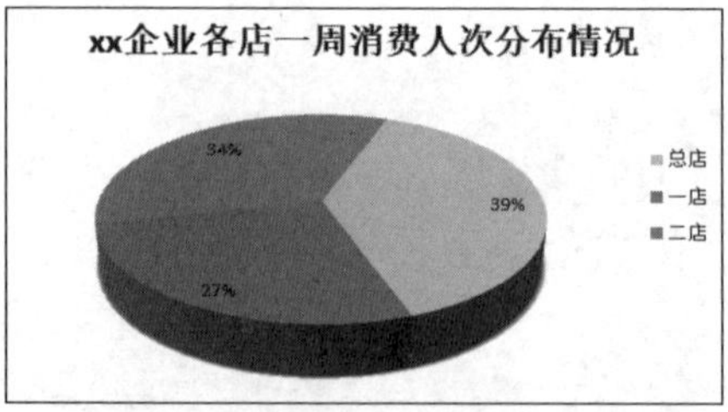

图4-19　消费人次分布情况图

三、XMind思维导图工具

XMind是一个全功能的思维导图和头脑风暴软件,激发创意随时随地捕捉灵感,作为一款有效提升工作、学习、生活效率的生产力工具,受到全球百千万用户的青睐(具体见图4-20)。

图4-20　XMind官网(https://www.xmind.cn/)

(一)熟悉软件功能

教师登录官网购买XMind,下载安装包,按照操作步骤进行认证、安装与调试。打开XMind软件(具体见图4-21),页面上端为菜单栏,主要包括:文件、编辑、查看、插入、修改、工具、窗口、帮助等;菜单栏下方提供显示主页、保存、撤销、重做、主题、联系、外框、概要、插入、演示、头脑风暴模式、甘特图、搜索、分享、导出等快捷键。页面右侧提供大纲、格式、图片、图标、风格、备注、批注、任务信息等快捷键。

图4-21　XMind软件基本界面

XMind软件主要提供思维导图、逻辑图、组织结构图、时间轴、鱼骨图、矩阵图等工具模板。其中：思维导图（具体见图4-22）是用一个中央关键词或想法以辐射线形连接所有的代表字词、想法、任务或其他关联项目的图解方式，是一种图像式思维的工具以及一种图像式思考辅助工具。

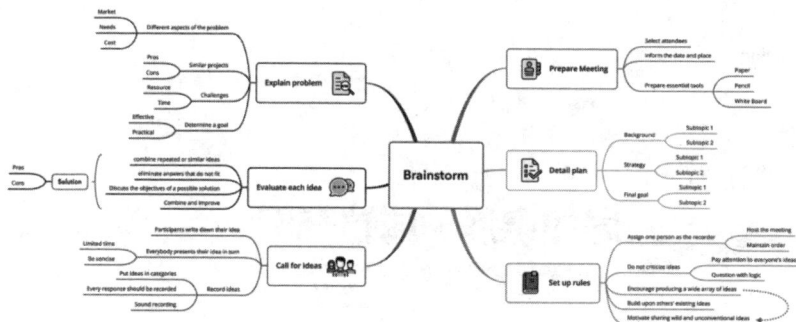

图4-22　思维导图

逻辑图（具体见图4-23）是由许多逻辑图形符号构成，描述逻辑函数的一种方法。用于工作、学习和生活领域，主要用于明确工作任务的关键环节以及每个环节的基本流程、注意事项等相关内容。

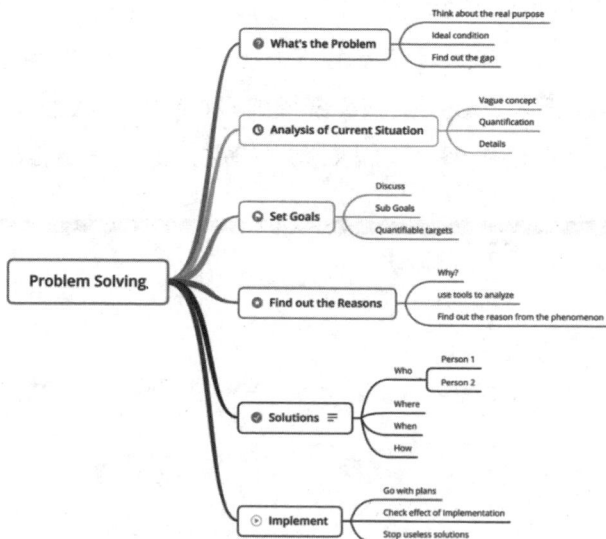

图4-23　逻辑图

　　组织结构图（具体见图4-24）是把组织分成若干部分，并且标明各部分之间可能存在的各种关系。其中：各种关系包括人员关系、隶属关系、物流关系、资金流关系和资料传递关系等。

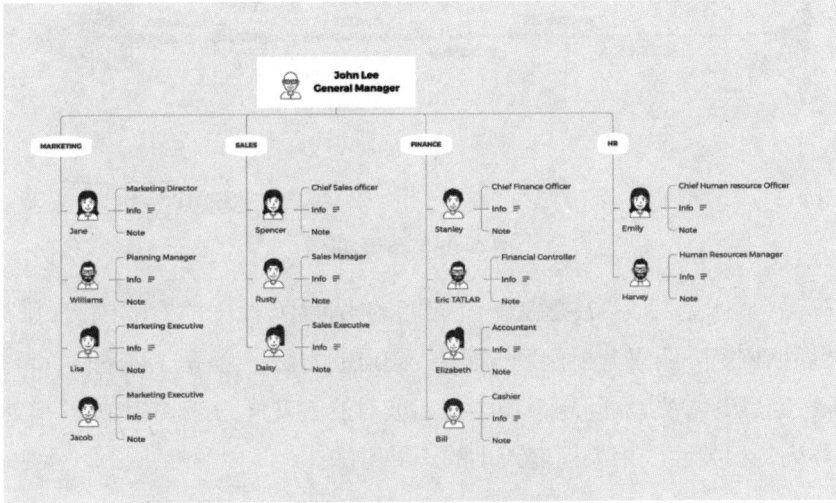

图4-24　组织结构图

　　时间轴（具体见图4-25）通过互联网技术，依据时间顺序，把一方面或多方面的事件串联起来，形成相对完整的记录体系，再运用图文的形式呈现给用户；时间轴可以运用于不同领域，最大的作用就是把过去的事物系统化、完整化和精确化。

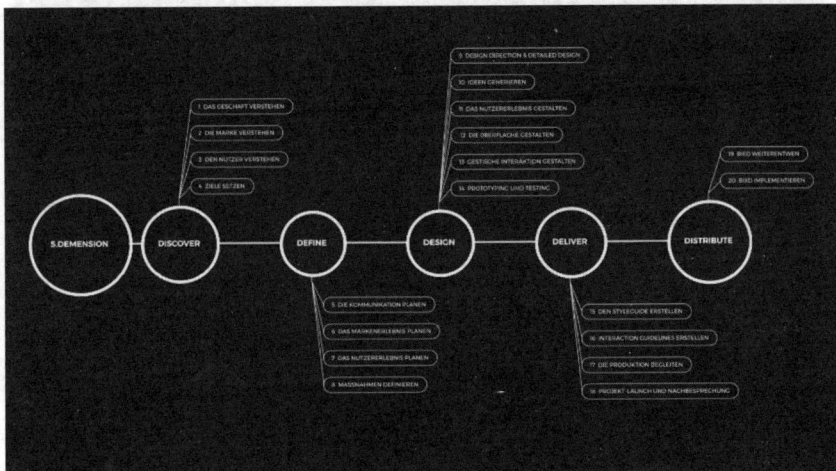

图4-25　时间轴

鱼骨图(具体见图4-26)是指一种发现问题"根本原因"的分析方法,现代工商管理教育将其划分为问题型、原因型及对策型等类型。

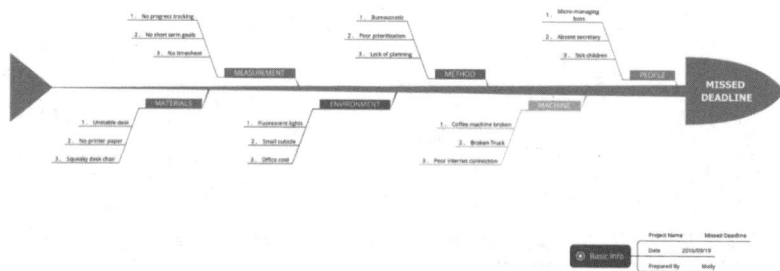

图4-26　鱼骨图

矩阵图(具体见图4-27)是从多维问题的事件中,找出成对的因素,排列成矩阵图,然后根据矩阵图来分析问题,确定关键点的方法。它是一种通过多因素综合思考,探索问题的方法,从问题事项中找出成对的因素群,分别排列成行和列,找出其中行与列的相关性或相关程度大小的一种方法。

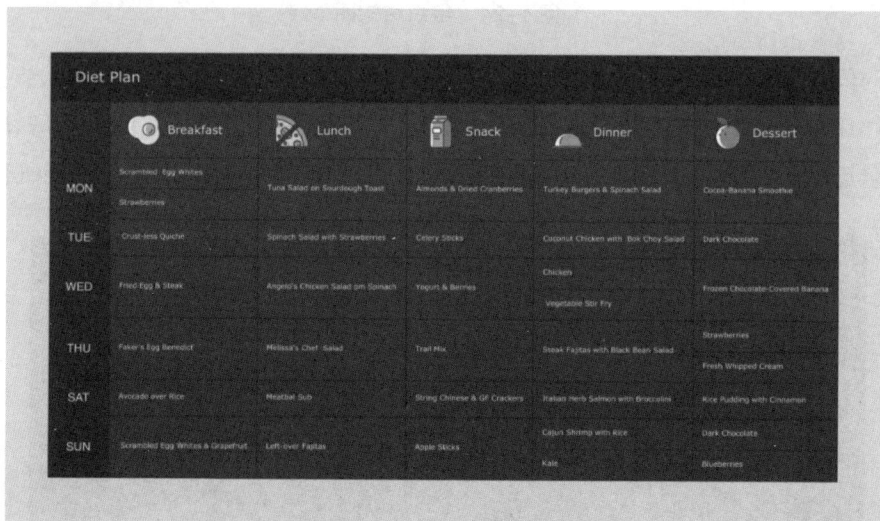

图4-27　矩阵图

(二)创建思维导图

1.创建思维导图文件。点击"文件"下拉菜单"新建",点击"模板"(具体见图4-28),选择符合教学需要的主题,单击主题即可,教师可以进行模板的修改。点击

"空白图"(具体见图4-29),选择符合教学需要的主题,点击选择风格,点击"创建"即可。

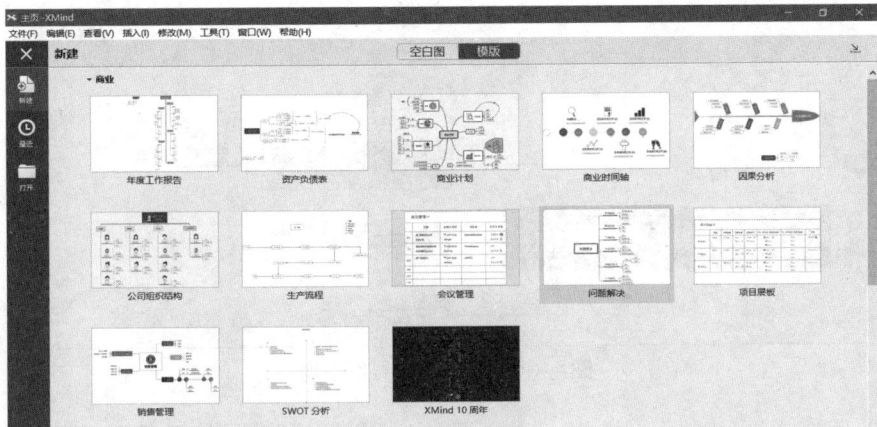

图4-28　XMind模板

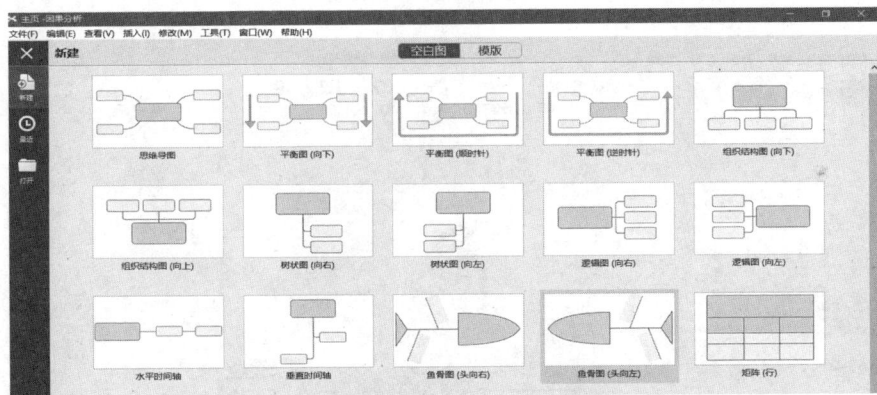

图4-29　XMind空白图

2.编辑思维导图主题。双击主题框中的文字,输入替换主题文字内容。选择一个主题框,点击"子主题"按钮,新建一个该主题的下级主题。选择一个主题框,点击"主题"按钮,新建一个该主题的同级主题。右击主题,选择"删除"选项删除该主题框及内容(具体见图4-30)。

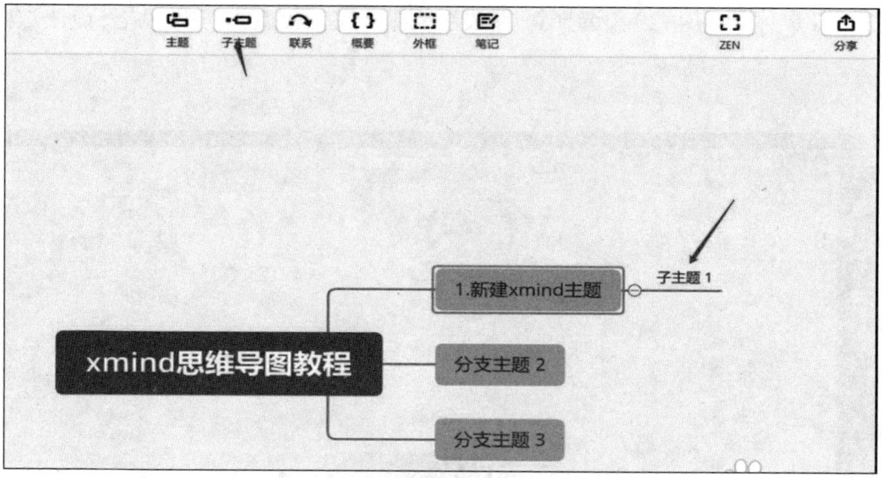

图4-30 编辑思维导图主题

3.建立主题间联系。选择一个主题,点击"联系"按钮,拖动箭头到另一个主题,输入文字即可建立主题之间的联系(具体见图4-31)。

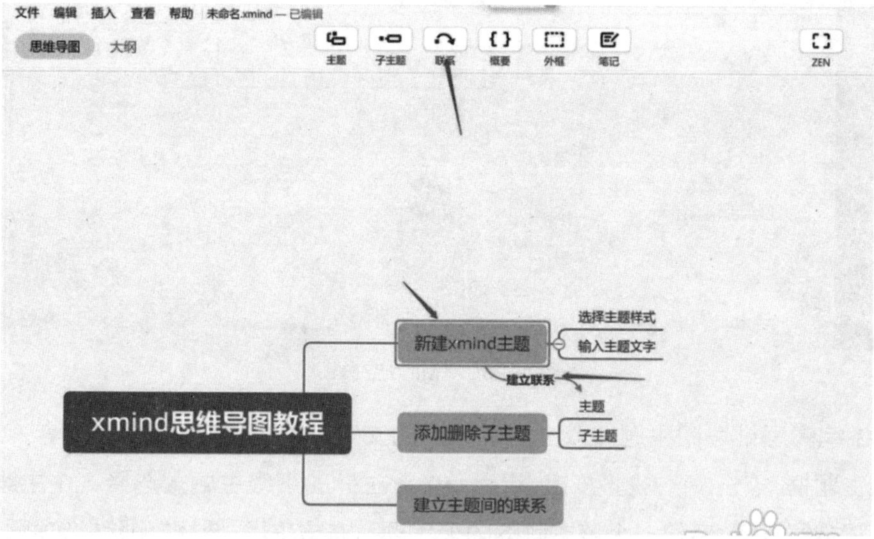

图4-31 建立主题间联系

4.插入标记和贴纸。选择主题框,点击图标按钮,选择"标记"和"贴纸"中的样式,添加相关的标记与贴纸(具体见图4-32)。

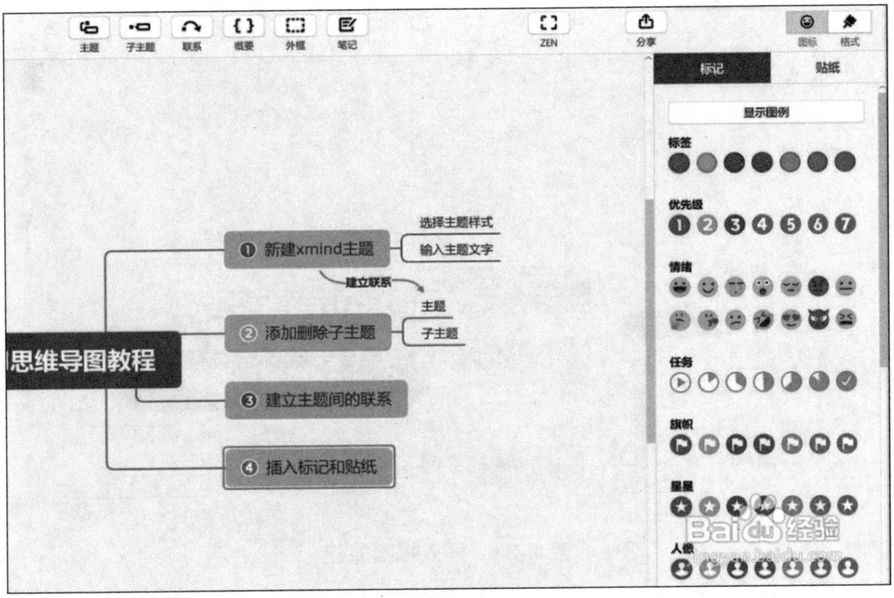

图4-32 插入标记和贴纸

5.插入超链接。选中一个主题框,点击插入菜单中的超链接选项,选择网页、主题或者本地文件的超链接(具体见图4-33)。

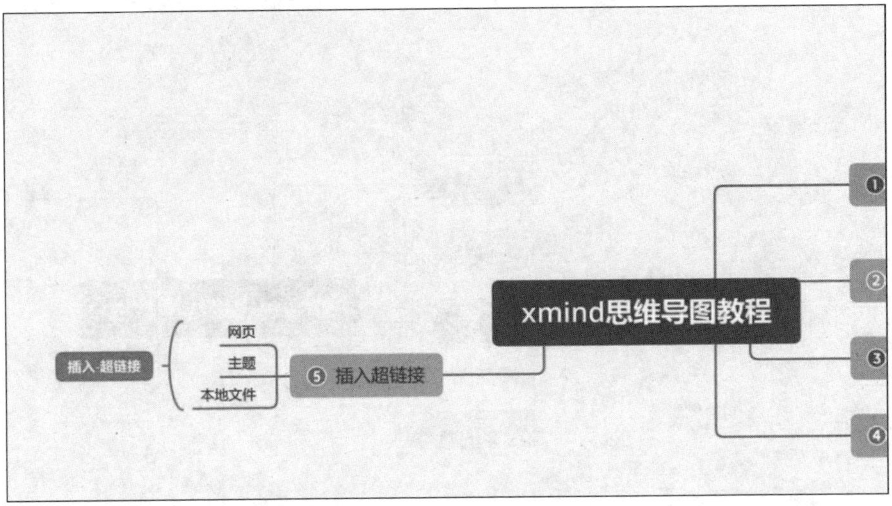

图4-33 插入超级链接

6.插入摘要和笔记。按住Shift键点击多个主题框,然后点击"概要"按钮,输入文字;选择文本框,点击"笔记"按钮,输入笔记内容(具体见图4-34)。

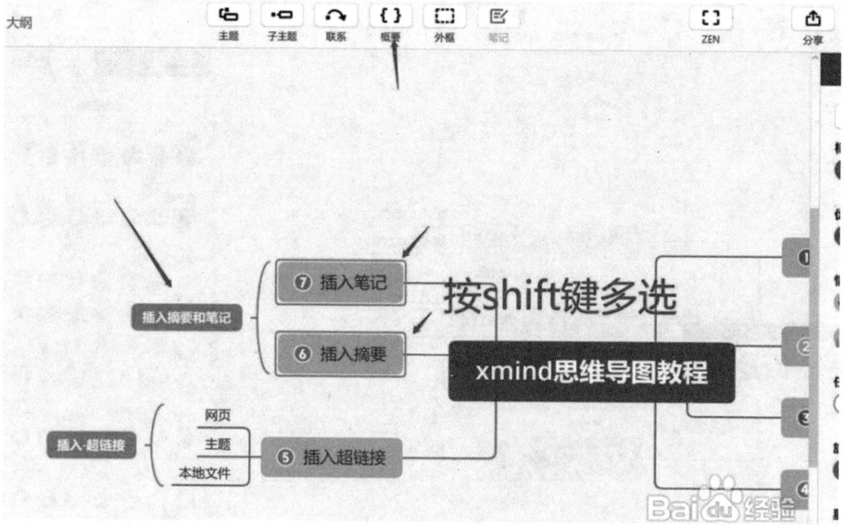

图4-34　插入摘要笔记

7.插入主题外框。按住Shift键选择多个主题,点击"外框"按钮,为多个主题框添加一个外框,以便于分类(具体见图4-35)。

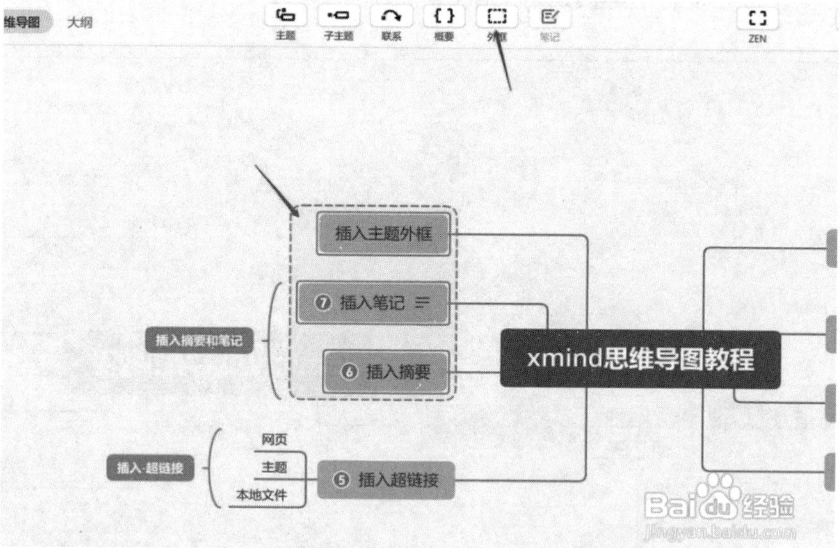

图4-35　插入主题外框

(三)导出思维导图

点击"文件"菜单下的"保存"命令,保存xmind文件格式,快捷键为Ctrl+s。选择"文件"菜单导出选项,将思维导图导出为图片、PDF 或 Word 文档格式;选择文件菜单"设置密码"选项,为该主题文档设置一个密码;选择文件菜单"打印"选项(快捷键 Ctrl+P),设置打印样式和打印内容(具体见图 4-36)。

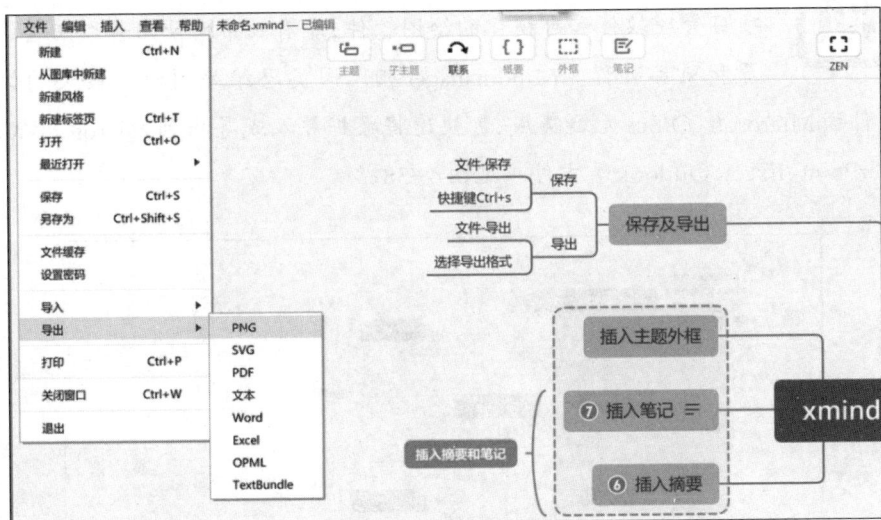

图 4-36　保存思维导图

📂 **作品展示**(见图 4-37)

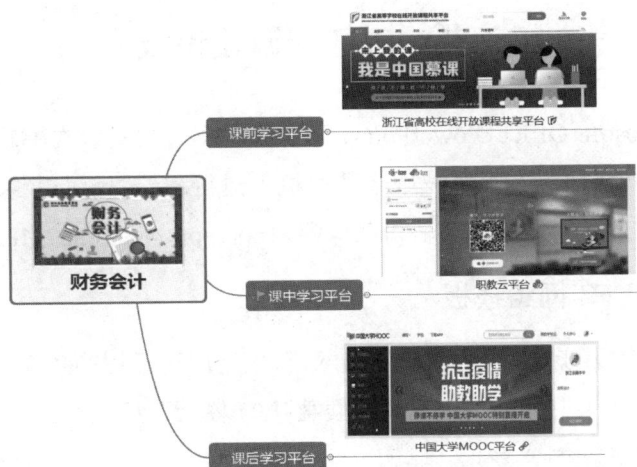

图 4-37　课程学习资源图

同类产品推荐——Mindjet MindManager

Mindjet MindManager是一款易于使用、界面友好、功能丰富的项目管理软件和可视化的绘图软件,能有效帮助使用者组织思维、资源和项目进程。Mindmanager相比同类思维导图软件最大的优势,是软件同Microsoft Office无缝集成,可快速将数据导入或导出到Microsoft Word、PowerPoint、Excel、Outlook等文件。见图4-38。

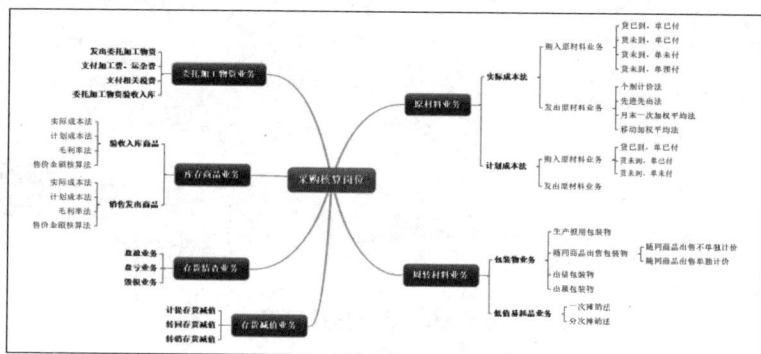

图4-38 采购核算岗位图

第三节 PPT资源建设技术

PPT(Microsoft Office PowerPoint)是指微软公司的演示文稿软件,广泛运用于教学领域。PPT可以在投影仪或者计算机上进行演示,也可以将演示文稿进行打印,制作成文件资料。演示文稿可以保存为ppt、pptx、pdf、png、MPEG-4等格式。

一、获取PPT网络模板

使用PPT模板的专业级PPT制作技术,直接运用于课程的教学课件,整体的制作、演示与放映效果俱佳。利用互联网搜索"PPT模板",搜索页面显示各类专业网站的信息。以"熊猫办公"为例(具体见图4-39),该网站是一家专注创意设计模板下载的网站,涵盖行业PPT模板、视频素材、Word模板、Excel模板、字体、背景图片、免抠PNG素材、音效及配乐素材等,全站每日更新热点内容,以提高用户办公效率为宗旨。

图4-39　熊猫办公网站(https://www.tukuppt.com/)

　　该网站的PPT模板提供工作总结、教育培训、述职汇报、晚会颁奖、节假节日、党政军警、企业宣传、相册图集、营销策划、商业计划书、个人简历等20余种场景；商务、简约、酷炫、中国风、小清新、手绘、水彩等近15种风格。教师根据关键词进行搜索，收藏或下载符合课堂教学需要的PPT模板。

教育培训"PPT模板"展示

　　见图4-40至图4-43。

图4-40　卡通风格

图4-41　小清新

图4-42　手绘风格

图4-43　中国风

二、构建PPT逻辑体系

PPT逻辑体系是课程教学课件制作的灵魂，一般来讲，完整的课堂教学PPT应包括封面页、目录页、分项单元页、教学内容页、结束页等基本要素（具体见表4-1）。

表4-1　PPT要素页明细表

序号	具体名称	示例
1	封面页	
2	目录页	

续表

序号	具体名称	示例
3	分项单元页	
4	教学内容页	
5	结束页	

　　其中：教学内容页是教学PPT的核心内容，建议教师以知识点、技能点为最小的教学基点，实施"引入问题→探究问题→解决问题"的教与学模式，培养学生发现问题、分析问题和解决问题的能力，通过一系列质疑、探究、实践等螺旋式学习循环，实现课程的教学目标。

三、优化PPT平面设计

　　PPT平面设计的基本原则是"图文结合"，将纯文字版的教学内容，分解为"多样化图表+简约化文字"的逻辑关系组群，通常包括并列关系、递进关系、关联关系、趋势关系、比较关系、构成关系等表现形式（具体见表4-2）。

表4-2　PPT平面设计常用结构图表

序号	具体名称	示例
1	并列关系	
2	递进关系	
3	关联关系	
4	趋势关系	
5	比较关系	
6	构成关系	

四、强化 PPT 动画设计

PPT 演示文稿具有强大的动画设计功能,幻灯片之间的切换,以 Microsoft PowerPoint为例,软件主要提供12种细微方式、29种华丽方式、7种动态内容方式,可供教师进行自由选择切换(具体见图4-44)。

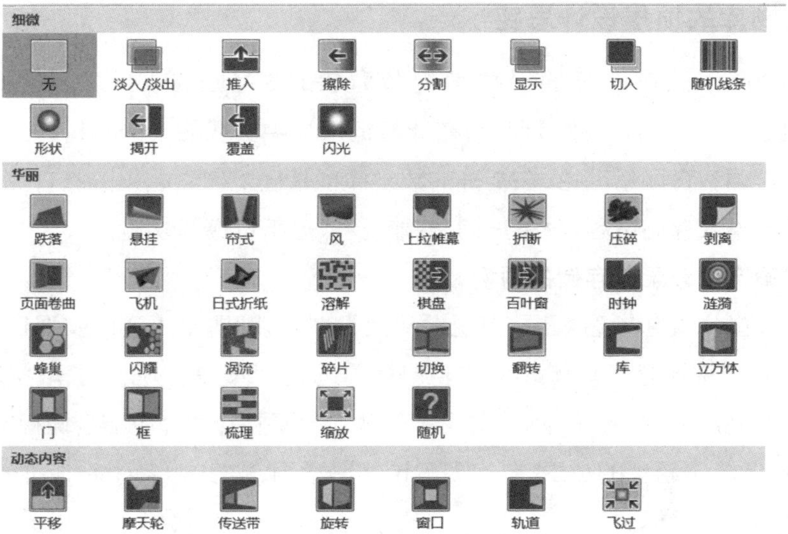

图4-44　动画设计功能

每页幻灯片包含的文本、图片、表格、视频、音频等素材,均可以设置动画效果,以 Microsoft PowerPoint为例,软件主要提供进入效果、强调效果、退出效果、其他动作路径等多种动画特效。教师可以根据专业知识的形成原理、职业能力的操作流程等,进行动画效果的设计,提升教学PPT的整体演示效果。

作品展示(见图4-45)

图4-45　教学课件制作

第四节　题库资源建设技术

题库又称试题库,按照不同的学科门类以及其内在联系,将不同的试题分门别类地汇集起来,为特定学科知识和技能测试提供备选试题的一种系统资源。

一、题库的顶层设计思路

按《教育部教育资源建设技术规范》(CELTS-41.1)的定义,试题库(Item Bank)是按照一定的教育测量理论,在计算机系统中实现的某个学科题目的集合,它是严格遵循教育测量理论,在精确的数学模型基础上建立起来的教育测量工具。题库应具备录入存储试题、分类查询、智能组卷、分析反馈等功能。

(一)确定试题录入存储的题型

题库题型主要包括客观题、主观题两大类型,客观题基本可以实现自动评分,主观题需要人工评分。具体题型主要包括单选题、多选题、判断题、填空题、问答题、匹配题、完形填空、阅读理解、文件作答题、视听题等,教师应结合课程的教学需求,合理设置各个题型的数量,以实现理论知识学习、实践技能训练、职业素质养成的多元教学评价目标。

(二)明确分类查询的关键字段

题库的基本框架应与课程的知识技能结构树相匹配,至少建立"课程—章—节"三级体系。题库应设立"难—中—易"难度系数指标,录入题目的题干、选项、答案、解析等基本信息,同时录入难易程度、关联知识点的关键字段,以便后续智能组卷功能的有效发挥。

(三)丰富智能组卷的主要方式

题库能结合授课进度,合理设置测验、作业、考试等教学环节,利用题库进行自动组卷,至少能发布"课程—章—节"三个层级的课程测评内容。基础较好的课程,建议能建立四级题库资源,能结合学生的测评反馈,发布基于知识点/技能点的巩固练习,进行针对性查漏补缺,真正做到"一对一"智能组卷。

(四)具备大数据的教学分析反馈

题库应具备大数据的教学分析反馈功能,基于学生层面,题库可以按照"课程—班级—学生"路径,进行成绩计算、错题查询、专业分析等功能;同时,基于教师层面,题库可以按照"课程—班级—学生—题目"路径,进行题目测评分析、学生学情分析、班级学情分析等教学分析反馈,以便后续进一步优化课堂教学方案。

二、专业题库的建设技术

题库建设遵循"下载导入模板→录入题库→导入平台→生成题库"的基本流程。以职教云平台题库建设为例,全面展示题库类型、导入模板、生成题样示例。

(一)单选题

单选题是指给定的答案中有且只有一个标准答案的选择题题型。解答时,注意题干与选项的因果关系;运用反向思考法、排除法进行解题(具体见图4-46)。

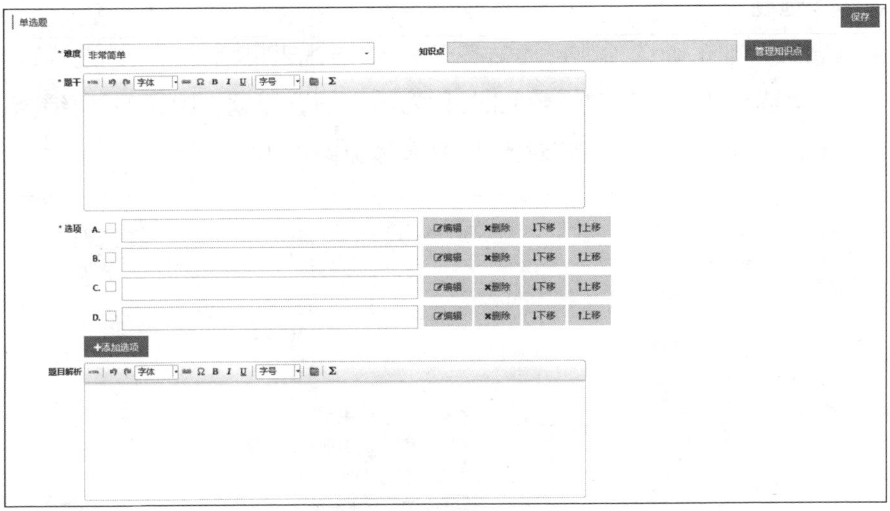

图4-46　单选题导入模板

题型展示

示例:下列属于"其他货币资金"科目进行核算的业务是(　　　)。

A.现金提取业务　　　　　　　B.采购原材料业务

C.银行本票业务　　　　　　　D.商业汇票业务

参考答案:C

题目解析:选项A,通过库存现金、银行存款科目进行核算;选项B,通过原材料科目进行核算;选项D,通过应收/应付票据科目进行核算;选项C,通过其他货币资金科目进行核算(具体见图4-47)。

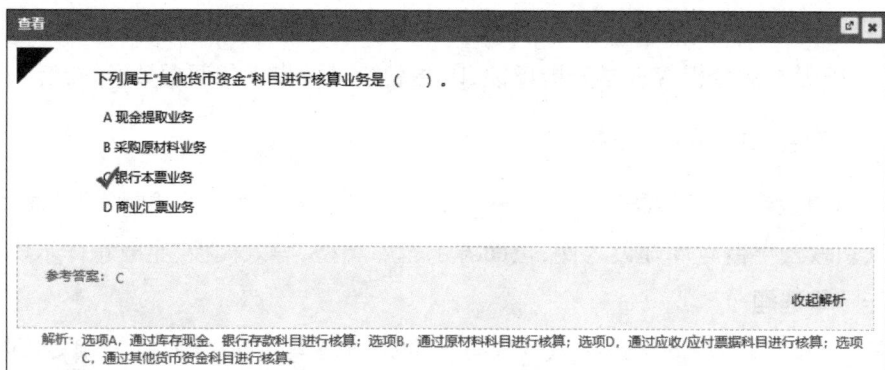

图4-47　单选题生成题样

(二)多选题

多选题是一种正确选项数目通常多于1个的选择题题型,当正确选项数目可以在1到所有选项数目之间取任意值时,称为不定项选择题。解题时,可综合运用限定语突破法、背景切入法、参照对比法等(具体见图4-48)。

图4-48　多选题导入模板

题型展示

示例:下列属于"其他货币资金"科目进行核算的业务主要包括(　　　)。

A.银行汇票业务　　　　　　B.信用卡业务

C.银行本票业务　　　　　　D.商业汇票业务

参考答案:ABC

题目解析：选项A、B、C,通过其他货币资金科目进行核算,对应二级科目分别为银行汇票、银行本票、信用卡;选项D,通过应收/应付票据科目进行核算(具体见图4-49)。

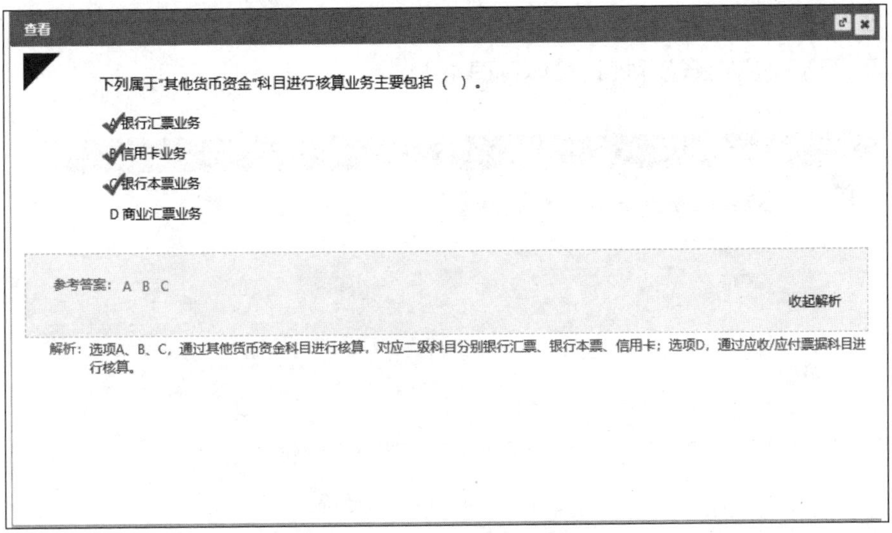

图4-49　多选题生成题样

(三)判断题

判断题是一种以对或错来选择答案的题型,命题通常是一些比较重要的或有意义的概念、事实、原理或结论。解答时,注意分辨表现形式、辨析设错方式、确定解答思路、明确判断结论(具体见图4-50)。

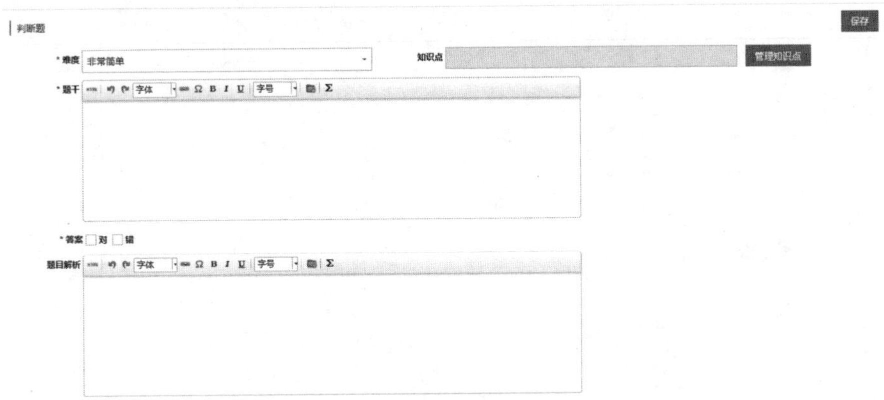

图4-50　判断题导入模板

题型展示

示例:企业信用证保证金业务应通过应收账款科目进行核算。(   )

参考答案:×

题目解析:企业信用证保证金业务,通过其他货币资金(信用证保证金)科目进行核算,而不是应收账款科目(具体见图4-51)。

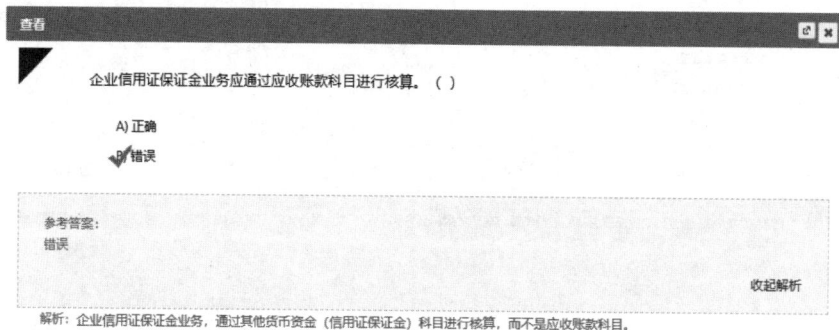

图4-51　判断题生成题样

(四)填空题

填空题是先给出已知条件,在而后的语句中空出要问的答案以横线代替,以此要求应试者填上正确解。填空题题型小,跨度大,覆盖面广,形式灵活;解题时,注意合情推理、优化思路、少算多思、快速准确的基本要求(具体见图4-52)。

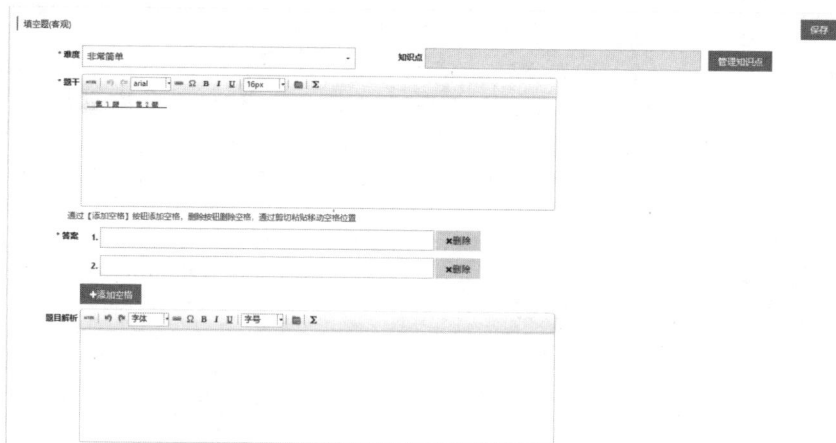

图4-52　填空题导入模板

题型展示

示例:企业外埠存款业务应通过＿＿＿＿＿＿＿一级科目进行核算。

参考答案:其他货币资金

题目解析:企业外埠存款业务,通过其他货币资金(外埠存款)科目进行核算(具体见图4-53)。

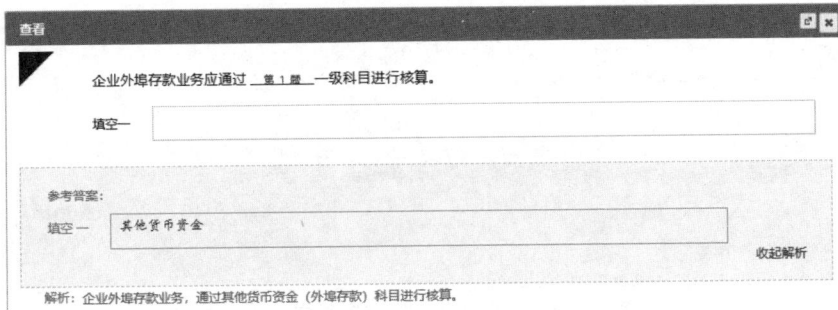

图4-53　填空题生成题样

(五)问答题

通常情况下,问答题是由提示项、限定项、中心项、求答项等四部分构成。提示项是对考生回答方式的提示,限定项是对题目涉及的时空范围和情景内涵的规定,中心项则规定了解答所依据的对象和内容,求答项是对回答内容和项目的规定和要求。中心项是问答题的核心部分,提示项、限定项从属或服务于中心项,中心项决定求答项。解题时,注意细心审题、筛选要点、简列提纲、解决难点、规范准确等基本要求(具体见图4-54)。

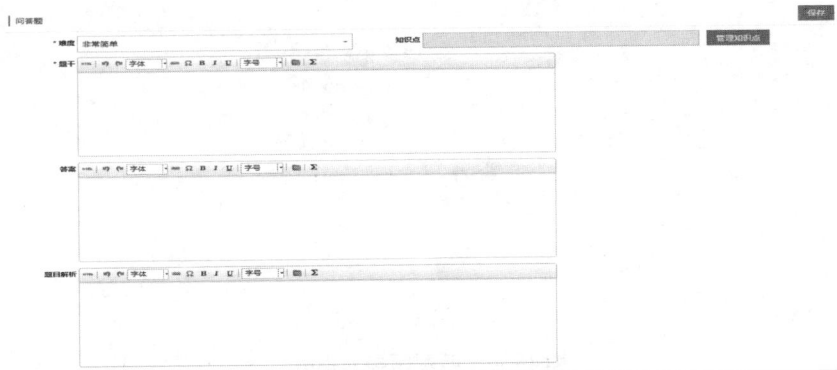

图4-54　问答题导入模板

题型展示

示例：企业其他货币资金业务有哪些？请举例说明。

参考答案：1.银行本票业务；2.银行汇票业务；3.信用证业务；4.信用卡业务；5.存出投资款业务；6.外埠存款业务

题目解析：具体见参考答案（具体见图4-55）。

图4-55　问答题生成题样

（六）匹配题

匹配题是另一种可提供多种选择的考试形式。通常题目包括两列词句，学生根据题意按照某种关系将左右的项目连接起来。匹配题具有形式简单、易于计分等优点，但也存在难以独立成题、只能考查低水平知识等不足（具体见图4-56）。

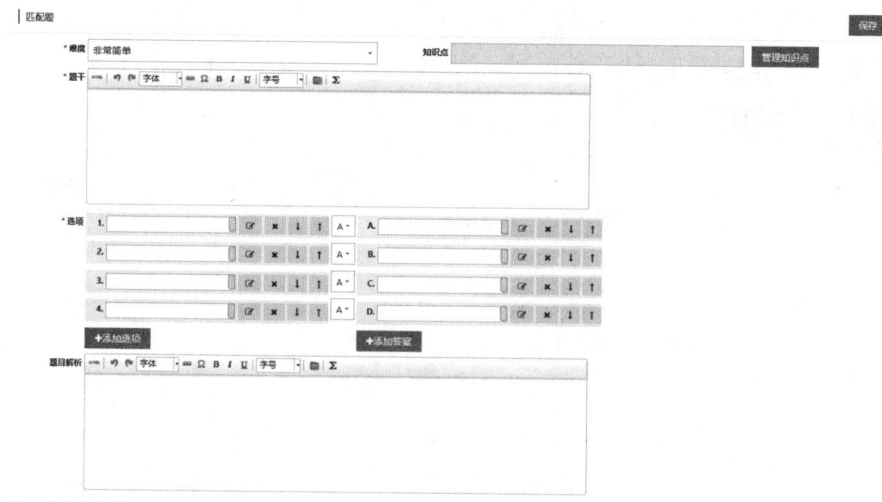

图4-56　匹配题导入模板

题型展示

示例:请根据企业经济业务,确定对应的会计科目。

经济业务	会计科目
1.银行转账业务	A.其他货币资金
2.收到现金业务	B.银行存款
3.承兑商业汇票业务	C.库存现金
4.开具银行汇票业务	D.应付票据

参考答案:1-B;2-C;3-D;4-A

题目解析:银行转账业务涉及银行存款会计科目;收到现金业务涉及库存现金会计科目;承兑商业汇票业务涉及应付票据会计科目;开具银行汇票业务涉及其他货币资金会计科目(具体见图4-57)。

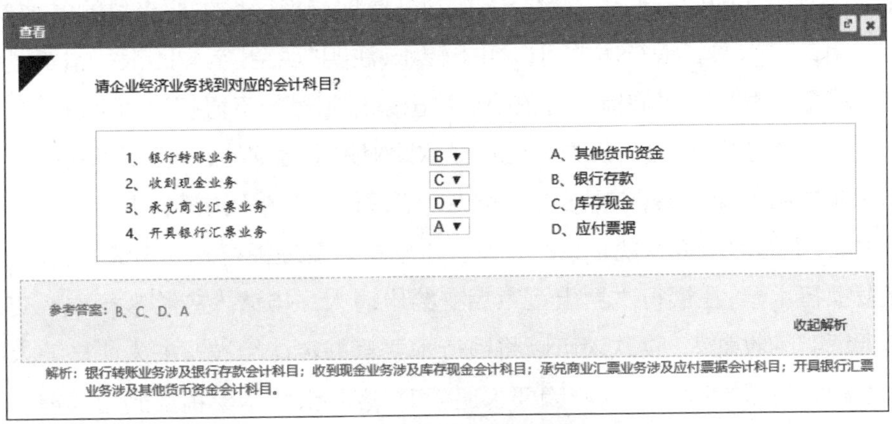

图4-57　匹配题生成题样

(七)阅读理解

阅读理解是以理解阅读对象的词句篇章、写作方法、思想内容、社会价值为目的的阅读。要求学生能够正确理解文章含义,分析段落、章节之间的联系和层次,概括文章大意和要点,评鉴作品的写作方法和语言特色(具体见图4-58)。

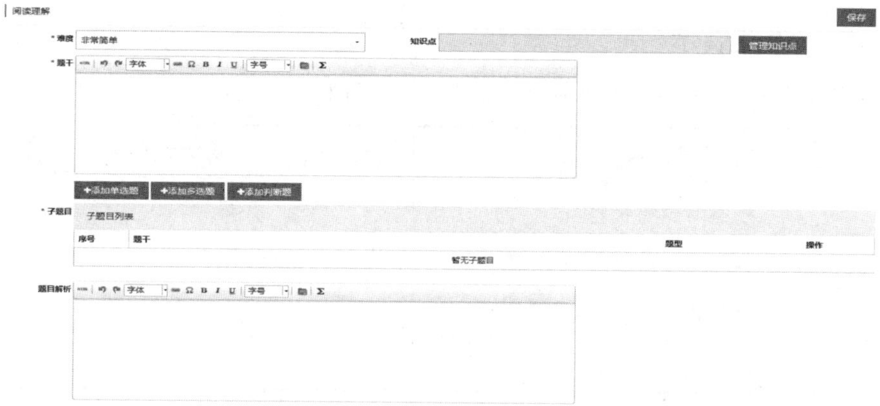

图4-58　阅读理解导入模板

题型展示

示例:银行本票是指银行签发的,承诺自己在见票时无条件支付确定的金额给收款人或持票人的票据。单位和个人在同一票据交换区域需要支付的各种款项,均可使用银行本票。银行本票可以用于转账,注明"现金"字样的银行本票可以用于支取现金。银行本票的提示付款期限自出票日起最长不得超过两个月。在有效付款期内,银行见票即付。持票人超过付款期限提示付款的,银行不予受理。

企业使用银行本票,应向出票银行填写"银行本票申请书"。申请人或收款人为单位的,不得申请签发现金银行本票。出票银行受理银行本票申请书,收妥款项后签发银行本票,在银行本票上签章后交给申请人。申请人应将银行本票交付给本票上记明的收款人,收款人可以将银行本票背书转让给被背书人。申请人因银行本票超过付款期限或其他原因要求退款时,应将银行本票提交到出票银行并出具单位证明。

要求:请根据上述资料,回答如下问题。

1. 银行本票涉及票据主体主要包括(　　　)。

　　A. 付款人　　　　　B. 签发行　　　　　C. 收款人　　　　　D. 收款行

2. 银行本票提示付款期为出票日起,不超过(　　　)。

　　A. 1个月　　　　　B. 3个月　　　　　C. 2个月　　　　　D. 6个月

3. 银行本票使用于同一票据交换区域的业务结算。(　　　)

参考答案:1.ABCD　　　2.C　　　3.√

题目解析:银行本票涉及票据主体主要包括付款人、签发行、收款人/持票人、收款行;银行本票提示付款期为出票日起,不超过2个月;银行本票使用于同一票据交换区域的业务结算(具体见图4-59)。

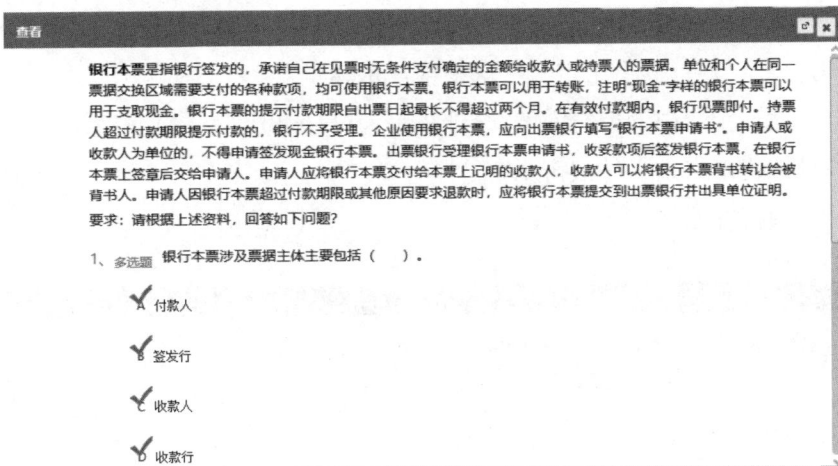

图4-59　阅读理解题生成题样

(八)完形填空

完形填空称为障碍性阅读,由出题者在一篇语义连贯的文章中有目的地去掉一些词语,形成空格,要求在给出的对应备选答案中,选出一个正确的或最佳的答案,使文章恢复完整。它既考查对基础知识的综合运用能力,又考查阅读理解能力、逻辑推理能力、综合判断与分析能力(具体见图4-60)。

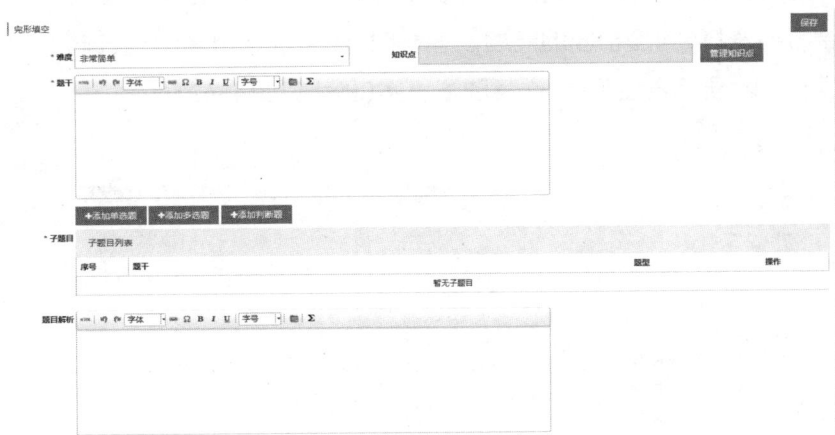

图4-60　完形填空题导入模板

题型展示

示例:请补充完成企业申请银行本票业务的会计分录。

借:＿＿＿＿＿＿（1）——（2）＿＿＿＿＿＿＿10000

    贷:银行存款　　　　　　　　　　　　　　　　10000

参考答案:(1)其他货币资金　　(2)银行本票

题目解析:企业申请银行本票,会计分录为(具体见图4-61):

借:其他货币资金——银行本票　　　　　　　　10000

    贷:银行存款　　　　　　　　　　　　　　　　10000

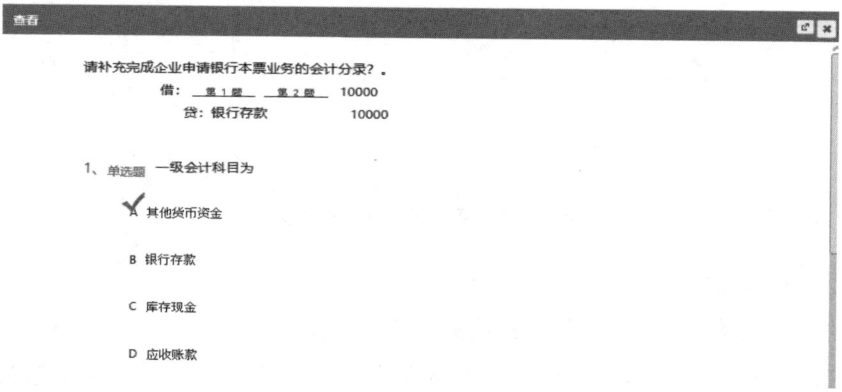

图4-61　完形填空题生成题样

(九)文件作答题

文件作答题是问答题的另外一种表现形式,通常以特定文件资料作为考核资料,结合考核资料,回答相应的问题。解答时,注意认真审清考题、读懂文件资料、梳理逻辑主线、准确表述观点、详尽陈述事实(具体见图4-62)。

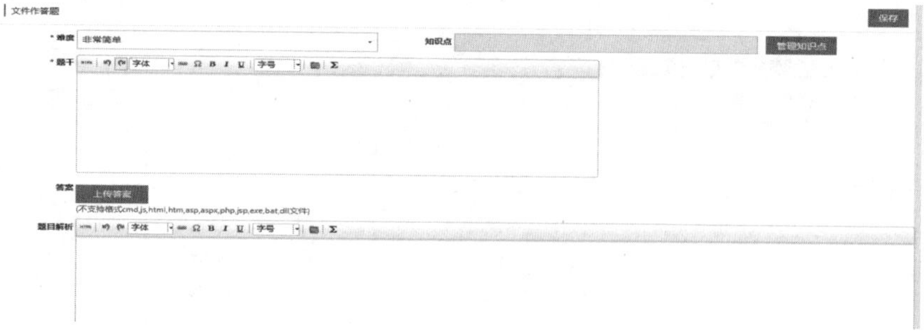

图4-62　文件作答题导入模板

题型展示

示例:公司于6月5日向开户银行申请银行汇票,并将250000元银行存款转作银行汇票存款,并于7月10日公司购买原材料一批200000元,增值税税额26000元,材料验收入库。已用银行汇票进行结算,多余款项24000元退回开户银行。要求:根据业务资料,进行会计核算。

参考答案:

6月5日,向开户银行申请银行汇票:

借:其他货币资金——银行汇票	250000
贷:银行存款	250000

7月10日,公司购买原材料进行结算:

借:原材料	200000
应交税费——应交增值税(进项税额)	26000
银行存款	24000
贷:其他货币资金——银行汇票	250000

题目解析:具体见参考答案(具体见图4-63)。

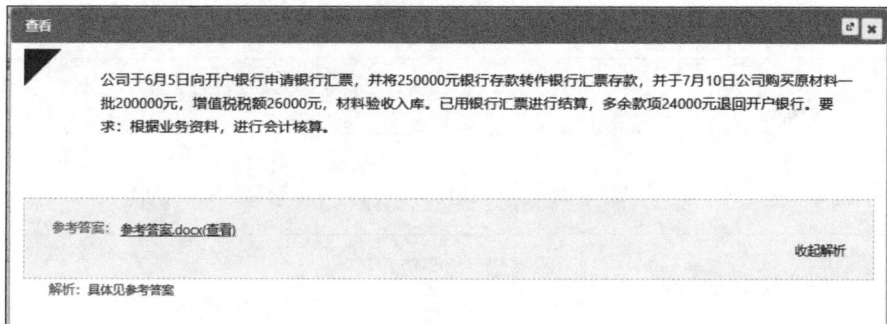

图4-63　文件作答题生成题样

(十)视听题

视听题是通过观看视频、收听音频材料,回答与音视频材料相关的问题。答题时,注意关注音视频材料细节、合理推断、准确表述(具体见图4-64)。

图4-64 视听题导入模板

题型展示

示例：请观看信用卡业务的微视频。

要求：根据视频内容，总结信用卡业务的会计处理流程。

参考答案：具体见表4-3。

表4-3 信用卡核算原理

	业务内容	会计处理
1	企业申请信用卡	借：其他货币资金——信用卡 　贷：银行存款
2	企业持信用卡购物或消费	借：管理费用等 　贷：其他货币资金——信用卡
3	企业注销信用卡	借：银行存款 　贷：其他货币资金——信用卡

题目解析：具体见参考答案（具体见图4-65）。

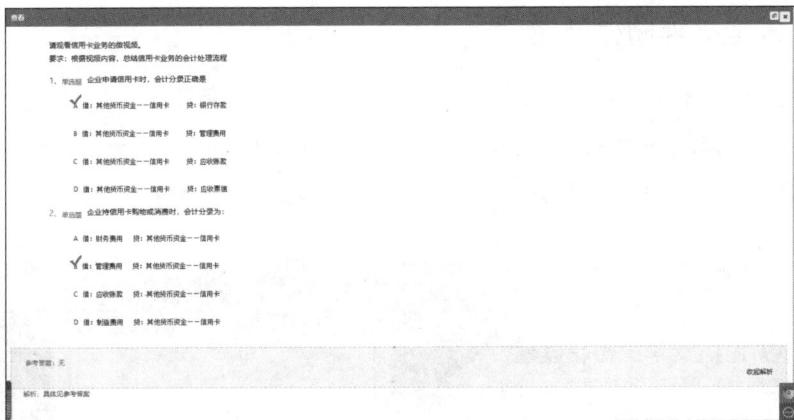

图4-65　视听题生成题样

第五节　音频资源建设技术

音频泛指人类能够听到的所有声音,将录制的声音进行数字化处理,以满足教学需求的学习资源,统称为音频资源。音频资源的常用格式包括:CD格式、WAVE(*. WAV)、AIFF、AU、MP3、MIDI、WMA、RealAudio、VQF、OggVorbis、AAC、APE等。

一、网络音频资源获取

打开"千千音乐"官网(具体见图4-66),搜索栏中输入关键词进行查找,页面跳转后,可以逐条试听检索的音频资源,选择符合教学需要的资源进行下载、收藏、分享等操作。如果无法下载音频资源,建议教师使用Camtasia Studio软件录制屏幕,勾选"录制系统声音",按MP3格式输出。

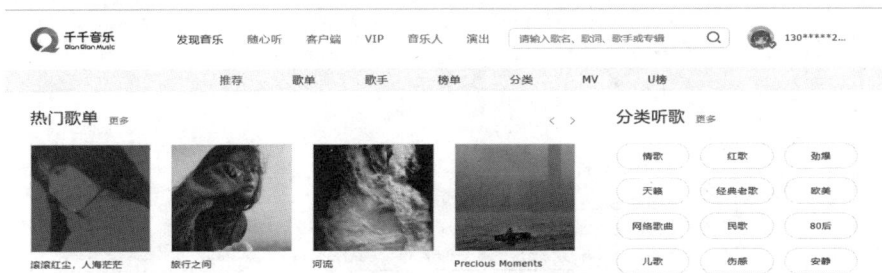

图4-66　"千千音乐"官网(http://music.taihe.com/)

二、专业软件制作音频

"迅捷文字语音转换器"(具体见图4-67)是一款语音转文字、文字转语音、多国语言文本翻译的应用软件。文本文档一键合成多音色语音,音频资源快速输出文字内容,具有操作便捷、辨识率高、极速转换、数据安全的特征。

图4-67 "迅捷文字语音转换器"官网(http://rj.xuechewuyou.com/voice2/)

下载安装"迅捷文字语音转换器"软件(具体见图4-68),双击运行软件,进入软件主页面,选择"文字转语音",输入文本或复制粘贴文本,进行"文字转换设置",明确输出格式、音量、语速、保存路径等基础设置。结合个人喜好、背景情节、教学设计等因素,进行"背景音乐""背景主播类型"的选择,点击"试听",预听输出声音结果,对于符合要求的音频,点击"开始转换",切换到"转换列表",可以对转换文件进行查看。

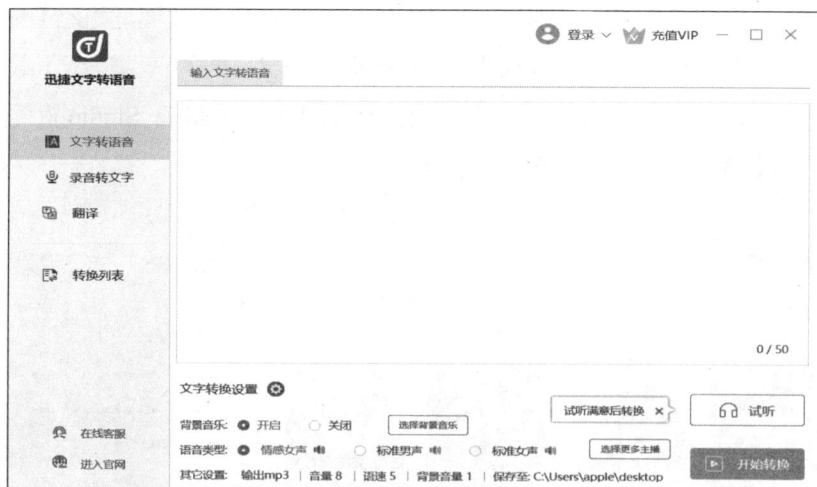

图4-68 "迅捷文字语音转换器"操作页

三、移动设备录制音频

使用智能手机的"录音机"APP录制音频（具体见图4-69），点击红色"开始"键，开始录音，录制完毕，点击黑色"暂停"键，可以通过"编辑""转文本""跳过静音"等按钮，进行音频剪辑，退出即可保存。

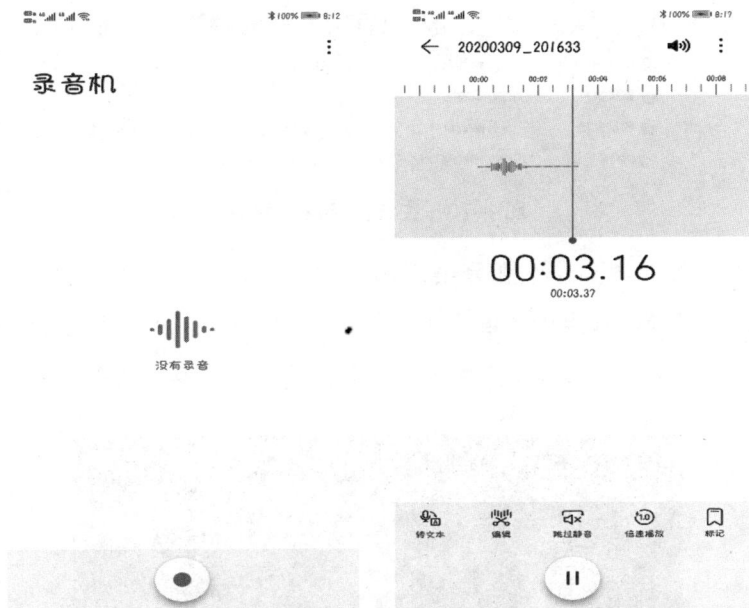

图4-69 "录音机"操作页面

保存的音频资源，可以点击"分享"转发给QQ好友、钉钉好友或发送至"我的电脑"等；点击"裁剪"，进一步编辑音频资源；点击"重命名"，修改音频资源名称；点击"删除"，可以删除音频资源，进行重新录制。

第六节 视频资源建设技术

视频（Video）资源泛指将一系列静态影像以电信号的方式加以捕捉、记录、处理、储存、传送与重现的各种技术。视频资源涉及各种动态影像的储存格式，主要包括MPEG、MPG、DAT、AVI、RA、RM、RAM、MOV、ASF、WMV、NAVI、DIVX、RMVB、FLV、F4V、MP4、3GP、AMV等。

一、网络视频资源获取

(一)下载视频网站资源

互联网在线视频网站为广大一线教师提供了海量的视频教学资源素材(具体见图4-70)。以"腾讯视频"为例,介绍相关视频资源获取方法。

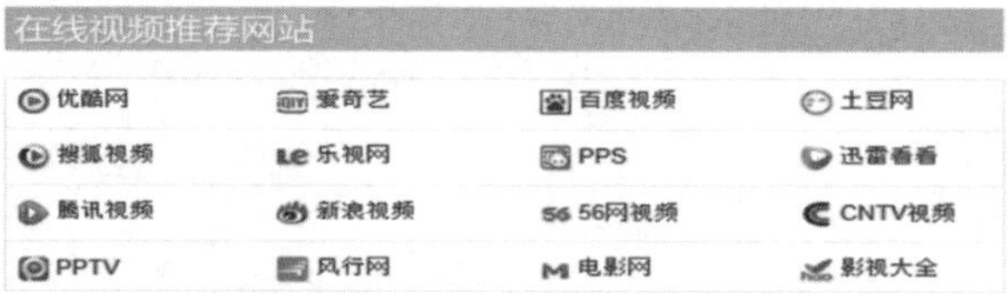

图4-70　在线视频推荐网站

登录"腾讯视频",点击注册登录,可以选择QQ账号登录或微信账号登录。登录成功,点击视频资源,点击页面右上角的"下载"按钮,勾选清晰度,点击"确认",系统进行自动下载,保存至个人账户的"下载"文件夹(具体见图4-71)。

图4-71　"腾讯视频"操作界面

(二)利用视频下载工具

稞麦综合视频站下载器(xmlbar)是一个专门用于下载YouTube、CNTV流媒体、奇艺(Qiyi)、百度贴吧(tieba.baidu)、优酷(Youku)、土豆(Tudou)、酷6(Ku6)等重要视频网站到本机硬盘上的小软件。

教师注册成功后,在"输入视频地址"栏内输入需要下载的视频网络地址,点击

"下载"按钮即可；或使用拖放方法将页面地址从浏览器地址栏拖到本软件的浮动窗口，软件就会自动识别后进行下载（具体见图4-72）。

图4-72　"稞麦综合视频站下载器"操作界面

同类产品推荐——FVD Video Downloader插件

FVD Video Downloader插件是谷歌Chrome浏览器视频下载插件。安装成功后，打开网页的任何视频，点击浏览器右上角插件地方"向下箭头"图标，点击下载正在播放的视频（具体见图4-73）。

图4-73　"FVD Video Downloader"插件

二、专业摄制视频

（一）课堂视频制作

1. 明确视频拍摄基本要求。课堂视频屏幕图像的构图合理，画面主体突出，

145

人像及肢体动作以及配合讲授选用的板书、画板、教具实物、模型和实验设备等均不能超出镜头所及范围。演播室使用的背景采用彩色喷绘或电脑虚拟、实景等背景（具体见图4-74、图4-75），背景的颜色、图案不宜过多，应保持静态，画面应简洁、明快，有利于营造课堂气氛。摄像镜头应保持与主讲教师目光平视的角度。使用资料、图片、外景实拍、实验和表演等形象化教学手段，应符合教学内容要求，与讲授内容联系紧密，手段选用恰当。选用影视作品或自拍素材，应注明素材来源，影视作品或自拍素材中涉及人物访谈内容时，除应加注人物介绍外，还应采用滚动式同声字幕。选用的资料、图片等素材画面应清楚，应注明素材来源及原始信息。动画的设计与使用，要与课程内容相贴切，能够发挥良好的教学效果。动画的实现须流畅、合理、图像清晰，具有较强的可视性。

图4-74　专业录播教室

图4-75　演播室

2. 确定视频技术指标明细。视频一级技术指标,主要包括视频信号源、音频信号源、视频压缩格式、封装、字幕等要求(具体见表4-4)。

表4-4　视频技术指标明细表

序号	一级技术指标	二级技术指标	具体内容
1	视频信号源	稳定性	全片图像同步性能稳定,无失步现象,CTL同步控制信号必须连续,图像无抖动跳跃,色彩无突变,编辑点处图像稳定
		信噪比	图像信噪比不低于 55dB,无明显杂波
		色调	白平衡正确,无明显偏色,多机拍摄的镜头衔接处无明显色差
		视频电平	视频全信号幅度为1Vp-p,最大不超过1.1Vp-p。其中:消隐电平为0V时,白电平幅度0.7Vp-p,同步信号-0.3V,色同步信号幅度0.3Vp-p
2	音频信号源	声道	中文内容音频信号记录于第1声道,音乐、音效、同期声记录于第2声道,若有其他文字解说记录于第3声道
		电平指标	-2db~-8db声音无明显失真、放音过冲、过弱
		音频信噪比	不低于48dB
		声音和画面要求	声音和画面要求同步,无交流声或其他杂音等缺陷
		伴音要求	伴音清晰、饱满、圆润,无失真、噪声杂音干扰、音量忽大忽小现象。解说声与现场声无明显比例失调,解说声与背景音乐无明显比例失调
3	视频压缩格式	格式要求	视频压缩采用H.264/AVC(MPEG-4 Part10)编码、使用二次编码、不包含字幕的MP4格式
		视频码流率	动态码流的最低码率不得低于1024Kb
		视频分辨率	前期采用标清4:3拍摄时,设定为720×576;前期采用高清16:9拍摄时,设定为1280×720或1920×1080

续表

序号	一级技术指标	二级技术指标	具体内容
		视频画幅宽高比	分辨率设定为720×576的,选定4:3;分辨率设定1280×720 或 1920×1080 的,选定16:9
		视频帧率	视频帧率为25帧/秒
		扫描方式	采用逐行扫描
4	音频压缩格式	——	音频压缩采用 AAC(MPEG4 Part3)格式;采样率48kHz;音频码流率128kbps(恒定);双声道、混音处理
5	封装	——	采用MP4封装
6	字幕	——	添加同步字幕

(二)课堂实录拍摄

课堂实录是指录制教学过程的视频,展现课堂教学的所有内容。课堂实录可进行后期剪辑处理,在适当环节插入清晰可见的教学资源呈现画面。

1.前期现场录制。第一,确定录制时长。课堂实录根据课程内容选择合适的设备(具体见图4-76),使用单机位或双机位形式拍摄,时长30~45分钟。第二,确认录制场地。录制现场光线充足、环境安静、整洁,避免在镜头中出现有广告嫌疑或与课程无关的标识等内容,要求具备合适的拾音设备,保证声音清晰。第三,做好教学准备。教师在录制前应对授课过程中使用的多媒体课件(PPT、音视频、动画等)认真检查,确保其文字、格式规范,没有错误,符合拍摄要求。

图4-76 拍摄设备

2.后期专业制作。第一,制作片头与片尾。片头时长不超过5秒。内容包括:课程名称、主讲教师工作单位和姓名等。第二,明确相关技术标准。主要包括视频信号源、音频信号源等一级技术指标,具体参照视频技术指标。

3.输出实录视频。课堂实录的格式为H.264+AAC编码的MP4文件,幅面要求达到720×576以上,码流为0.5~1Mbps;如视频内容源码流低于0.5Mbps,则码流不变,转码为H.264+AAC编码的MP4文件。帧率不低于20帧/秒,建议帧率为25帧/秒。

(三)视频资源加工

1.视频字幕添加。根据教师的实际情况,添加讲课内容的字幕。具体要求包括:字幕的行数要求每屏只有一行字幕;字幕的字数要求画幅比为16:9的,每行不超过20个字;字幕的位置保持每屏字幕出现位置一致;字幕中的标点符号只有书名号及书名号中的标点、间隔号、连接号,具有特殊含意词语的引号可以出现在唱词中,在每屏唱词中用空格代替标点表示语气停顿,所有标点及空格均使用全角;字幕的断句不能简单按照字数断句,应以内容为断句依据;字幕中的数学公式、化学分子式、物理量和单位,尽量以文本文字呈现;字幕文字统一为中文。字幕要使用符合国家标准的规范字,不出现繁体字、异体字(国家规定的除外)、错别字;字幕的字体、大小、色彩搭配、摆放位置、停留时间、出入屏方式,力求与其他要素(画面、解说词、音乐)配合适当,不能破坏原有画面。

2.视频剪辑加工。根据教师教学要求,提供增加片头、切割视频等技术服务,使用专业的后期合成软件进行视频的渲染,输出格式为MP4。

作品展示(见图4-77)

图4-77 专业拍摄制作视频

三、Camtasia Studio录制视频

Camtasia Studio是TechSmith旗下一款专门录制屏幕动作的工具,它能在任何颜色模式下轻松地记录屏幕动作,包括影像、音效、鼠标移动轨迹、解说声音等,软件具有即时播放和编辑压缩的功能,可对视频片段进行剪接、添加转场效果,输出

的文件格式主要包括MP4、AVI、WMV、M4V、CAMV、MOV、RM、GIF等,是制作视频演示的绝佳工具(具体见图4-78)。

图4-78　Camtasia Studio软件

(一)录制屏幕

双击软件图标,进入软件欢迎页面(具体见图4-79),点击"录制屏幕",桌面右下方出现"录制工具条"。

图4-79　Camtasia Studio软件操作页面

150

屏幕出现绿色虚线方框,教师可以根据屏幕录制的要求,选择全屏或自定义屏幕尺寸。点击红色"rec(录制)"按钮,开始录制屏幕,同时可使用耳麦进行辅助配音;录制完毕,点击"stop(停止)",页面跳转至preview(预览)页面。点击预览页面下方"save and edit"按钮,进行视频的保存和后期制作;点击"produce",自动生成视频;点击"delete",删除录制的视频。录制屏幕比较适合操作演示类教学资源建设以及录制在线的视频资源(具体见图4-80)。

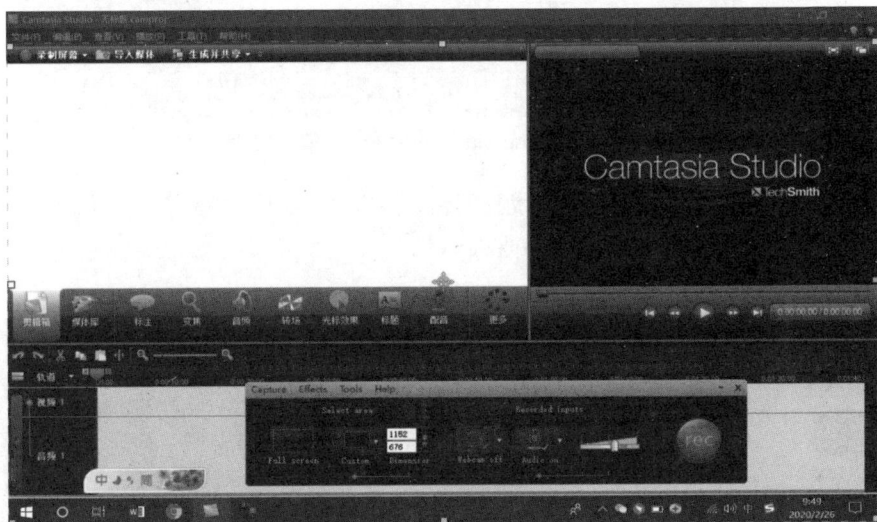

图4-80 Camtasia Studio软件"录制屏幕"

(二)录制PPT

双击软件图标,进入软件欢迎页面,点击"录制PowerPoint",打开制作完成PPT,进入"幻灯片放映",点击"录制屏幕",调整屏幕尺寸,点击红色"rec(录制)"按钮,开始录制屏幕,同时可使用耳麦进行同步讲解录音,制作授课型微课视频。操作与录制屏幕基本一致。

(三)编辑视频

进入编辑视频页面,点击"导入媒体",选择编辑视频文件,将视频拖动至"视频编辑区"—"轨道显示区",在弹出的窗口选择视频的尺寸,点击"OK"(具体见图4-81)。

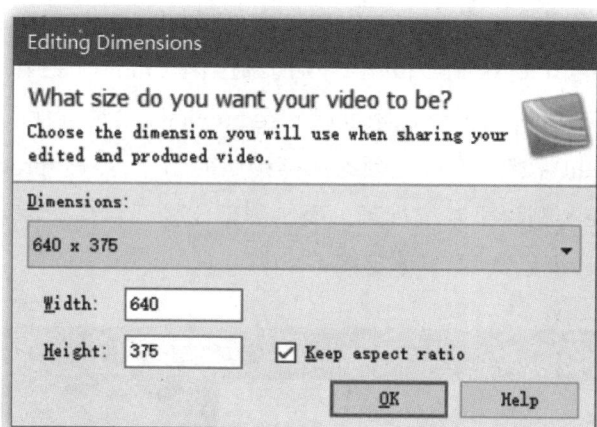

图4-81 Camtasia Studio软件"编辑页面"

教师可以利用时间轴,插入标题、配音、字幕、片头/片尾等视频剪辑操作,编辑完成,点击"生成并共享"(具体见图4-82)。

图4-82 Camtasia Studio软件"编辑页面"

进入"生成向导",下拉菜单中选择"自定义生成设置",点击"下一步",跳转页面。选择推荐视频文件格式,点击"下一步",跳转页面。确定MP4格式,点击"下一步",跳转页面。勾选SCORM(S),点击"下一步",跳转页面。确定输出文件的作品名,选择保存文件夹,点击完成,生成视频系列文件(具体见图4-83)。

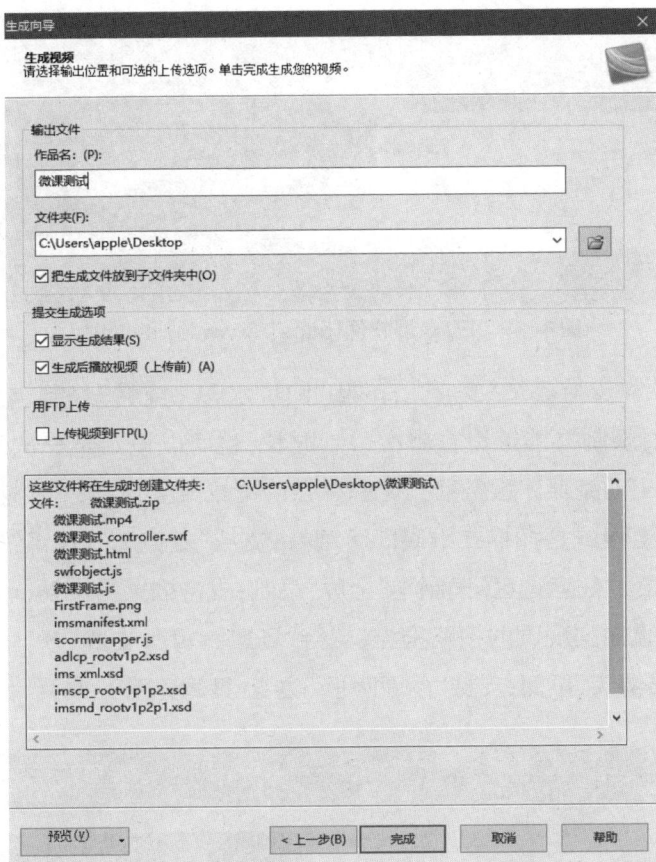

图4-83　Camtasia Studio软件"保存页面"

作品展示（见图4-84）

图4-84　Camtasia Studio软件录制视频

同类产品推荐——EV录屏

　　EV录屏软件是一款非常实用的电脑录屏软件，可以帮助用户轻松地录制电脑屏幕，是一款操作便捷的桌面视频录制软件（具体见图4-85）。

图4-85　EV录屏软件(https://www.ieway.cn/)

EV录屏软件支持添加"文字水印"和"图片水印";支持"录制存盘"和"本地直播";支持"定时录制",能够设置单次录制时长,也可以设定某一次录制开始的时间;支持"一键启动流媒体服务器",让您在会议室或课堂、机房能快速分享桌面,学习者只需点击链接或是扫描二维码即可观看;支持"麦克风""仅系统音"等多种音频录制;支持桌面"任意选区"录制与"全屏"录制;支持嵌入摄像头,可以开启悬浮;可以在软件内直播实现同时多路推流;支持"场景编辑";支持"分屏录制",能够同时录到图片、摄像头、桌面;支持"桌面画板"功能(具体见图4-86)。

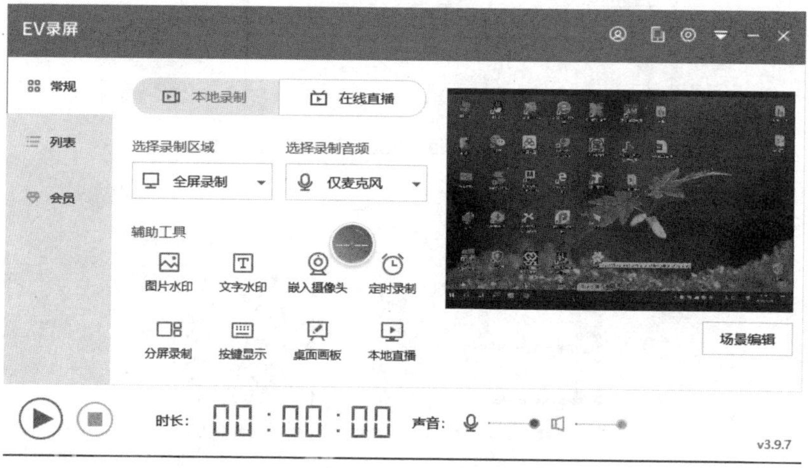

图4-86　EV录屏软件操作页面

四、WPS录制幻灯片

WPS Office是一款办公软件套装,可以实现办公软件最常用的文字、表格、演示等多种功能。内存占用低,运行速度快,体积小巧。具有强大插件平台支持,免费提供海量在线存储空间及文档模板,支持阅读和输出PDF文件,全面兼容微软Office 97-2010格式,支持DOC/DOCX/WPS/XLS/XLSX/PPT/PPTX/TXT/PDF等23种文件格式,支持查看、创建和编辑各种常用Office文档,方便用户在手机和平板上使用,满足随时随地办公的需求。

（一）下载手机APP

点击手机"应用市场",搜索"WPS Office",点击"安装",系统进行自动安装。打开APP,点击"同意"服务条款和隐私政策提示。系统提示使用权限,点击"我知道了",点击"确认"。选择微信登录、QQ登录、钉钉登录等登录方式,点击"同意"《金山办公在线服务协议》《金山办公隐私保护政策》。跳转页面,点击"立即启用",开启WPS在线服务,进入个人页面。

（二）注册WPS会员

点击"我",跳转页面,点击"会员",申请WPS会员,开通图片转文字、图片转PDF,PPT提取、PPT合并、输出为长图片、全文翻译、页面调整、文档回复、全文检索、全文翻译、PDF转Word、PDF转PPT、PDF转Excel、PDF签名、PDF标注等功能。

（三）录制幻灯片

点击"应用"—"远程办公"—"录制网课",进入"录制幻灯片",点击"选择文档",教师可以从"最近""云文档""本地"等三个路径,选择需要录制视频的PPT文档,点击跳转页面,系统提示"是否允许WPS Office录制音频",点击"始终允许",进入录制页面,"3-2-1"倒计时,开始录制幻灯片（具体见图4-87）。

图4-87　WPS录制幻灯片"操作页面"

教师结合PPT放映进行同步演示讲解,屏幕自动录制,录制完毕,点击"暂停录制",点击"保存视频",保存录制幻灯片;点击"退出视频",重新录制幻灯片;点击"继续录制",可以继续录制幻灯片(具体见图4-88)。

图4-88　WPS录制幻灯片"录制页面"

作品展示(见图4-89)

图4-89　WPS录制幻灯片

同类产品推荐——Microsoft PowerPoint

　　Microsoft PowerPoint是微软公司的演示文稿软件。该软件不仅可以创建演示文稿,还可以在互联网上召开面对面会议、远程会议或在网上给观众展示演示文稿。Microsoft PowerPoint可保存ppt、pptx、pdf、图片格式等格式,2010及以上版本还可以保存为视频格式。

　　打开Microsoft PowerPoint,点击"幻灯片放映"—"录制幻灯片演示"—勾选"录制内容"—"开始录制",操作简便、易于操作(具体见图4-90)。

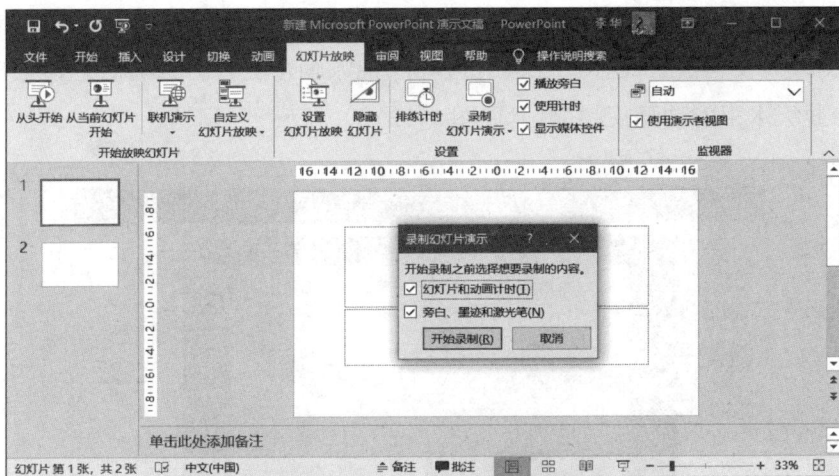

图4-90　Microsoft PowerPoint录制幻灯片

第七节　动画资源建设技术

　　动画是通过计算机软件产生与记录的画面,动画主要由一系列仅具有细微差异的单个画面组成,每幅画面称作动画的一帧,将这些"帧"以一定的速度放映,就形成动画资源。常见的动画资源格式包括 flv、swf、gif、avi、mp4、wmv、mov、mkv等。

一、动画资源制作软件

　　万彩动画大师是一款电脑端的动画制作软件,适用于制作企业宣传动画、动画广告、营销动画、多媒体课件、微课等(具体见图4-91)。

图4-91　万彩动画大师官网(http://www.animiz.cn)

第一，制作软件操作快速简单。"万彩动画大师"界面简洁，操作简单、易于上手，短时间内便可学会制作。在漫无边际的视频画布上，随意编辑，轻轻松松便可做出专业级水平的动画视频（具体见图4-92）。

图4-92　万彩动画大师操作界面

第二，提供海量精美动画模板。"万彩动画大师"提供了大量的简洁大方的动画模板，涵盖多个主题内容，轻松下载并替换模板内容，便可快速制作出酷炫的动画宣传视频、微课视频等（具体见图4-93）。

图4-93　万彩动画大师动画模板

第三，设计别出心裁的镜头特效。"万彩动画大师"拥有缩放、旋转、移动的镜头特效，且镜头切换非常流畅，让动画视频更富有镜头感，让观众拥有更好的视觉享受(具体见图4-94)。

图4-94　万彩动画大师镜头特效

第四,支持导入PPTX新建项目。"万彩动画大师"支持导入PPTX新建项目,摆脱枯燥的PPTX线性演示,通过简单加工,即可制作出生动有趣的动画演示视频(具体见图4-95)。

图4-95　万彩动画大师导入PPTX新建项目

第五,内置精致场景与动画角色。"万彩动画大师"提供海量精美场景,涵盖多个主题,比如医疗、健康、户外、室内等,充分发挥创意与想象,创建一个个生动形象的场景,让微课视频与动画宣传视频制作呈现新高度(具体见图4-96)。

图 4-96　万彩动画大师内置场景

　　同时,"万彩动画大师"提供高清矢量图片素材库,拥有表情多样、种类繁多、动静结合的动画角色,增加了动画视频的趣味性跟互动性,便于清晰表达创作想法,生动形象地传递信息(具体见图 4-97)。

图 4-97　万彩动画大师动画角色

第六，具备丰富的动画特效。"万彩动画大师"内置100+肢体语言，300+精美对话框和气泡模型，1W+音效资源，100+特殊符号，轻松自定义图表，支持公式符号。通过自定义背景音乐，添加酷炫文本动画特效，进行任意图形自由组合设计，添加过渡动画效果，利用语音合成功能，添加字幕配音，轻松打造动画影视效果，在有效传递信息的同时也给观众带来美妙的视觉体验(具体见图4-98)。

图4-98　万彩动画大师动画特效

同类产品推荐——优芽互动电影

"优芽互动电影"平台致力于打造创新教育公共服务云平台，提供高效便捷的在线动画资源制作及互动教学工具，打造集合资源制作、分享、交流的文化传播平台。平台突出动画制作的智能化应用，将对白文字智能化合成角色配音，剧本内容智能化合成动画影片，大数据支持智能推荐素材资源，一分钟智能生成动画影片。平台可以快速创建情境，通过简单的制作界面及便捷的创作流程，内设海量场景、角色、道具、音效资源，采取搭积木的方式，构建可视化的动画情境，3分钟制作情境动画。平台具备便捷动画功能，应用丰富多彩的动画模板，实现视频音效的快捷剪辑与融合，一键设置场景特效、镜头推拉，10分钟创作精彩影片。平台具备趣味交互融合应用，创新互动试题，涵盖多种题型；趣味答题游戏，提升学习乐趣；灵活触发应用,人机交互融合,分分钟开发交互动画(具体见图4-99)。

图4-99　优芽互动电影官网(https://www.yoya.com/)

![作品展示图标]作品展示(见图4-100)

图4-100　优芽互动电影视频

二、动画资源的建设

(一)安装制作软件

登录"万彩动画大师"官方首页,点击"立即下载",根据系统提示完成软件安装,生成电脑桌面快捷图标"AM万彩动画大师"。双击图标,进入软件操作界面,完成用户注册与登录(具体见图4-101)。

图4-101　"万彩动画大师"操作页面

(二)创建工程文件

　　"万彩动画大师"主要提供新建空白项目(具体见图4-102)、使用在线模板(具体见图4-103)、导入PPTX新建项目(具体见图4-104)等三种新工程文件的创建方式。其中:采用导入PPTX方式新建工程文件,点击"导入PPTX新建项目",选择导入PPTX文件,点击"打开",跳转进入"从已有的PPT文件中创建一个工程"页面。软件自动解析与加载PPT,加载成功后,选择需要添加到工程的页面,并可以根据实际需要调整页面顺序。点击"下一步",完成新工程项目的创建。

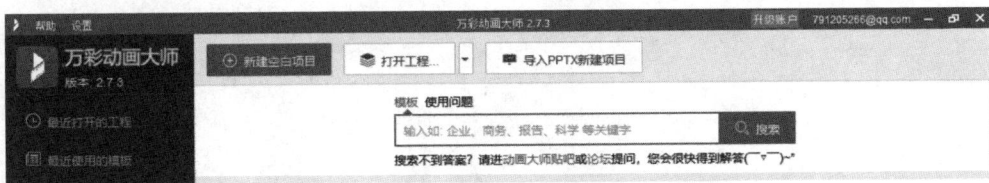

图4-102　"万彩动画大师"新建空白项目

图4-103 "万彩动画大师"使用在线模板

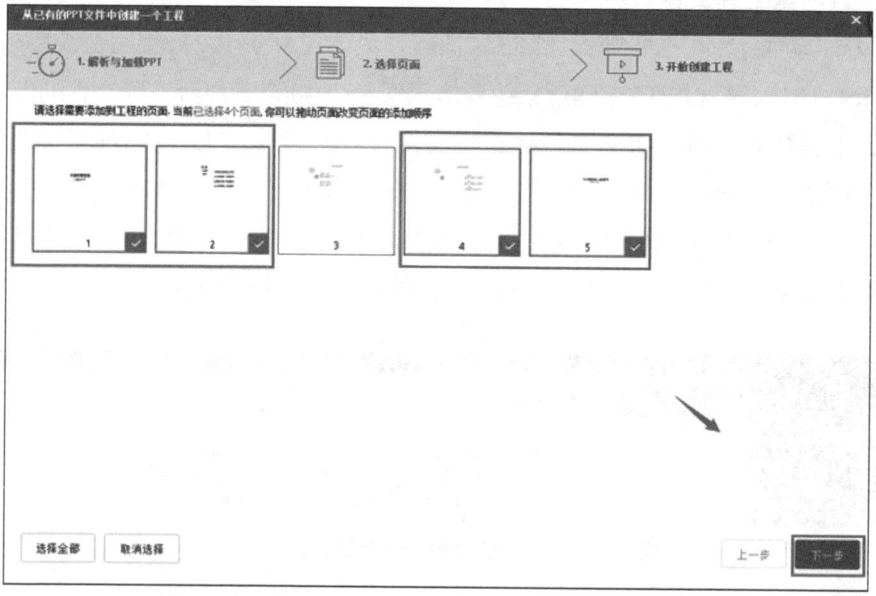

图4-104 "万彩动画大师"导入PPTX方式新建项目

(三)设置动画场景

点击进入"万彩动画大师"新建工程,进入动画编辑页面,其主要包括菜单栏、工具栏、编辑工具栏、元素工具栏、场景编辑栏、时间轴等操作区域(具体见图4-105)。

164

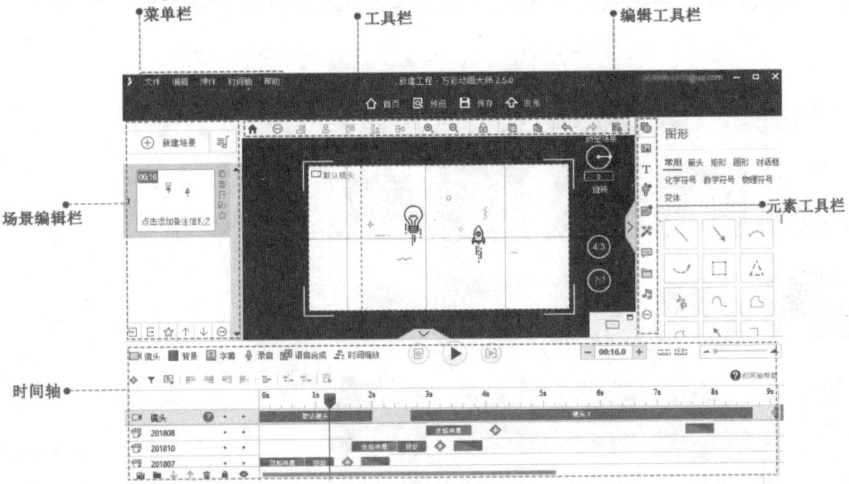

图4-105　"万彩动画大师"动画编辑页面

点击"新建场景",可以选择点击添加"空白场景""在线场景"或"我的场景",完成场景添加操作(具体见图4-106)。不同的场景可以通过直接拖放的方法改变场景顺序,不同的场景之间可以添加"切换效果",增加动画演示的层次感与画面感。点击场景间"+"添加按钮,选择"过渡动画"对话框中的任意一种切换效果,点击"确认"即可应用。同时,点击场景缩略图右侧的功能图标,可以进行复制场景、删除场景、导出场景、替换场景、收藏场景等操作(具体见图4-107)。

图4-106　"万彩动画大师"新建场景页面

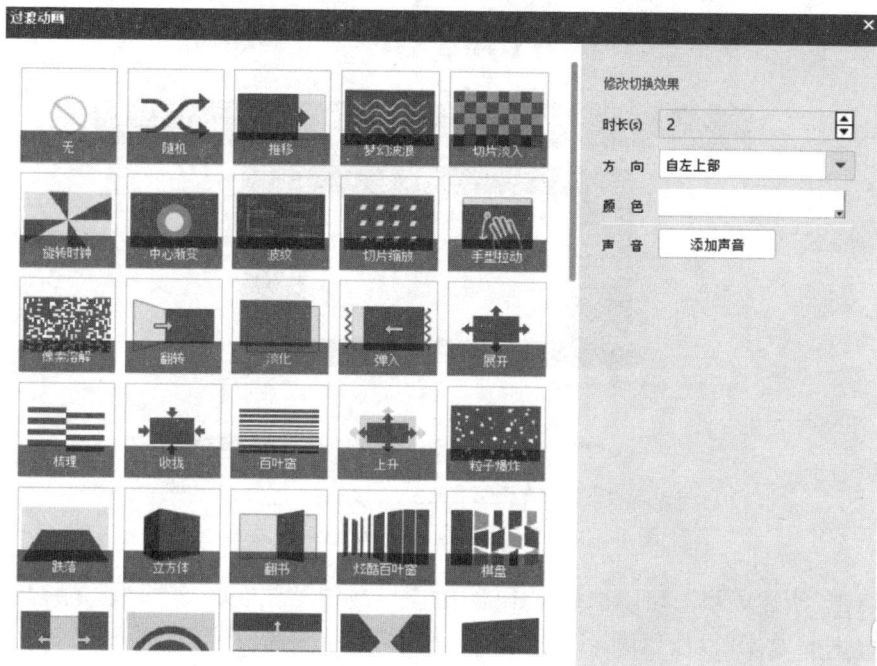

图4-107 "万彩动画大师"过渡动画页面

(四)编辑动画元素

选择需要添加场景,点击画布编辑区右侧元素工具栏(具体见图4-108),结合动画的设计要求和表现内容,选择添加"角色"(具体见图4-109),设置"动作"(具体见图4-110),生成画布人物元素。选中人物元素,可以结合动画制作的实际需求,添加音乐、视频、气泡、注释、幻灯片、公式、图表、动画组件、效果等元素,进一步丰富动画的表达方式和展示效果。

图4-108 "万彩动画大师"动画元素编辑页面

图4-109　"万彩动画大师"角色编辑页面

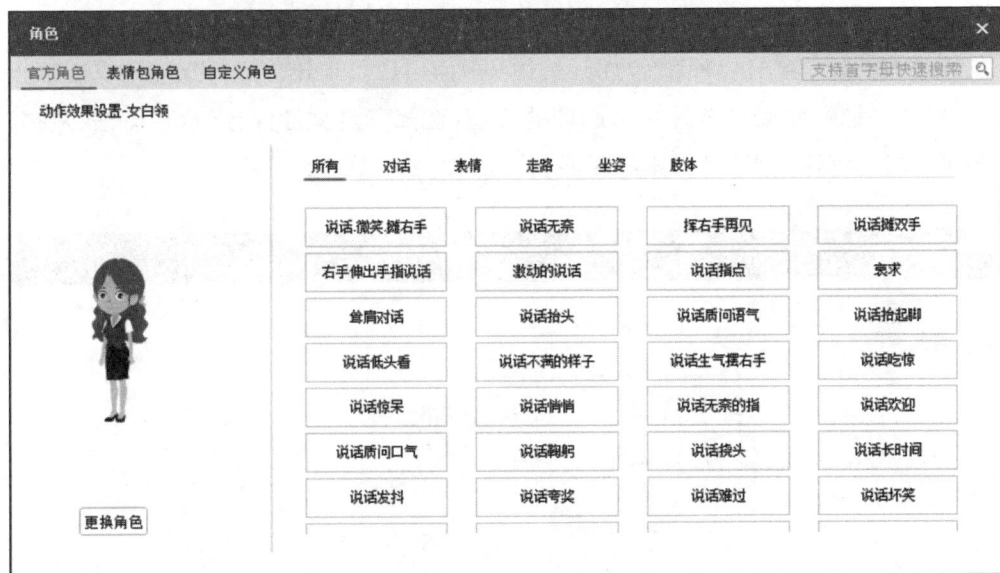

图4-110　"万彩动画大师"动作编辑页面

（五）调整动画时间轴

时间轴主要控制每个场景中元素的播放顺序与时长,时间轴界面主要划分为
镜头/背景/字幕/声音、播放/预览、播放头、场景时间、元素/动画设置、元素对象、元

167

素对象编辑、动画效果8个区域。根据动画情节的时间顺序,配合图片、图形、文本、镜头、背景、字幕、语音等元素,把一方面或多方面的事件生动地串联、灵动地表达(具体见图4-111)。

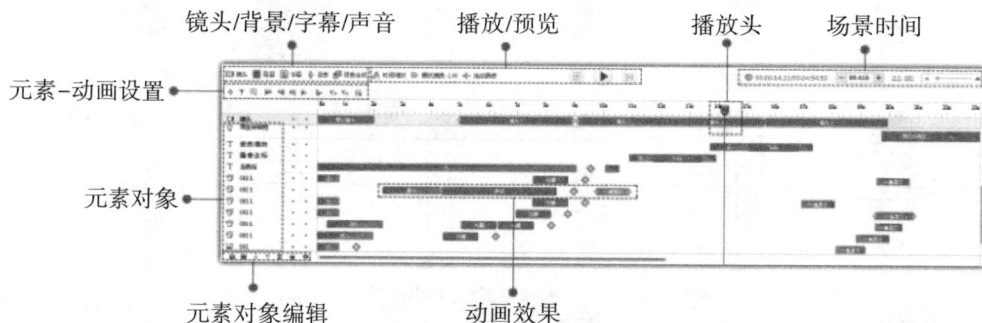

图4-111 "万彩动画大师"时间轴编辑页面

(六)预览与发布动画

动画编辑制作完毕,点击页面顶端"发布",进入"发布万彩动画"对话框,选择发布类型。以"输出成视频"为例(具体见图4-112),点击"下一步",完成视频大小、格式、帧频、渲染模式等高级选项的设置,选择确定文件保存位置,点击"发布"即可完成动画输出操作(具体见图4-113)。

图4-112 "万彩动画大师"发布类型操作页面

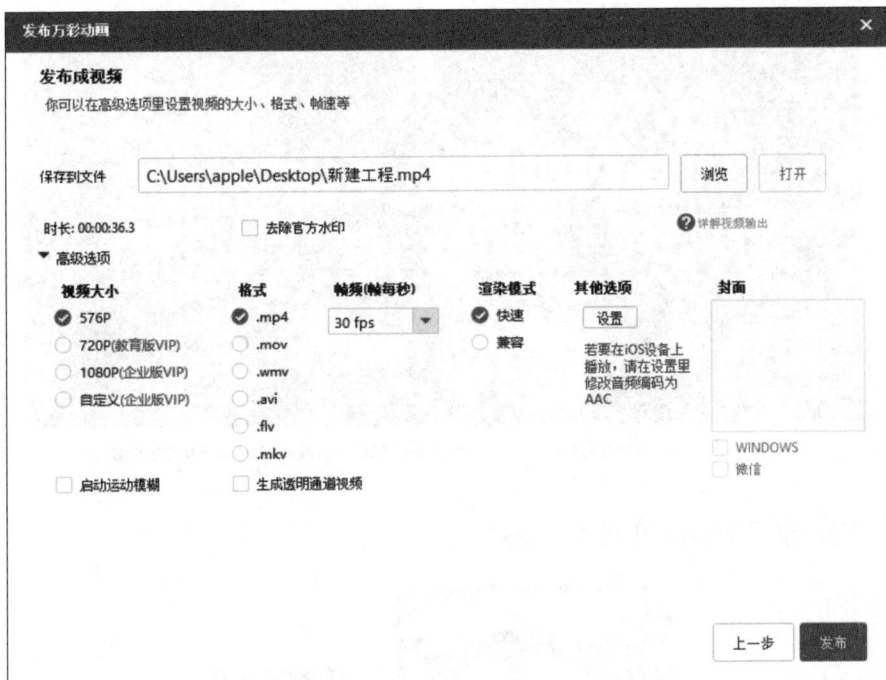

图4-113　"万彩动画大师"发布视频操作页面

![作品展示图标] 作品展示（见图4-114）

图4-114　万彩动画大师动画作品

![灯泡图标] 同类产品推荐——Focusky动画演示大师

　　"Focusky动画演示大师"是一款免费、高效的动画PPT演示制作软件，该软件提供1000+在线模板、50+3D背景模板、1000+动画角色，集成6000+矢量素材，内置400+内容布局和50+帧布局。软件操作简单、易学易用，轻松创建思维导图风格的动态幻灯片，以逻辑思维组织内容，从整体到局部，通过无限缩放、旋转、移动的切换方式，让观众跟随您的思维方式理解、思考，使演示生动有趣，更具专业效果（具体见图4-115）。

图4-115　Focusky动画演示大师官网(http://www.focusky.com.cn/)

作品展示(见图4-116)

图4-116　Focusky动画演示大师动画作品

第五章 在线开放课程的课堂应用

第一节 O2O混合式教学应用

哈佛大学商学院的克莱顿·克里斯坦森（Clayton Christensen）等教育家认为MOOC全球兴起是高等教育颠覆性的课堂革命,催生O2O混合式教学改革与实践,将在线教学和传统教学的优势有机结合起来,形成一种"线上+线下"混合式的教学模式,旨在将学习者的学习由浅到深地引向深度学习。

一、O2O混合式课堂的"七个突破"

O2O混合式课堂是将线上学习和面对面学习有机结合,对传统课堂的教学体制、制度、模式、内容、组织、方法、评价等方面产生了巨大冲击与影响,推进了"智能化+教育"的教学改革与实践。

（一）教学空间突破——三段课堂

传统课堂强调课堂教学,一般以40～50分钟作为课堂教学时间计量单元,教学空间相对比较封闭、单一。而O2O混合式课堂突破时间界限,延展课前、课中、课后的教学环节,将实体课堂与虚拟空间相结合,形成自主学习、巩固学习、拓展学习的"三段式"大课堂学习空间。

（二）教学逻辑突破——导学辅教

传统课堂由教师讲授知识点、示范技能点,学生课后通过作业等方式巩固提高,缺乏师生的交互学习。而O2O混合式课堂将理论知识以微视频的形式上传平台,设置同步测验、单元作业和阶段考试,辅以讨论、答疑等教学互动环节,引导同学进行自主学习。同时,利用平台自动评分、分析、反馈等大数据功能,帮助教师确定课堂教学研讨的重点与难点。

（三）教学关系突破——学生主体

传统课堂形成了教师主导、学生配合的教学关系，学生需要根据教师制定的授课计划，进行标准化、程序化的课程学习，无法满足差异化、分层次的教学需求。而O2O混合式课堂构建了以学生为主、教师为辅的新型学习共同体，教师根据平台的学习数据反馈，针对性开展教学指导与辅导，真正实现因材施教的高阶育人目标。

（四）教学组织突破——翻转教学

传统课堂采用教师提问、学生回答，教师讲解、学生听讲的"被动式"教学组织形式。而O2O混合式课堂强调学生构建主义的学习模式，通过线上自主学习、线下专题研讨，线上互动讨论、线下交流分享，线上测试作业、线下答疑解惑等多元化方式翻转教与学，增加师生相互过程的情感沟通，促进教与学主体关系的和谐发展。

（五）教学资源突破——在线资源

传统课堂以纸质教材、教学PPT、笔头作业等文本类、静态化学习资源为主，不利于知识理解与实践应用。而O2O混合式课堂主要提供动态化的"电子书包"，主要包括微视频、微动画、微音频等数字化媒体类资源，闯关游戏、讨论区、答疑区等互动性教学环节，在线测验、作业、考试等无纸化教学评价系统，有利于培养学生自主学习、合作学习、互助学习能力。

（六）教学评价突破——过程测评

传统课堂注重结果性评价，考评形式比较单一，不利于客观公正地评价学生主体。而O2O混合式课堂充分利用平台的大数据挖掘、分析、评价和反馈功能，综合考虑学生过程性学习、自主性学习、终结性学习等多元教学需求，建立了开放式、过程化、标准化、多元化的课程学习评价体系[①]。

（七）教学环境突破——网络信息

传统课堂教学环境相对比较封闭，局限于实际的线下教学课堂。而O2O混合式课堂利用互联网技术，将在线学习和"面对面"课堂有机结合，构建了开放、共享、合作的学习社群，有利于学生对知识与技能的理解、应用、内化和迁移。

二、O2O混合式课堂的教学设计

O2O混合式教学模式引入"泛在学习"的教育观念，以MOOC/SPOC平台为基础，融合多元化的信息技术手段，组织与设计线上与线下相结合的学习活动，培养

---

① 李华.高职财会类专业"岗证融合"课程教学模式改革与实践[J].教育与职业,2015(02).

学生自主学习能力、探究学习能力和合作学习能力,最终实现翻转课堂的教学改革创新目标。O2O混合式教学应结合课程知识点与技能点的性质,科学合理确定线上与线下的教学内容、学习方式和评价方式(具体见表5-1)。既要发挥教师引导、启发、监控教学过程的主导作用,又要充分体现学生作为学习过程主体的主动性、积极性与创造性。

表5-1　O2O混合式的教学设计类型

形式	线上教学方式	线下教学方式
1	自主学习相关知识	集中讲解重点与难点
2	小组调研专业问题	汇报调研结果+教师点评
3	在线学习专业知识	以练代讲测评专业水平
4	在线观摩实验操作	实际演练操作+教师点评
5	合作研讨讨论主题	小组抗辩主题+教师点评
6	分组完成项目作业	小组汇报/答辩+小组互评
7	小组互助学习任务	分享学习思维导图+同伴互评
8	学习社群提问问题	企业实地调研与专业答疑
9	个人完成作品设计	作业展示+小组点评+同伴互评
10	参加在线单元测试	讲评易错点、高频失分点

O2O混合式教学模式以"课前—课中—课后"作为教与学的区域划分,实施分阶段、分层次、分目标的教学策略。具体来讲:课前自主学习环节,学生学习平台课件、在线观看微课、完成配套测验、提交问题清单;教师关注学习进度、及时通报成绩、关注学生反馈,督促养成习惯。课中深化学习环节,教师关注问题清单、精选教学案例、做到举一反三、培养专业判断;学生掌握学习重点、理解课程难点、开拓会计思路、注意学以致用。课后拓展学习环节,学生完成理论作业、开展阶段考试、同步实践训练、撰写学习笔记;教师在线答疑反馈、跟踪学习进度、定期实践指导、适时纠错解析,全面推进O2O课堂教学创新与实践,助力学子的职业成长与发展(具体见图5-1)。

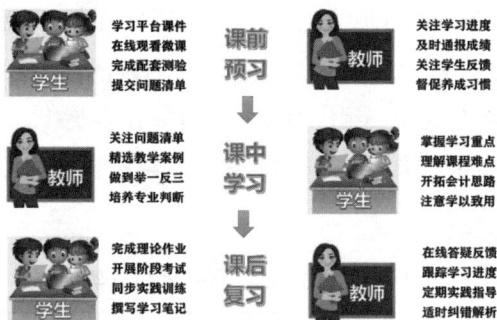

图5-1 O2O混合式教学的实施

"财务会计"课程教学展示

"财务会计"课程是高职财经商贸类学科的专业核心课程,以培养学生会计核算能力为主线,全面提升学生对企业商业信息的会计分析、判断与处理能力,注重对学生认真严谨、踏实细致的"工匠精神"养成。课程自2017年3月首次通过浙江省高等学校精品在线开放课程共享平台(www.zjooc.cn)对外发布,截至2020年6月累计开课7期,校内外用户数累计近6000人,累计开课班级数120余个、累计课程访问量近70万人次,涉及会计等10余个财经类相关专业,辐射省内外20余所高职院校。2020年被浙江省教育厅正式认定为高校第二批省级在线开放课程,课程的应用与推广面呈逐年递增趋势,初步形成了"对接专业链、贯通学习链、翻转教学链"O2O混合式教学的实践模式(具体见表5-2)。

表5-2 课程O2O单元设计

授课主题		存货成本的认知		
课时节次		7-8	授课地点	7205
课程平台		平台1:浙江省高校在线开放课程共享平台(http://teacher.zjedu.moocollege.com/) 平台2:职教云教学平台(https://zjy2.icve.com.cn/portal/login.html)		
教学目标		1.掌握存货核算的主要内容 2.理解存货成本的主要构成 3.能准确计算存货的成本		
教学组织	课前环节	学习平台:浙江省高校在线开放课程共享平台 学习要求:1.自主学习教学课件"存货成本的认知" 　　　　　2.自主完成平台测验"材料物资岗位-1"		

续表

授课主题		存货成本的认知
教学 组织	课中 环节	教学平台:职教云教学平台 **一、课前准备(5')** 1.平台签到 2.课前测试——重点测试"存货成本的认知"课程内容 3.讲评反馈——讲评测试内容,反馈考评结果 知识点1:存货核算的主要内容(15') 1.教学环节——互动讨论 主题1:存货是会计科目吗? 专业解析:存货不是会计科目,而是报表项目,存货是由很多会计科目组成 主题2:存货核算的主要内容? 专业解析:企业进行存货核算的主要内容包括三部分内容: 第一,日常活动中持有以备出售的产成品或商品 ——对应会计科目(库存商品) 第二,　处在生产过程中的在产品 ——对应会计科目(半成品、在产品) 第三,　在生产过程或提供劳务过程中耗用的材料或物料 ——对应会计科目(原材料) 2. 教学环节——头脑风暴 主题1:生产成本属于存货核算项目吗? 专业解析:"生产成本"科目余额代表尚未完工产品的成本,属于存货核算的第二大类 主题2:制造费用属于存货核算项目吗? 专业解析:"制造费用"科目余额代表生产过程发生的,尚未结转的间接费用,属于存货核算的第三大类 **二、组织新课** 知识点2:存货成本的确定(30') 1.教学环节——提问 主题1:存货成本基本构成? 专业解析:存货成本主要包括采购成本、加工成本和其他成本 2.教学环节——重点解析(存货成本的确定) 导入案例:美团外卖的价格构成

续表

| 授课主题 | | 存货成本的认知 | | |

| 教学组织 | 课中环节 | 引导同学们运用存货成本的构成原理,分组思考与讨论:外卖商品的购入成本如何进行测算? |

存货成本的确定

项目	子项目	内容
采购成本	直接与采购相关成本	买价(增值税价外税)
		相关税款、运输费、装卸费、保险费
	间接与采购相关成本	运输途中的合理损耗、仓储费
		入库前的挑选整理费用
加工成本	——	追加的人工费用
		追加的制造费用
其他成本	——	——

3.教学环节——头脑风暴

主题1:企业生产产品过程中,因自然灾害而发生的相关直接材料、直接人工和制造费用需要计入存货成本吗?

专业解析:非正常消耗的直接材料、直接人工和制造费用,无助于使该存货达到目前场所和状态,应在发生时计入当期损益,不应计入存货成本

主题2:酒类产品的发酵环节发生仓储费计入存货成本吗? 企业购置酒类物资发生仓储费计入存货成本吗?

专业解析:仓储费用指企业在存货采购入库后发生的储存费用,应在发生时计入当期损益。但是,在生产过程中为达到下一个生产阶段所必需仓储费用应计入存货成本(如酒类产品)。

技能点1:存货成本的计算(20')

1.教学环节——难点分析

业务资料:企业购入商品一批,单价100元/公斤,数量1000公斤,增值税税率16%,运输费3000元,增值税税率10%,途中合理损耗5公斤,入库前挑选费用1000元,实际入库数量990公斤。

要求:计算该批商品的总成本,以及商品的单位成本。

计算分析:

商品的总成本=买价+相关税费+入库前的挑选整理费用+运输途中的合理损耗=100X1000+3000+1000-5X100=103500(元)

商品的单位成本=103500÷990=105(元/公斤)

结论1:途中发生损耗,会导致单位成本增加

结论2:增值税专用发票上单价不一定等于材料入库的实际单价

三、课程总结(10')

学习重点:存货成本的确定

学习难点:存货成本的计算

续表

授课主题		存货成本的认知
教学组织	课后环节	学习平台:浙江省高校在线开放课程共享平台 学习要求:1.巩固学习教材"存货成本的认知"内容 2.自主完成平台作业"存货成本的认知" 3.预习下次课程的相关内容
教学反思		1.存货概念的解析应注意内容安排的层层递进 2.结合生活化的案例,辅助同学理解存货基础知识 3.注意实务案例讲解的细致化、条理化和全面化

第二节　互动教学的应用技术

交互式在线教学是指利用多媒体计算机技术和网络技术,实现教师与学习者以及学习者群体之间,形成以人机交互、师生交互、好友交互为特征的一种新兴学习方式。常用的互动教学的应用技术主要包括微信公众号、多人协作工具、在线问卷调查、弹幕互动、屏幕即时显示等。

一、微信公众号

微信公众平台是一种利用公众账号进行一对多的传播、交流和互动等的自媒体平台,可以随时随地提供各种信息和资源,利用这一特点,将微信公共平台与教学活动相结合,制作和推送教学图文和微课视频(具体见图5-2)。

图5-2　微信公众平台(https://mp.weixin.qq.com/)

（一）注册微信公众号

1.确定账号类型。进入"微信公众平台"官网,点击页面右上角"立即注册"。平台主要提供订阅号、服务号、小程序、企业微信等四种账号类型(具体见图5-3)。其中:订阅号的展现是在订阅号群组中,如果关注的订阅号比较多,推送的图文很可能被其他订阅号淹没,但是订阅号每天可以推送一次,比较灵活。服务号的展现在微信消息中,推送内容类似好友给你发了一则消息,比较直接,但是每个月只能推送4次,服务号更多是定位功能的实现以及用户主动获取消息。

请选择注册的帐号类型

图5-3 微信注册账号类型

2.注册用户信息。教师选择账户类型,点击进入页面注册信息,微信公众号采用邮箱注册,一个邮箱只能申请一种账号。以"订阅号"为例,填写"基本信息",输入"邮箱",进入跳转页面激活邮箱,获取验证码,输入"邮箱验证码"项目。输入"密码""确认密码",勾选"我同意并遵守《微信公众平台服务协议》",点击"注册"。进入"选择类型"页面,选择注册地信息"中国内地",点击"确定",再次要求确认账号类型,点击"确定"。

进入"信息登记"页面,选择主体类型,主要包括政府、媒体、企业、其他组织、个人等。教师选择微信推送图文、微课视频,进行师生便捷互动,建议选择"个人"类型主体,进一步完善个人信息登记。点击"继续",输入"账号名称""功能介绍""运营地区"等,点击"完成"。

3.设置公众号。点击"前往微信公众平台",进入公众号后台,点击页面右上角"订阅号"—"功能设置",进入"公众号设置"页面,点击"账号详情",进一步完善头像设置、生成微信二维码图片、设置微信号等基本操作。

（二）制作微信图文

1.设置公众号功能。点击左侧菜单"功能"—"自动回复"，设置"被关注回复"，针对关注微信号用户的自动回复，教师可以选择文字、图片、音频、视频等回复方式，点击"保存"即可。利用相同操作，可以设置"关键词回复""收到消息回复"等功能。

2.设置公众号菜单。点击左侧菜单"功能"—"自定义菜单"，点击横向"+"，添加一级菜单，最多可以创建3个一级菜单；点击纵向"+"，添加二级菜单，每个一级菜单下最多可以创建5个二级菜单。菜单可以设置发送信息、跳转网页、跳转小程序等动作（具体见图5-4）。

图5-4　微信公众号菜单设置

3.编辑微信图文。点击左侧菜单"功能"—"管理"—"素材管理"，点击"新建图文信息"进入编辑页面，输入标题、作者、编辑正文。正文的编辑可以添加图片、视频、音频、超链接、小程序、商品、模板、投票等内容。页面上端提供编辑的常用设置，如字体、背景、行间距、字间距等。正文编辑完毕，编辑封面、摘要，设置文章权限等，点击"保存"。教师也可以通过"素材管理"中保存的素材进行二次"编辑"，形成新的图文信息。

🖥️ "华姐说会计"公众号展示（见图5-5）

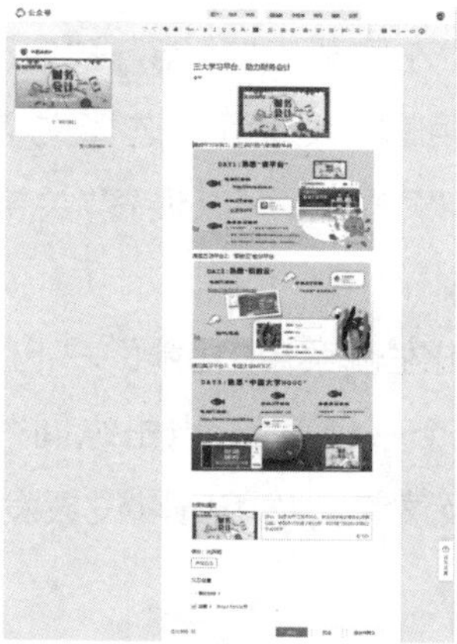

图5-5　微信公众号图文信息

（三）推送微信图文

针对"新建图文信息"，编辑完成，点击"保存并群发"，进入"新建群发"，选择"群发对象""性别""群发地区"，点击"预览"，查看图文信息；点击"群发"，经管理员扫码确认后，即可发送图文信息。针对未发布的微信图文，点击进入"素材管理"，选中需要发布素材，点击"群发"，后续操作基本与"新建图文信息"一致。

🖥️ 公众号展示（见图5-6）

华姐说会计 ★
会计学习平台 ＞
3位朋友关注

进入公众号　　　不再关注

图5-6　"华姐说会计"微信公众号

二、"腾讯文档"多人协作工具

腾讯文档是一款支持随时随地创建、编辑的多人协作式在线文档工具，拥有一键翻译、实时股票函数和浏览权限安全可控等功能，以及打通QQ、微信等多个平台编辑和分享的能力。腾讯文档的使用不受设备限制，用户可以在PC、Mac、iOS、Android、iPad等设备终端使用该产品。该软件支持多人同时查看和编辑在线文档、在线表格、在线幻灯片、在线PDF等,支持查看和恢复历史修订记录,支持云端实时保存(具体见图5-7)。

图5-7　腾讯文档(https://docs.qq.com/)

(一)下载腾讯文档

进入"腾讯文档"官网,点击"立即使用",跳转页面后,点击"下载",教师根据电脑类型,选择Windows版、iOS版、Android版,进行下载与安装。安装成功,可以选择微信账号、QQ账号进行一键登录。文档首页显示本人创建文件、最近浏览记录、他人共享文件等内容(具体见图5-8)。

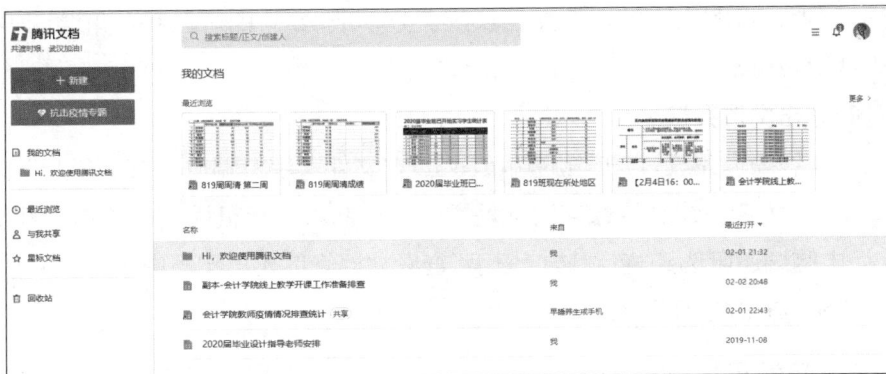

图5-8　腾讯文档首页

(二)新建在线文档

点击"新建"按钮,可新建在线文档、表格、幻灯片、收集表以及导入本地文件。电脑端文档、表格、幻灯片等在线文件的编辑功能与传统文件相同,且表格新增关联收集表统计结果功能,文档和幻灯片新增远程演示功能。移动端文件编辑仅保留基本功能,建议教师选择用电脑编辑。在线收集表的功能相当于问卷调查,同时还具备数据汇总、整理和分析(具体见图5-9)。

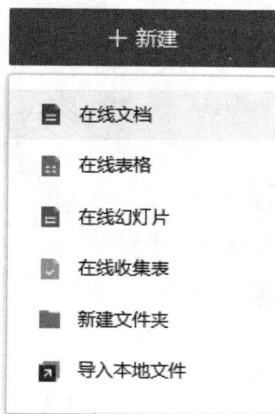

图5-9 腾讯文档"编辑页面"

(三)共享在线文档

在线文档编辑完成,点击右上角"分享"按钮,可选择生成链接、二维码、图片或小程序码发送给他人,或直接分享到QQ、微信,进行文档的多人在线编辑。点击"分享"或"协作"后,可设置查看/编辑权限,选择私密文档、指定人、获得链接的人可查看、获得链接的人可编辑等文档权限。分享成功后,即可在右上角会话中,查看权限变更及讨论。

(四)导出文档数据

文档在线编辑完成,点击电脑端页面上方"文件",手机端点击右上角"≡",选择"导出为",即可将在线文件保存为本地文件。电脑端与手机端均能查看文件浏览记录,而电脑端还可选择"查看修订记录"查看文档修订人员和历史版本,并可以选中历史版本,点击"还原",即可还原旧版本。

三、"问卷星"在线调查

"问卷星"是一个专业的在线问卷调查、测评、投票平台,专注于为用户提供功能强大、人性化的在线设计问卷、采集数据、自定义报表、调查结果分析等系列服务。问卷星具有快捷、易用、低成本的明显优势,被企业和个人广泛使用(具体见图5-10)。

图5-10　"问卷星"官网（https://www.wjx.cn/）

（一）注册用户

教师登录"问卷星"官网，注册用户账号，建议将账号捆定QQ、微信，以便后续快捷登录。平台针对企业用户，主要提供客户满意度调查、市场调查、员工满意度调查、企业内训、需求登记、人才测评、培训管理等服务；针对高校用户，主要提供学术调研、社会调查、在线报名、在线投票、信息采集、在线考试等服务；针对个人用户，主要提供讨论投票、公益调查、博客调查、趣味测试等服务。

（二）创建问卷

"问卷星"登录成功，点击左侧"+创建问卷"，平台主要提供了调查、考试、投票、表单、360度评估、测评等问卷类型（具体见图5-11）。

图5-11　"问卷星"创建页面

以调查为例,点击"调查"—"创建"图标,跳转页面,输入"调查问卷标题",点击"立即创建"即可。进入编辑页面,确定选择题、填空题、矩阵题、评分题等题型,平台还可以提供高级题型的选项、分页说明的问卷设置。根据不同题型,输入问卷题目、选项内容以及相关属性设置(具体见图5-12)。

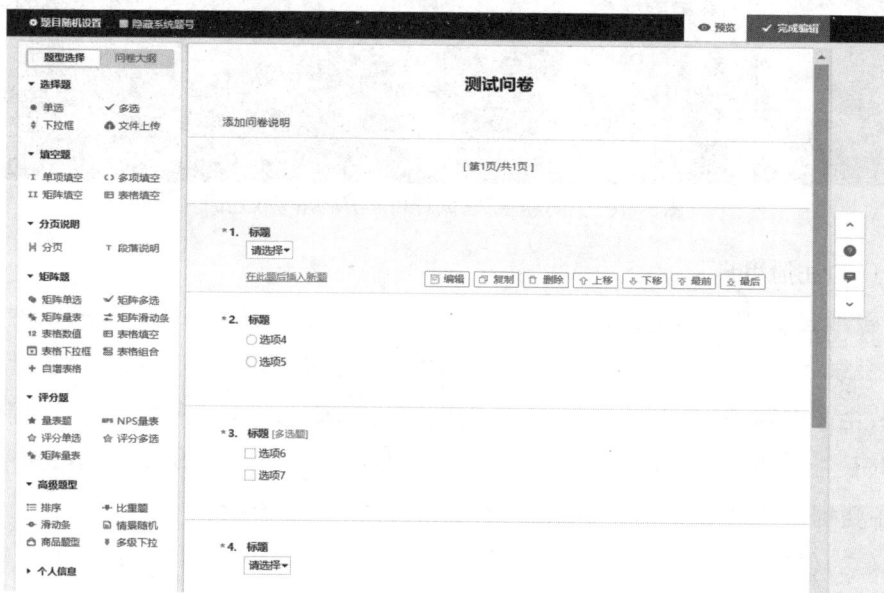

图5-12 "问卷星"编辑页面

平台提供"从模板创建问卷""文本导入""人工录入服务"等其他创建形式,其中:"从模板创建问卷"可以选择平台问卷模板,进行复制、修改和发布;"文本导入"可以直接导入事先设计的问卷,点击"完成编辑"。

(三)发布问卷

点击"发布问卷",平台生成"链接与二维码",通过微信、QQ、微博、邮件、短信等方式,推送问卷链接给调查人员填写。

(四)查看结果

调查结束,进入问卷列表,点击"分析&下载"—"统计&分析",可以通过表格、饼状图、圆环图、柱状图、条形图,查看问卷统计图表。结合工作实际需要,还可以进行分类统计、交叉分析和自定义查询。调查完成后,可以下载统计图表到Word文件保存、打印,或者下载原始数据到Excel导入SPSS等调查分析软件做进一步的分析。

四、"好弹幕"互动平台

弹幕是指在网络上观看视频时弹出的评论性字幕,可以给使用者一种"实时互动"的感觉。"好弹幕"是微信大屏互动软件,背景透明,可以在大屏幕播放PPT或视频的同时,使用微信弹幕互动,增强教学互动,活跃课堂气氛(具体见图5-13)。

图5-13　"好弹幕"网站(https://www.haodanmu.com/)

(一)注册平台账户

登录"好弹幕"官网,下载与安装客户端,注册"好弹幕"账号,生成桌面快捷方式。点击"好弹幕"图标,弹出登录窗口,点击"打开弹幕",进入"好弹幕"编辑页面,点击"个人中心"—"账户中心",通过验证手机号,使用微信扫码绑定账号,进入"好弹幕"微信公众号,可以进行后台管理,便于后续的课堂应用(具体见图5-14)。

图5-14　"好弹幕"登录页面

(二)设置课堂弹幕

1.设置弹幕活动。登录成功后,点击"管理"—"我的弹幕",确认专属二维码,学生可以通过扫码方式参与课堂弹幕互动。添加"活动名称";进行"二维码设置",

建议教师将二维码显示设置为"开",选择二维码的位置、大小;设置房间模式(针对多个班级情况)、活动名称开关,完成弹幕的基本设置(具体见图5-15)。

2.设置弹幕效果。点击"设置"—"弹幕效果",进一步确定"弹道选择""弹幕速度""弹幕内容""截屏打赏"等效果设置。上述设置,教师可以登录"好弹幕"公众号,点击"后台管理",进行弹幕设置。

3.设置滚动消息。点击"应用"—"滚动消息",选择滚动消息开关、添加滚动消息、设置滚动消息效果,点击保存。

图5-15 "好弹幕"设置页面

（三）微信扫码互动

1. 参与弹幕互动。教师弹幕活动设置完毕，学生可以通过扫描专属二维码，关注"好弹幕"公众号，进入弹幕互动活动，发送弹幕内容，参与互动活动（具体见图5-16）。

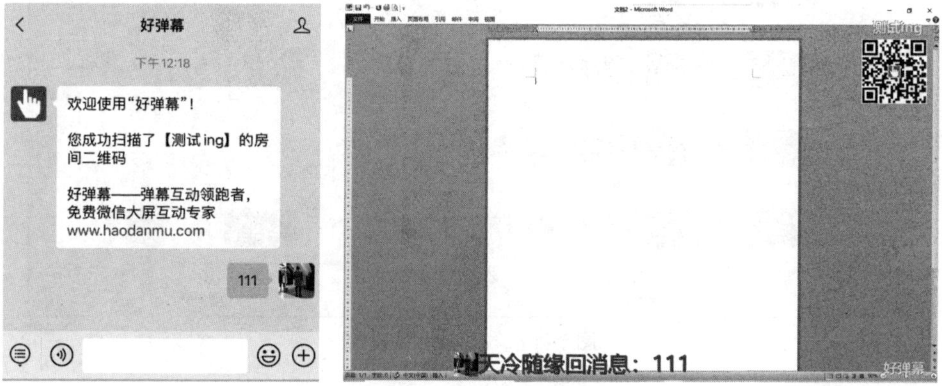

图5-16　"好弹幕"互动页面

2. 参与3D签到。教师点击"应用"—"3D签到"，设置3D签到开关、签到口令、签到方式、签到信息、签到头像组成文字、是否允许签到用户发弹幕等基本功能。设置完毕，学生通过"好弹幕"公众号，回复"签到口令"，签到学生的微信头像出现在屏幕上。教师可以通过"管理"—"参与用户"查看签到学生名单。

3. 参与投票活动。教师点击"应用"—"投票"—"新建投票"，设置"投票标题""投票设置""投票选项"。设置完毕，学生通过"好弹幕"公众号，点击"现场互动"—"投票"，参与投票活动，投票结果可以通过大屏幕显示实时更新的数据。

五、ZoomIt 演示软件

ZoomIt演示软件是一款非常实用的投影演示辅助软件，称之为微软放大镜。ZoomIt体积小巧、完全免费、易于使用，可以登录"微软中国"官网进行免费下载与使用。通过快捷键可以方便地调用ZoomIt三项功能：屏幕放大、屏幕标注、定时提醒。

（一）屏幕放大功能

按下快捷键（默认Ctrl+1），进入ZoomIt的放大模式，屏幕内容将放大后（默认2倍）显示。移动光标，放大区域将随之改变；用鼠标滚轮或者按上下方向键，将改变放大比例；按下 Esc 键或鼠标右键，会退出放大模式（具体见图 5-17）。

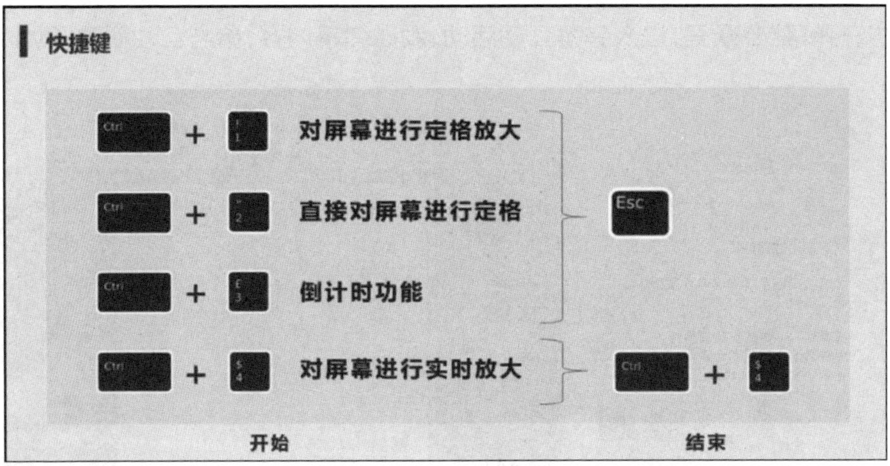

图 5-17　ZoomIt 快捷键

（二）屏幕标注功能

标注功能主要用来突出屏幕的某一部分内容，比如图片的某一细节、文章的关键段落。按下快捷键（默认 Ctrl+2）或在放大模式下按下鼠标左键，可进入标注模式，鼠标会变成一个圆形的笔点，其颜色、大小可调。

通过按住左 Ctrl 键，使用鼠标滚轮或者上下箭头键调整画笔的宽度。可以使用快捷键轻松画出不同的形状：按住 Shift 键可以画出直线；按住 Ctrl 键可以画出长方形；按住 Tab 键可以画出椭圆形；Shift+Ctrl 键可以画出箭头（具体见图 5-18）。

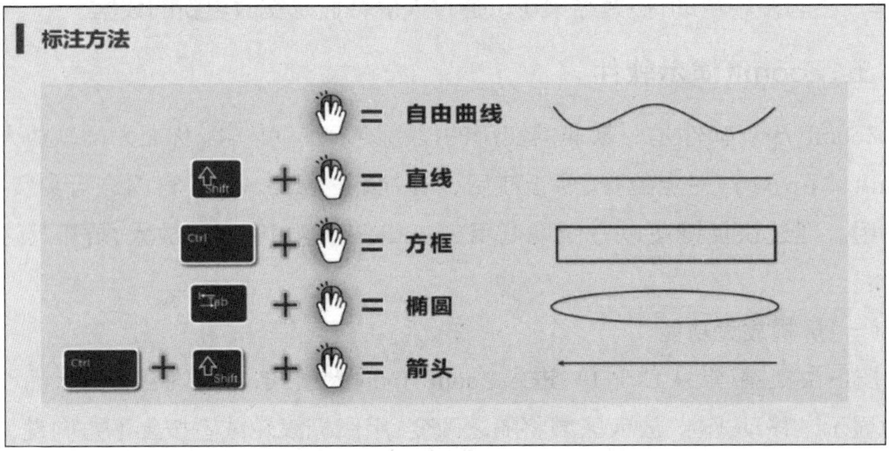

图 5-18　ZoomIt 标注方法

通过按键调整画笔颜色:r红色;g绿色;b蓝色;o橙色;y黄色;p粉色。进入标注模式后,按t可以进入打字模式,使用Esc或左键退出。按e可以擦除所有标注,按w(白色)/k(黑色)键,将屏幕变成白板或黑板。

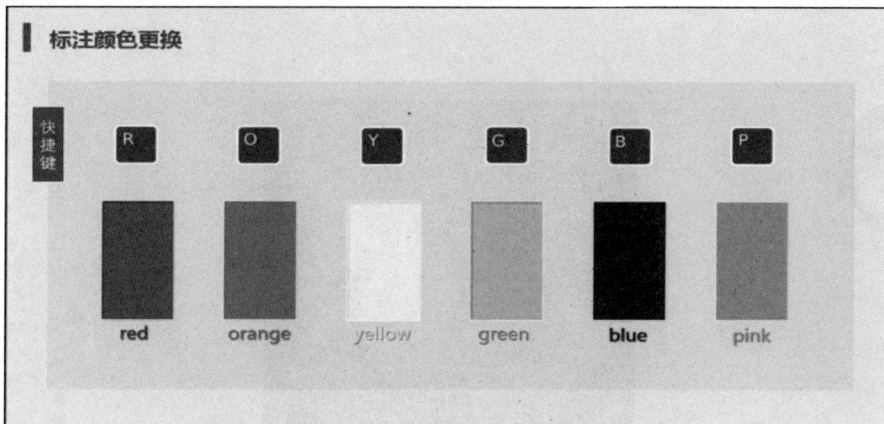

图5-19　ZoomIt标注颜色更换

(三)定时提醒功能

通过快捷键(默认Ctrl+3)或点击ZoomIt的托盘图标菜单,可以进入定时器模式,用箭头键可以增加或减少时间。点击ZoomIt的图标可以再次激活定时器,使用Esc退出。使用定时功能时,会暂时将桌面利用白色屏蔽覆盖,并在白色屏蔽上出现倒数计时的时间,教师可以选择倒数计时时间的长短、倒数计时结束后是否要播放警告音效、白色屏蔽透明度、倒数计时时间显示在屏幕上的位置等设置参数。

第三节　直播平台的应用技术

在线直播教学是利用互联网技术,依托直播平台,开展师生在线课堂远程教学与互动。常用的直播平台主要包括QQ平台、钉钉平台、Zoom平台等。

一、QQ在线直播教学

腾讯QQ是一款基于Internet的即时通信(IM)软件,已经覆盖Microsoft Windows、OS X、Android、iOS、Windows Phone、Linux等多种主流平台。腾讯QQ支持在线聊天、视频通话、点对点断点续传文件、共享文件、网络硬盘、直播间、群课堂、自定义面板、QQ邮箱等多种功能,并可与多种通信终端相连。

(一)QQ视频通话应用技术

进入班级QQ群,点击"视频通话",选择"分享屏幕",教师可以选择"全屏分享"或"选择区域",利用PPT演示文稿,打开麦克风和扬声器,进行直播教学。教学过程中,可以使用"演示白板"辅助教学,课程结束,点击"结束分享"(具体见图5-20)。

图5-20　QQ视频通话

(二)QQ群课堂应用技术

进入班级QQ群,点击"群课堂",平台提供自由模式、主持模式、麦序模式等三种模式,教师可以根据课堂教学要求,设置房间模式、房间玩法、访客设置、排麦权限、排麦限时等功能模块(具体见图5-21)。

图5-21　QQ群课堂

点击"开始上课",进行课前调试,再次点击"开始上课",进入直播课堂,点击分享,教师结合教学组织设计,选择播放影片、分享屏幕、演示PPT,开启麦克风、摄像头,进行直播教学,授课完毕,点击"结束课堂"。

QQ直播间的操作与QQ群课堂基本一致,在此不再赘述。

二、钉钉在线直播教学

钉钉(DingTalk)是阿里巴巴集团专为中国企业打造的免费沟通和协同的多端平台,提供PC版、Web版和手机版,支持手机和电脑间文件互传,全方位提升中国企业沟通和协同效率。2020年为全力配合教育部门工作,上线在线课堂、直播互动等教学场景的详细解决方案(具体见图5-22)。

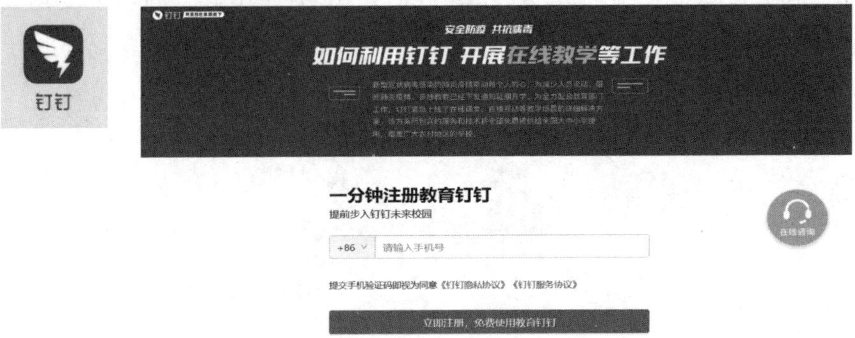

图5-22　钉钉官网(https://www.dingtalk.com/)

(一)注册钉钉用户

登录钉钉注册网页,注册教师用户,注册成功后。拖动页面至底部,查看"使用手册",点击"下载钉钉",进行电脑端、手机端"钉钉"安装。

(二)创建授课班级

打开电脑端"钉钉",点击上方的"+"号,点击"发起群聊",进入"创建聊天"页面,点击"分类建群",选择"班级群",系统生成"二维码"(具体见图5-23)。利用手机"钉钉"扫一扫功能,进入"钉钉班级群",点击"创建",生成教师班级群。通过微信、QQ、钉钉、二维码邀请学生(系统默认是家长)入群。学生收到教师的邀请后,根据系统提示,完成角色选择、录入姓名、输入手机号、进行手机短信验证等步骤,即可申请加入班级。

图5-23 "钉钉"创建班级

(三)在线课堂直播

1.课程签到。班级创建成功,学生全部加入班级,点击下方的"发起直播"。点击"发起课程签到",设置签到说明、签到结束时间,点击"开始签到",向学生发起签到,并可以查看签到情况(具体见图5-24)。

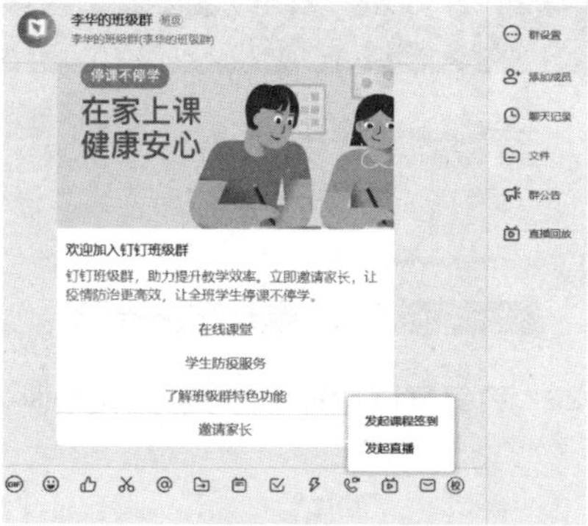

图5-24 "钉钉"课程签到

2.课堂直播。首次发起群直播需要利用手机端进行实名认证,平台提供了身份证认证、支付宝认证等方式,认证成功方可进行群直播。点击"发起直播",进入直播页面,录入直播主题,选择直播模式(主要包括摄像模式、屏幕分享模式、专业模式等),设置"直播保存回放""支持连麦""禁止点赞"等功能,一般建议教师采用屏幕分享模式。设置完毕,点击"创建直播"(具体见图5-25)。

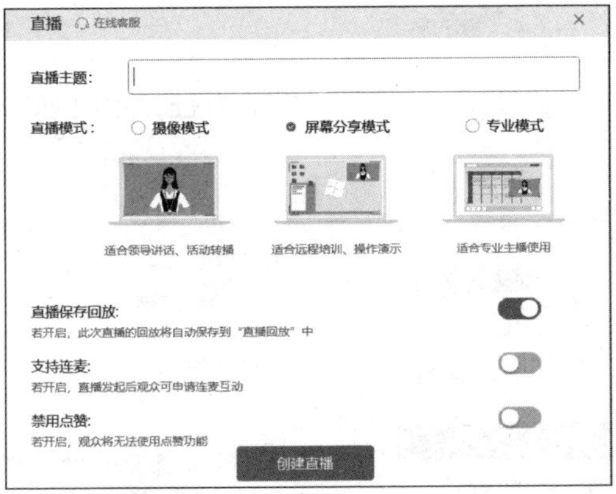

图 5-25　"钉钉"课堂直播

　　点击"开始直播",进行课堂直播,利用"互动面板"进行师生互动;利用"钉钉白板"进行演示讲解。授课结束,点击"结束直播",点击分享课堂直播视频。点击"查看数据"了解直播统计;点击"布置作业",明确作业内容以及提交要求等。点击右侧"直播回放",可以回看直播课堂。

三、Zoom 在线直播

　　Zoom 是一款多人手机云视频会议软件(具体见图 5-26),为用户提供兼备高清视频会议与移动网络会议功能的免费云视频通话服务。用户可通过手机、平板电脑、PC 与工作伙伴进行多人视频及语音通话、屏幕分享、会议预约管理等商务沟通。Zoom 适用于 Windows、Mac、Linux、iOS、Android 系统。

图 5-26　Zoom 官网(https://zoom.com.cn/)

(一)下载 Zoom 客户端

教师登录 Zoom 官网,进行用户注册,下载 Zoom 会议客户端,获取会议 ID(具体见图5-27）。

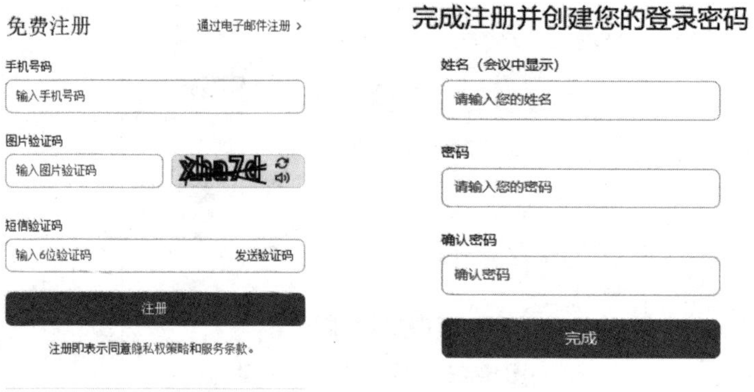

图5-27　Zoom客户端

（二）主持线上会议

Zoom多人视频会议中，发起人作为主持人可对视频会议进行组织与管理，使视频会议更加高效有序。主持人拥有视频会议最高权限，可对参会成员发言及参会权限进行管理、可转移主持人权限给其他参会人。

教师登录Zoom官网，点击页面上端"主持一场会议"，选择"仅限屏幕分享""视频开启""视频关闭"等功能（具体见图5-28）。

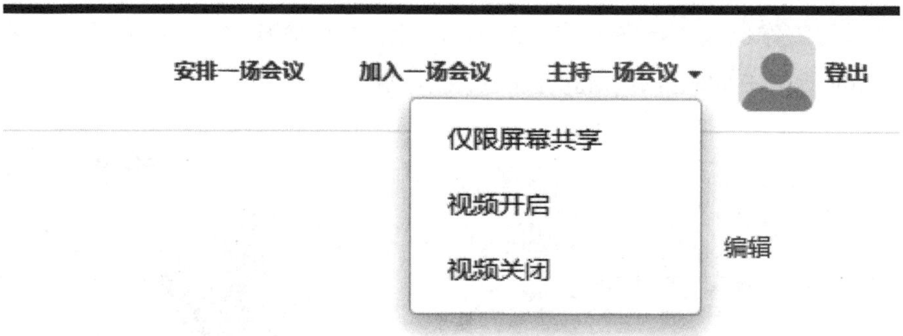

图5-28　Zoom主持线上会议

点击"仅限屏幕分享"，输入会议ID，点击"共享"，选择共享屏幕或其他内容，勾选"共享电脑声音""视频流畅度优先"，再次点击"共享"。

进入屏幕共享页面，电脑页面顶端显示工具栏，教师根据直播需要，选择语音链接、启动视频、管理参会者、新的共享、暂停共享、注释等操作按钮。其中：点击"注释"，可以通过选择鼠标、文本、画图、加标记、激光笔等方式，进行标注添加、编辑和保存。

（三）邀请学生加入会议

点击工具栏"更多"，选择"邀请"，点击"复制链接"，分享给学生，邀请学生进入课堂。Zoom视频会议中，教师可授权参会者远程操作共享界面权限，帮助参会成员更清晰表达观点。教师点击"管理参会者"，可以选择全体静音或解除全体静音，也可以选择对某个同学语音或视频。点击工具栏"聊天"，可以进行文字交流互动。

平台支持Zoom会议录制功能，可在会议的开始或进行中对会议进行音频、视频的录制。支持MCU、MP4、VLC等多种格式文件保存。Zoom支持会议预约及提醒功能，在Zoom日程表中对会议时间进行预约，可自动生成会议信息通知文本，支持邮件快速发送参会人。手机端登录Zoom进行预约，支持短信、邮件、通讯录等方式通知参会人，信息可自动同步至手机日历及记事簿类应用，支持会前提醒功能。

第四节　虚拟仿真教学资源的应用

虚拟仿真教学资源是指通过虚拟现实等技术构建虚幻场景、工作条件，逼真的操作对象与学习内容，以及灵活多样的交互环节，使得学生可随时随地在线模拟实践与自主学习，是高等教育信息化的内在发展需求和全新教学改革。

一、"会计学徒"虚拟仿真实训软件

会计专业群作为高职高专的普适性专业，学生招生数量一直稳居财经类专业招生总体规模前列，大规模的在校生规模，使得学生的会计专业实践成为人才培养的主要瓶颈之一。引入会计虚拟仿真教学资源，让学生在会计虚拟仿真实践环境中，针对性开展单人单岗单项实训、多人多岗综合实训，打通毕业与上岗的"最后一哩"。

下面以中教畅想（北京）科技有限公司开发的"会计学徒"虚拟仿真实训软件为例，系统介绍虚拟仿真实训的教学设计与应用，该软件主要包括"岗位的一天""行业的一天"等模块。

（一）"岗位的一天"模块

"岗位的一天"模块系统采用"互联网+现代学徒制"的教学模式，通过引入3D虚拟职业情境，围绕某一岗位"一天"开展单项虚拟仿真实践。"岗位的一天"主要包括出纳的一天、会计的一天、税务会计的一天、成本会计的一天等软件平台（具体见图5-29），引入"场景、人物、对话、准备、实施、反馈"等工作六步法，明确岗位任务、熟悉工作平台、强化部门沟通、突出职业要求（具体见图5-30）。

图5-29 "岗位的一天"模块

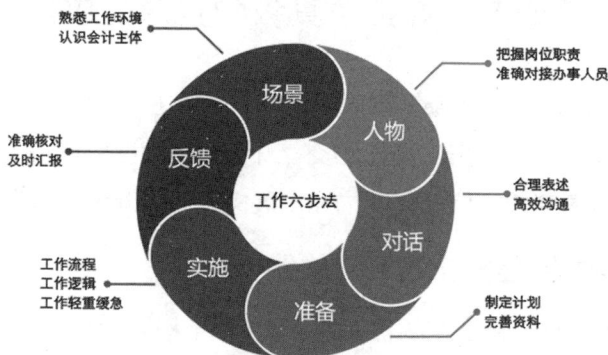

图5-30 "岗位的一天"工作六步法

（二）"行业的一天"模块

"行业的一天"模块系统采用"互联网+现代学徒制"的教学模式，将不同行业的真账搬进平台中，利用虚拟现实技术再现会计工作中各个场景，采用情境教学法，创设恰当的工作环境，以体现不同行业特色的典型工作任务为载体，利用角色转换、上岗操作、业务路线选择等功能，开展融职业认知、职业判断、业务处理、实务操作、评价反馈、教学管理为一体的综合虚拟仿真实践。

　　"行业的一天"主要包括交通运输业、批发和零售业、食品制造业、旅行社及相关服务、通信设备制造业、住宿业、餐饮业、软件和信息技术服务业等软件平台(具体见图5-31)。软件采用游戏化操作界面,逼真的职业场景,自由定制实训任务,系统智能评分,内置即时通信,营造"做中学、学中做"实践学习场景。

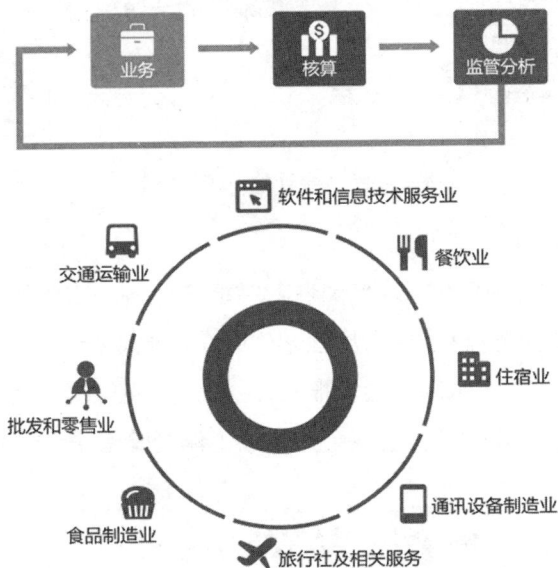

图5-31　"行业的一天"模块

二、"会计的一天"虚拟仿真实践

(一)实践目的

　　"会计的一天"以岗位"一天"工作流程与逻辑为导向,利用角色转换、上岗操作、业务审核、单据传递、场景选择等功能,创设典型工作任务,训练学生熟练运用专业理论和方法,对企业的经济业务进行客观完整的记录、计量与反映,学会取得、填制、解读、审核名目花样繁多的单据和票证,学会经办资产与负债增减、投资等各项复杂的实际业务。全面提升学生的职业认知能力、职业判断能力和业务处理能力(具体见图5-32)。

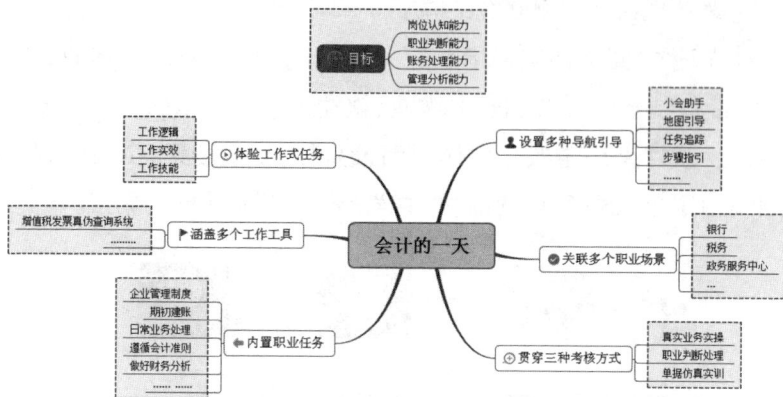

图5-32 "会计的一天"实训

(二)岗位要求

掌握小企业会计准则和企业会计制度,掌握企业各项费用的有关规定、范围及标准,掌握企业各项业务流程操作,加强学生政策法治观念;要求运用规范、仿真的原始凭证、记账凭证、会计账簿和会计报表,进行会计岗位的实践操作;按时完成规定的实训任务并撰写实训报告,形成会计岗位工作经验笔记(具体见图5-33)。

图5-33 "会计的一天"实训要求

(三)工作任务

"会计一天"以中小企业的一般纳税人为会计主体,以会计一个月50余笔经济业务活动为主线,完成期初建账、日常会计核算、期末结账、会计凭证装订、会计资料归档等不同类型的工作任务(具体见表5-3)。

表5-3 "会计的一天"任务清单

序号	任务时间	任务名称	课时分配
1	2017年1月2日星期一	会计交接	2
2	2017年1月2日星期一	熟悉公司财务制度	

续表

序号	任务时间	任务名称	课时分配
3	2017年1月2日星期一	期初建账准备	
4	2017年1月2日星期一	领用办公用品	
5	2017年1月2日星期一	期初建账	
6	2017年1月4日星期三	预收房屋租金	
7	2017年1月4日星期三	了解企业账务处理程序	
8	2017年1月4日星期三	单据分类归集	
9	2017年1月5日星期四	购入处理器一批	2
10	2017年1月5日星期四	生产车间领用原材料	
11	2017年1月6日星期五	支付转账手续费	
12	2017年1月6日星期五	赊销手机一批	
13	2017年1月7日星期六	购入原材料主板一批	
14	2017年1月7日星期六	销售瑞普Rs9	
15	2017年1月7日星期六	使用自产商品发放福利	
16	2017年1月7日星期六	登记明细账	
17	2017年1月10日星期二	接受现金资产投资	2
18	2017年1月10日星期二	赊购原材料金属结构件	
19	2017年1月10日星期二	销售原材料一批	
20	2017年1月10日星期二	计提本月社会保险	
21	2017年1月12日星期四	代扣个人所得税	
22	2017年1月12日星期四	应收账款账龄分析	
23	2017年1月12日星期四	收到前欠货款	
24	2017年1月16日星期一	员工借支业务	2
25	2017年1月16日星期一	发放工资	
26	2017年1月16日星期一	出售固定资产	
27	2017年1月16日星期一	报销汽车费用	
28	2017年1月20日星期五	明确盘点流程	
29	2017年1月20日星期五	盘点现金	2
30	2017年1月20日星期五	盘点注塑机	
31	2017年1月22日星期日	员工报销差旅费	

续表

序号	任务时间	任务名称	课时分配
32	2017年1月22日星期日	附销售退回条件的商品销售	
33	2017年1月22日星期日	计算完工产品和在产品成本	
34	2017年1月22日星期日	结转完工产品成本	
35	2017年1月24日星期二	支付车间水电费	
36	2017年1月24日星期二	部门报销话费	
37	2017年1月24日星期二	公司租用公寓提供住宿	
38	2017年1月24日星期二	公司用自建住房提供住宿	
39	2017年1月24日星期二	原始单据粘贴	
40	2017年1月31日星期二	原材料月底暂估入账	4
41	2017年1月31日星期二	编制材料费用分配表	
42	2017年1月31日星期二	编制工资费用分配表	
43	2017年1月31日星期二	计提固定资产折旧	
44	2017年1月31日星期二	结转销售成本	
45	2017年1月31日星期二	归集分配制造费用	
46	2017年1月31日星期二	归集产品生产耗费	
47	2017年1月31日星期二	编制往来余额表	
48	2017年1月31日星期二	月末结账	
49	2017年1月31日星期二	结转收入类账户	
50	2017年1月31日星期二	结转损益类账户	
51	2017年2月1日星期三	冲销原材料暂估入账	4
52	2017年2月1日星期三	会计资料移交	
53	2017年2月1日星期三	会计凭证装订	
54	2017年12月31日星期日	会计资料归档	
合　　计			18

（四）绩效考评

软件系统对学生"会计的一天"总体实践的效果进行全面考核与成绩评定,主要包括过程性评价指标和结果性评价指标。其中:过程性评价指标重点考查学生的课堂表现及出勤率等情况;结果性评价指标重点考查学生对企业会计工作任务的完成质量以及准确率等情况(具体见表5-4)。

表5-4　"会计的一天"绩效考评明细表

评价项目	评价内容	评价标准	权重	分值
结果性评价	经济业务处理	完成系统设置的日常经济任务的效果和质量	70%	70
过程性评价	课堂表现	讨论及回答问题等表现	20%	20
	出勤	日常出勤情况	10%	10
合计			100%	100

三、"手机制造业"会计学徒行业实践

(一)实践目的

熟悉手机制造业企业会计业务流程和岗位权限,了解会计管理中的稽核与内部控制;让学生置身于手机制造业企业会计工作的职业虚拟场景,完成企业资金筹集业务、供应过程业务、生产过程业务、产品销售过程业务、财务成果形成与分配业务等一系列典型工作任务。通过虚拟仿真演练,熟悉手机制造企业会计业务的流程及操作,提高学生的职业综合能力。

(二)岗位要求

掌握小企业会计准则和企业会计制度,掌握企业各项费用的相关规定、范围及标准,掌握企业各项业务流程操作,加强学生政策法治观念;要求运用规范、仿真的原始凭证、记账凭证、会计账簿和会计报表,进行手机制造业相关会计岗位的实践操作;按时完成规定的实训任务并撰写实训报告,形成手机制造业会计工作经验笔记。

(三)工作任务

以小型手机制造业企业的一般纳税人为会计主体,以一个月40~90笔经济业务活动为主线,分别扮演出纳、会计、会计主管、销售员等多种角色,规划各自工作职责与任务,以小企业会计准则为依据,运用会计学徒平台,完成审核和填制原始凭证、编制记账凭证、登记会计账簿、纳税申报、编制会计报表的会计事务全过程的处理,包括认知企业、会计建账、日常经济业务处理、成本核算、期末会计事项处理、会计报表与纳税申报六个方面的内容(具体见表5-5、表5-6)。

表5-5　手机制造业企业会计工作模块

序号	工作模块	具体内容
1	认知企业	了解企业概况、企业组织结构、企业财务制度、企业内部制度、企业协议
2	会计建账	根据系统设置录入需要建账期初数据
3	日常经济业务处理	运输和配送环节的核算、包装环节的核算、储存环节的核算等
4	成本核算	仓储成本、劳务成本、运输成本的核算
5	期末会计事项处理	计提费用、计算结转成本月应交各项税费、结转损益、计算利润和利润分配
6	会计报表与纳税申报表编制	会计报表的编制包括科目汇总表、资产负债表、利润表;编制增值税纳税申报表

表5-6　工作任务及课时分配表

序号	任务时间	任务名称	课时分配
1	12月1日	结转账簿上期余额	4
2		网店销售手机	
3		提取备用金	
4		购入办公电脑	
5	12月2日	领购增值税发票	
6	12月3日	收到投资设备一台	
7		收到前欠货款	
8	12月4日	委托商场代销手机	
9		发票丢失处理	
10	12月5日	收到前欠货款	8
11		支付水电费	
12		预借差旅费	

续表

序号	任务时间	任务名称	课时分配
13		原材料损失	
14	12月6日	批准材料损失处理	
15		购买IC加油卡	
16		购入LCD显示屏	
17	12月7日	支付仓库维修费	
18		兑换残币	
19		借入银行借款	
20	12月8日	调转银行存款	
21		报销差旅费	
22	12月9日	增值税发票丢失处理	
23		报销业务招待费	
24		发放上月工资	
25	12月10日	公司员工体检	
26		支付仓库租金	
27	12月11日	代扣个人承担的社保费	
28	12月12日	向客户赠送手机	
29	12月13日	缴纳上月税费	
30		购入一批芯片	
31		支付会议费	
32		预借社保费	
33	12月14日	缴纳本月社会保险	
34		计提本月社会保险	
35	12月15日	收到京东货款	
36		收到商品代销清单	
37	12月16日	收到商场代销手机款	
38		支付前欠材料款	

续表

序号	任务时间	任务名称	课时分配
39	12月17日	采购材料暂估入库	
40		结清仓库修缮款	
41	12月18日	发放职工福利	
42		计提职工非货币性福利	
43	12月19日	购入经理用轿车	
44	12月20日	生产车间领用原材料	
45		计提本月社会保险	
46	12月21日	银行承兑汇票贴现	
47	12月22日	报销油费	
48	12月24日	赊销一批手机	
49	12月26日	支付广告费	
50		出具应收账款催收函	
51	12月28日	客户(个人)从自助设备上付款	
52		支付过桥过路费	
53	12月29日	盘点库存现金	
54		批复库存现金盘亏	8
55		收到购买加油卡发票	
56	12月30日	归集分配材料费用	
57		计提本月职工工资	
58		盘点PCB板	
59		计提本月水电费	
60		计提本月固定资产折旧	
61		计提短期借款利息	
62		转出未交增值税	
63		计提本月税金及附加	
64		结转分配制造费用	

续表

序号	任务时间	任务名称	课时分配
65		核算完工产品成本	
66		结转销售成本	
67	12月31日	结转成本、费用类账户	
68		结转收入类账户	
69		计算所得税	
70		结转应交所得税	
71		结转本年利润	
72		提取法定盈余公积	
73		分配利润	
74		结转利润分配	
75		编制银行存款余额调节表	4
76		编制资金月报表	
77		编制科目汇总表	
78		编制资产负债表	4
79		编制利润表	
80		增值税纳税申报	
81		编制经营现金收入预算	
82		编制生产预算	
合计			24

（四）绩效考评

软件系统对学生"行业的一天"总体实践的效果进行全面考核与成绩评定,主要包括过程性评价指标和结果性评价指标。其中:过程性评价指标重点考查学生的课堂表现及出勤率等情况;结果性评价指标重点考查学生对期初建账、经济业务处理、编制财务报表、纳税申报、编制预算等会计工作任务的完成质量以及准确率等情况(具体见表5-7)。

表5-7 "手机制造业企业"绩效考评明细表

评价项目	评价内容	评价标准	权重	分值
结果性评价	期初建账	正确完成期初建账工作	70%	70
	经济业务处理	完成系统设置的日常经济任务的效果和质量		
	编制财务报表	合理正确地编制财务报表		
	纳税申报	纳税申报系统的熟练操作及上报正确性		
	编制预算	能够根据预算资料正确编制预算		
过程性评价	课堂表现	讨论及回答问题等表现	20%	20
	出勤	日常出勤情况	10%	10
合计			100%	100

第五节 数字化教材的开发技术

数字化教材是以纸媒体教材和在线开放课程的最佳融合为突破点,以优质在线课程带动新形态教材建设,注重将文本资源与视频资源、图像资源与音频资源、实训资源与虚拟资源的有效结合,针对会计岗位类课程,开展对接岗位、流程、技术的工作手册式教材建设;针对会计实践类课程,开展可教、可学、可做的活页式教材开发。

一、数字化教材建设核心技术

二维码扫码技术是纸媒教材转型升级为数字化教材的有效载体,将资源与教材有效衔接,让传统教材转化为可看、可听、可测的新形态立体化教材。

(一)网盘储存技术

网盘,又称网络U盘、网络硬盘,是由互联网公司推出的在线存储服务。服务器机房为用户划分一定的磁盘空间,为用户免费或收费提供文件的存储、访问、备份、共享等文件管理等功能。

百度网盘是百度推出的一项云存储服务,已覆盖主流PC和手机操作系统,包含Web版、Windows版、Mac版、Android版、iPhone版和Windows Phone版。用户可以将自己的文件上传到网盘上,轻松实现跨终端随时随地查看和分享(具体见图5-34)。

图5-34　百度网盘官网(https://pan.baidu.com/)

　　登录"百度网盘"官网,注册平台用户,下载客户端。进入个人网盘主页,教师根据存档资料分类要求,点击"新建文件夹",建立分类文件夹;点击"上传",选择上传文件或上传文件夹,存储文件资料。

　　选中需要分享文件或文件夹,点击"分享",可以选择私密链接分享,创建链接及提取码或二维码,也可以选择直接分享好友(具体见图5-35)。

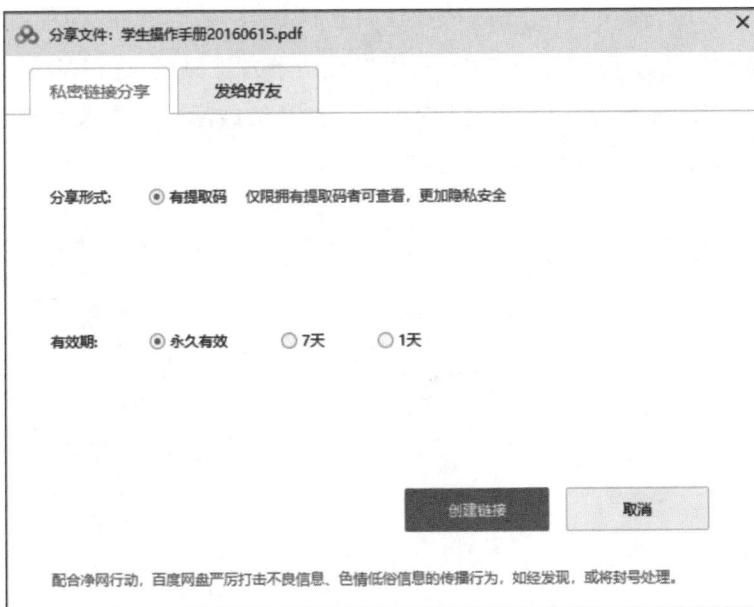

图5-35　百度网盘文件分享

(二)二维码生成技术

草料二维码是国内专业的免费二维码生成网站。该网站能实现电话、文本、短信、邮件、名片的二维码,通过云技术,实现了文件(如PPT、DOC、PDF等)、图片、视频、音频的二维码生成(具体见图5-36)。

图5-36 草料二维码官网(https://cli.im/)

登录"草料二维码"官网,注册平台用户。教师可以选择需要生成二维码的类型(如文本、网址、文件、图片、音视频、名片、微信等),根据跳转页面的提示,输入相应的信息,点击"生成二维码",右侧系统自动生成静态二维码,下载即可使用。由于静态二维码不能修改内容,建议教师可以生成活码,方便修改内容。

以网址为例,输入"浙江省高校在线开放课程《财务会计》的课程链接",点击"生成二维码",系统自动生产二维码,可以点击下方工具栏,进行基本、颜色、LO-GO、美化器等的设计、美化与调整。点击下方"升级成活码",进入跳转页面,系统自动生成活码,永久使用(具体见图5-37)。

图5-37 草料二维码"生成页面"

如果涉及文件、图片、音视频等资源生成二维码，平台直接提供了"生成活码"转换途径，其他类型资源可以选择生成静态码或活码。

教师还可以直接点击首页页面右上方"新建活码"，平台提供了模板，帮助教师生成辅助教学的图文信息（具体见图5-38）。

图5-38　草料二维码模板

二、数字化教材建设案例

案例1　工作手册式教材——《筹资管理》

工作手册式教材以职业教育的实践性为切入点，对接岗位工作，细化岗位任务，以工作处理流程为主要内容，全面展现岗位的综合职业能力要求，比较适用纯理论性、理论与实践一体化教材的编写工作。

教材展示

《**筹资管理**》（样章）

《筹资管理》教材对标教育部高等职业教育财务管理专业教学标准，以企业筹资管理岗位为基础，通过岗位分解任务，以任务连接知识、能力和素质，实现会计理论与实践的相统一。教材组建"财务专家+职业教师"专兼结合"双元"编写团队，采用财务管理岗位工作手册式的编写理念，选取了10个典型工作岗位为项目单元，以岗位的30余项核心工作任务为载体，全面地展现了企业筹资管理工作的主要内容。同时，教材充分依托互联网信息技术，推进O2O相结合的"立体化教材"开发与应用，联合高等教育出版社，在"智慧职教MOOC"平台发布配套课程，数字化课程教学资源内容丰富、形式多样、易学易用，充分体现了高等职业教育的"信息化、智能化、互动化"改革发展趋势，切实提高职业教育的人才培养质量，提升学生的技术技能积累，培养学生的会计"匠心"精神。

《筹资管理》教材引入"互联网+"的教育教学创新改革实践，将传统纸媒教材与现代数字教材紧密结合，突出能教、易学、会用等特色与创新。具体来讲：

第一，夯实专业基础，对接财务管理专业标准。《筹资管理》教材对标财务管理专业教学标准，兼顾中级会计师"财务管理实务"考试科目的技术标准，合理设计教材主体框架，以企业筹资管理工作为主线，涵盖认知筹资管理工作、预测资金需要量、筹集债务资金、筹集股权资金、筹集衍生工具资金、筹集项目资金、计算资本成本、分析杠杆效应、确定资本结构、管理筹资风险等教学内容，系统讲述了岗位的职业素养、专业知识和业务能力。

第二，引入互联技术，推进O2O混合式学习模式。《筹资管理》教材以纸质教材为主要载体，系统开发了线上数字资源，累计完成教学课件43个，财务微视频42个，专业案例18个，业务挂图50个，题库258个，利用教材"二维码"扫描的在线学习功能，帮助学生更好地开展课程的深入学习、自主学习和在线学习。同时，课程依托高等教育出版社"智慧职教MOOC"平台，同步发布"筹资管理"MOOC，面向社会学习者、高校教师、外校学生、企业用户等学习群体，提供一个可学、可教、可用、可测的"空中财务课堂"。

第三，强化岗位实践，实践工作手册式教材改革。《筹资管理》教材突破传统章节的体例形式，以岗位、工作与任务作为教材组织形式，教材内容以筹资管理工作的解决方案、业务流程、实施步骤和管理要求为编写逻辑主线，有效地推进财务管理类课程工作手册式教材改革与实践。通过项目引导、自主学习、任务驱动、强化拓展、实战训练、能力考评等方式，强化筹资管理岗位的职业能力培养，实现财经类专业人才培养由核算型向管理型转型升级的目标，为培养高素质技术技能型"会计工匠"奠定扎实基础。

案例2：新型活页式教材——《企业综合会计实训》

新型活页式教材是定制式、分级式的个性化教材之一，根据学生的成绩评定等级，针对性发布教材的学习内容，开展"一对一"知识学习和能力训练，查漏补缺、巩固提高、综合培养。比较适用纯实践类教材、理论与实践一体化教材的编写工作。

📖 教材展示

《企业综合会计实训》(样章)

《企业会计综合实训》教材以会计职业生涯的发展规律为依据,以培养学生的职业能力为主线,以工作过程系统化为基础,旨在有效地激发学生学习兴趣,打造优质的有效会计课堂。教材采用新形态立体化教材设计思路,以纸资教材为核心,以互联网为载体,以信息技术为手段,将数字资源与纸资教材充分融合,并通过多种终端形式展现。教材共选取了企业期初设立、日常经营、期末处理等三个不同时间节点的会计工作阶段,合理设计与开发了12个实训项目、40余项工作任务,全面展现了企业的典型会计工作岗位与任务、基本业务流程和方法、核心工作能力与素养。同时,教材同步开发了大量的数字化教学资源,辅助读者利用互联网有效开展自主学习,全面提升会计从业人员的核算分析能力、职业判断能力和技术应用能力,促进会计职业人的素质养成和文化熏陶。

《企业会计综合实训》教材汲取新形态活页式教材的设计理念,充分体现了内容新、体例新、结构新等特色与创新,具体表现为:

第一,岗位工作任务与会计行业政策同步升级。本教材内容新颖,紧跟会计行业财税改革的新成果。教材结合"营改增"的税收改革新要求、企业财务业务一体化的会计改革新方向,合理设计与编排教材的核心内容,实现"线上+线下"的双重实训目标。按照企业会计业务处理的时间轴,划分为企业设立事项、日常会计核算、期末会计事项等三大模块,通过一系列相对独立、分层递进的实训训练,养成学习者会计专业的逻辑思维能力,提升职业判断与分析能力,为学习者会计职业成长奠定扎实的基础。

第二,实训任务单、操作单、评价单环环相扣。本教材体例新颖,以活页式教材为表现形式,强调"教学做"一体化。通过实训任务单,明确实训项目、业务清单和实训要求,有效规划实训的相关准备工作。通过实训操作单,再现企业会计工作业务全貌,全面地记录学习者的实训过程,加大对其职业分析与判断能力的培养。通过实训评价单,提供学习者与教师的双重评价,合理评定学习者职业能力的综合水平。"三单"环环相扣、紧密结合,不断提升会计实训效果。

第三,纸资训练项目与数字学习资源相互融合。本教材结构新颖,注重发挥在线资源辅助学习的功能。教材以项目、任务为资源节点,以技能点为载体,利用"云空间"等现代信息技术,关联对应的数字资源内容。整个教材共涵盖业务单据填写范本、记账凭证填制标准、业务操作基本规范、专业能力分析示例、重难点解析视频、会计报表编制范例等100余项实训类数字资源。同时,教材提供了二维码学习导航和同步SPOC课程,帮助学生全面掌握企业会计综合技能。

案例3:O2O混合式教学改革教材——《财务会计》

O2O混合式教学改革教材融合工作手册式教材、新型活页式教材的优势,将线上与线下的学习内容、教学资源、同步测评进行科学设计,将课前自主学习、课中研讨学习、课后巩固学习等三个环节有效衔接,培养学生自主学习能力、探究学习能力、独立思考能力,全面提升学生的专业知识、业务技能和职业素养。

教材展示

《财务会计》(样章)

《财务会计》教材对标教育部高等职业教育会计专业教学标准,以企业会计核算岗位为基础,全面融入业务财务一体化的会计行业新业态,通过岗位分解任务,以任务连接知识、能力和素质,实现会计理论与实践的相统一。教材组建"会计专家+职业教师"专兼结合"双元"编写团队,采用会计核算岗位工作手册式的编写理念,将选取了15个典型工作岗位为项目单元,以岗位的45项核心工作任务为载体,全面地展现了企业会计核算工作的主要内容。同时,教材充分依托互联网信息技术,推进O2O相结合的"立体化教材"开发与应用,在"浙江省高校在线开放课程平台""中国大学MOOC"平台发布配套课程,数字化课程教学资源内容丰富、形式多样、易学易用,充分体现了高等职业教育的"信息化、智能化、互动化"改革发展趋势,切实提高职业教育的人才培养质量,提升学生的技术技能积累,培养学生的会计"匠心"精神。

　　《财务会计》教材积极探索线上与线下混合式教学的课堂应用,突出"立体化"教材鲜明的特色与应用创新,主要体现为:

　　第一,夯实专业基础,对接会计专业教学标准。《财务会计》教材对标会计专业教学标准,兼顾初级会计师"初级会计实务"考试科目的职业能力技术标准,合理设计教材主体框架,以企业会计核算工作为主线,突出业务财务一体化的设计理念,涵盖资金管理岗位、商品结算岗位、往来结算岗位、资产管理岗位、成本管理岗位、会计报表岗位等教学内容,共计15个典型工作岗位,45项核心工作任务,系统讲述了岗位的职业素养、专业知识和业务能力。

　　第二,引入互联技术,推进O2O混合式教学模式。《财务会计》教材以纸质教材为主要载体,系统开发了配套数字资源,累计完成教学课件53个,会计微视频98个,会计账户73个,票据百宝箱60个,业务财务流程图48个,考点解析77个。以任务单、工作单、作业单为载体,帮助学生更好地开展课程的线上自主学习与线下互动学习,推进O2O混合式教学模式改革与实践。同时,课程依托浙江省高校在线开放课程平台、中国大学MOOC平台,同步发布"财务会计"MOOC,面向社会学习者、高校教师、外校学生、企业用户等学习群体,提供一个可学、可教、可用、可测的"空中会计课堂"。

　　第三,强化岗位实践,实践工作手册式教材改革。《财务会计》教材突破传统章节的体例形式,以岗位、工作与任务作为教材组织形式,教材内容以会计核算工作的业务类型、核算原理、业务流程、实施步骤为编写逻辑主线,有效地推进会计类课程工作手册式教材改革与实践。通过设置学习目标、任务地图、工作流程、线上学习任务单、线下学习工作单、线上学习作业单、岗位测评等教材单元,面向工作岗位、紧跟业务技术、强化思政育人,突出专业知识、岗位能力、职业素养"三位一体"综合培养,实现财经类专业人才培养由核算型向管理型转型升级的目标,为培养高素质技术技能型"会计工匠"奠定扎实基础。

第六章　在线开放课程的保障体系

第一节　网络教学环境应用条件

《中国教育现代化2035》明确提出加快信息化时代教育变革,建设智能化校园,统筹教学、管理与服务一体化平台,实现优质数字教育资源的共建共享。MOOC作为人才培养模式改革的突破口,课程信息化教学改革的深水区,其建设、运用与推广的重要基础是高标准的网络教学环境。

一、夯实MOOC的教学设施建设

按照高校教育信息化建设总体布局,加快智慧校园建设,实现宽带提速,加强智能设备应用,充分满足信息化教学需要。普遍建立移动泛在教学环境,加快教室、实验室、图书馆等教学场所的信息化、智能化改造,保证开展各种基于"互联网+教学"模式的改革创新。充分利用国家、省市和社会运营的信息化开放教学平台和资源,加强各类平台间资源和应用数据共享。积极探索与推进基于移动终端、物联网、云计算和大数据等新一代信息技术和人工智能的智慧学习空间建设。

二、建立MOOC技术服务专业团队

建立便捷高效的MOOC技术服务支撑体系,充分整合政府、学校资源,利用相关企业专业化服务的优势,形成合力组建信息化运行维护队伍,为学校、教师、学生提供服务。对接智能时代人才培养需求,依托大数据、人工智能等技术,整合校内外优质数字化教学资源,升级自主学习平台智能教学功能,实现学生学习行为、学习效果的实时跟踪、反馈及自适应调整,强化在线课程平台建设的实用性和便捷性。深入开展教学管理人员信息化管理能力提升培训,提高驾驭信息化教学的治理能力。

三、提高 MOOC 信息化管理水平

充分利用现代信息新技术,全面提高教学管理水平。搭建数字化环境下的教学管理平台,有效支撑教学计划、教学过程和教学评价等方面的智能化管理,保证教学工作稳定、协调和高效。加强对学生的修课修学指导,建立教学信息搜集、整理、分析、反馈机制,强化学生学习进度和学习效果监控与预警,为学生注册、选课、学习、考试、学分认定与转换等提供一站式在线服务。强化教学过程、师生互动、作业评阅、成绩评定的监控与预警,实现教学、管理、服务一体化。

四、确保 MOOC 网络监管安全体系

严格网络与信息安全工作机制,健全 MOOC 安全运行保障办法,切实做好在线开放课程平台、学分银行平台等各类学习、管理平台的网络安全保障工作。注重对师生个人信息的保护,建立严密保护、逐层开放、有序共享的良性机制,加强对在线课程意识形态的审核,重视数据和信息安全,规范数据和信息共享,保障各类平台的数据安全,防止数据被窃取和篡改,保护教师和学习者的权益和隐私;实施对课程内容、学习过程的有效监管,防范和及时制止有害信息的传播。

五、确保 MOOC 硬件条件经费支持

高校要加强 MOOC 硬件条件建设的经费投入,对接信息化教学资源配置规模、范围和标准。鼓励社会力量投资参与 MOOC 建设、运营和服务,加强第三方平台优质教学资源的应用,充分发挥好政府、市场、学校等多方主体的优势,积极探索"按用付费"的市场运营机制,努力构建质量优良、投入多元、权责清晰、利益共享、开放包容、充满活力的 MOOC 运行机制。

第二节　跨校学分互认实施方案

MOOC 跨校学分互认是深化高等教育教学改革,促进优质教学资源共享,提升教学信息化水平的关键环节。各高校应全面贯彻党的教育方针,建立学分互认和转换机制,推进学生选择性学习,努力提高人才培养质量。

一、学分互认基本原则

(一)坚持课程质量

明确学分认定课程范围和标准,将课程建设质量、课程运行保障、教学效果测评等作为重点考察指标,原则上学分认定的课程应是省级(含)以上精品在线开放课程和学校认可的在线开放课程,且在同类课程中具有示范引领作用。

(二)坚持稳步推进

认定和转换不同高等学校的课程学分,应综合考察其所体现的知识、能力及水平等因素,因校制宜,有序推进,建立科学合理的学分认定办法,制定公开透明的转换程序,创新制度安排,确保符合人才培养目标和质量要求。

(三)坚持学校主体

高等学校自主制定在线开放课程认定办法,规范细化认定流程,科学合理确定外校课程认定的种类、数量以及外校课程学分所占比例。及时汇总、更新、公布认定的外校课程清单,实行动态管理,为学生学习外校课程、获得相应学分创造便利条件。

二、学分互认基本流程

MOOC跨校学分互认基本流程主要包括确定跨校学习课程清单、学生自主选课、线上和线下混合式学习、课程学业成绩认定、MOOC证书申领、跨校学分核准认定等基本环节(具体见图6-1)。

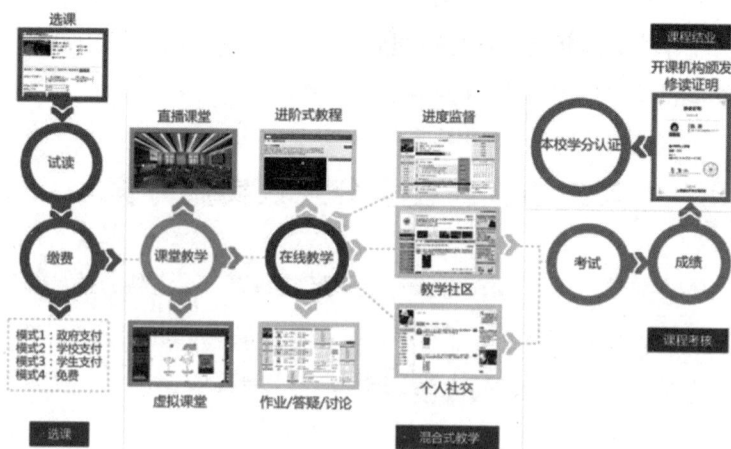

图6-1 跨校学分互认基本流程

三、学分互认主要内容

(一)积极推进学分制试点工作

加快推进高职院校以学分制为重点的教学管理制度改革,明确学生获得学历、学位的学分要求,及时更新和公布学历、学位授予标准,完善认定机制,为学分认定和转换提供制度安排。鼓励学生自主选修课程,参加学习并通过考试即获得学分。完善学习成本分担机制,探索按学分收费,方便学习者在不同学校、不同时段开展学习。

(二)细化学分认定和转换机制

制定学分认定和转换的具体实施细则,明确学分认定和转换的范围、数量、标准和程序。坚持公开与公正,严格流程管理,同等条件下,优先选用国家认可的优质在线开放课程平台,优先选用省级及以上精品在线开放课程,优先选用专业院校优势学科专业课程。

(三)对接"学分银行"制度建设

对接国家"学分银行"制度建设,畅通MOOC的转换渠道,切实做好学习成果认证、学分认定、成绩转换等相关工作。建立健全国家资历框架,设立专门的工作机构与窗口,为学习者建立课程学习档案库,提供学分认定和转换的咨询、反馈和服务,营造全民终身学习的制度环境,推进学习型组织的建设。

第三节　线上教学工作量化标准

基于MOOC的课堂教学突破了传统课堂的"一元性"特征,将线上课堂与线下课堂有机结合,适时进行翻转教学改革,势必对原有教学工作量的认定产生冲击。创新教师的课酬薪金的计算与分配方法,将在线课程建设、在线授课、在线指导等工作计入教师教学工作量,推进基于MOOC的教师工作量的量化标准建设。

一、量化线上工作量的原则

(一)针对性原则

课时认定应综合考虑教师MOOC/SPOC的教学资源建设、线上/线下教学活动的设计、分布和组织,鼓励教师利用碎片化的时间,多频次地参与线上教学"一对一"针对性指导。

（二）全面性原则

教学工作量认定应突出全面性原则，不仅包括教师开展在线课程教学的基本教学资源，如教学视频、教学课件、题库、案例等内容建设工作量认定，而且重点增加针对教学交互过程中，所使用的动态拓展相关资源的使用认定工作。鼓励教师与学习者互动，不断地引导、激励学生参与课程学习。

（三）激励性原则

课时认定以激励教师 MOOC 教学的积极性为前提。鼓励教师积极参与 MOOC 教学改革，结合专家评审意见及 MOOC 教学数据分析，评定相应比率 MOOC 优质课，采用"优课优酬"的原则，在基本课时数认定的基础上，给予课时量一定比例的上浮。

二、量化线上工作量的办法

线上教学工作量认定标准主要包括基本管理、教学过程、教学资源、教学效果、教学反思等模块，按照2学分、12周次、36课时，3课时/周，40人班级为基础，进行工作量认定标准测算（具体见表6-1）。

表6-1 线上教学工作量认定标准

认定模块	认定项目	工作量认定标准	工作量认定
基本管理	登录次数	周登录次数不低于4次	课时认定上限：6课时 登录时长=每周登录时长×周数×（达标周数/总教学周数）=120×12×（12/12）=1440min（即24h=6课时） 实际课时量=（登录时长/1440）×6课时
	登录时长	周登录总时长不低于120分钟	
	登录操作	每次登录需进行相应教学操作	
教学过程	作业批改	每学期布置作业不低于6次（含章节作业），作业需要点评反馈	课时认定上限：9课时 批改次数=作业次数×人数×（达标次数/总次数）=6×40×（6/6）=240次（即240次=9课时） 实际课时量=（批改次数/240）×9课时

续表

认定模块	认定项目	工作量认定标准	工作量认定
	测验批改	每学期布置测验不低于6次（含章节测验），测验需要点评反馈	课时认定上限：9课时 批改次数=测验次数×人数×（达标次数/总次数）=6×40×(6/6)=240次（即240次=9课时） 实际课时量=（批改次数/240）×9课时
	考试批改	每学期布置作业不低于2次（含章节考试），考试需要点评反馈	课时认定上限：3课时 批改次数=作业次数×人数×（达标次数/总次数）=2×40×(6/6)=80次（即80次=3课时） 实际课时量=（批改次数/80）×3课时
	讨论答疑	与课程教学内容相关，班级讨论答疑覆盖率50% 教师设置讨论主题不低于课程章节（项目）数的1/2 教师每周讨论答疑次数不低于20次	课时认定上限：6课时 讨论答疑次数=覆盖率×人数×周数×（达标周数/总教学周数）=50%×40×12×(12/12)=240次 实际课时量=（讨论答疑次数/240）×6课时 学生讨论答疑5次=教师讨论答疑1次
	其他教学活动	参考"讨论答疑"	参考"讨论答疑"
教学资源	教学资源更新率	每学期教学资源更新率不低于20% 更新率=更新资源数/资源基数≥20%	课时认定上限：20课时 更新率≥20%，认定5课时 更新率≥10%，认定2课时 更新率<10%，认定1课时 资源基数：课程上线时，视频类、文本类等课程资源总数 更新资源数：课程教学过程中，视频类、文本类等课程资更新总数 首次开课核算：首次开课此项标准认定为20课时

续表

认定模块	认定项目	工作量认定标准	工作量认定
教学效果	题库更新率	每学期题库更新率不低于20% 更新率=更新资源数/资源基数≥20%	课时认定上限:10课时 更新率≥20%,认定5课时 更新率≥10%,认定2课时 更新率<10%,认定1课时 资源基数:课程上线时,题库总数量 更新资源数:课程教学过程中,题库更新总数量 首次开课核算:首次开课此项标准认定为10课时
	学生学分认定通过率	学生通过学分认定获得相应学分	课时认定上限:2课时 通过率75%以上,课时认定系数1.0 通过率60%～74%以上,课时认定系数0.9 通过率60%以下,课时认定系数0.8 实际课时量=课时认定系数×2课时
	学生在线满意度测评	课程结束组织在线调查,测评等级(优秀、良好、合格)	课时认定上限:2课时 满意率75%～100%,测评等级优秀,课时认定系数1.0 满意率60%～74%,测评等级良好,课时认定系数0.8 满意率60%以下,测评等级合格,课时认定系数0.6 实际课时量=课时认定系数×2课时
教学反思	教学反思	根据课程的教学实际情况,以学习结果分析为基础,阐述教学思路、教学方法与教学艺术以及在线教学过程中的相关问题,并提出相应改进意见	课时认定上限:2课时 (由教务处审核后,核定相关工作量)

涉及不同班级人数,教学工作量由此产生一定差异,应按照一定认定规则,调整对应的标准核算基准、课时系数,并在此基础上进行实际工作量的折算(具体见表6-2)。

表6-2　线上教学工作量折算标准

课程人数	标准核算基准	课时系数
30人以下	30人	0.9
30~59人	40人	1.0
60~79人	60人	1.1
80~99人	80人	1.2
100人以上	100人	1.3
200人以上	200人	1.6

第四节　开放课程质量标准体系

建立和完善MOOC的课程质量标准,进一步明确课程建设质量标准与课程应用共享标准,鼓励教师合理利用在线开放课程的数字资源,开展基于问题、基于项目、基于现象、基于案例的课堂教学改革,积极构建线上线下的混合式教学MOOC样本。

一、课程建设质量标准

(一)国家MOOC建设质量标准[①]

1.课程团队。课程负责人须为高校正式聘用的教师,具有丰富的教学经验和较高学术造诣。主讲教师师德好,教学能力强,积极投身信息技术与教育教学深度融合的教学改革。课程团队结构合理、人员稳定,除课程负责人和主讲教师外,还应配备必要的助理教师,保障线上线下教学正常有序运行。

2.课程教学设计。遵循教育教学规律,体现现代教育思想,符合《普通高等学校本科专业类教学质量国家标准》等要求,具有大规模在线开放课程教学特征。注重以学生为中心,建立教与学新型关系,注重学生批判性思维、合作能力、复杂问题解决能力的培育,构建体现信息技术与教育教学深度融合的课程结构和教学组织模式,课程知识体系科学,资源配置、考核评价方式合理,适合在线学习和混合式

---

① 本节内容根据"教育部高等教育司关于开展2019年国家精品在线开放课程认定工作的通知(教高司函〔2019〕32号)"进行整理。

教学。

3.课程内容。坚持立德树人,能够将思想政治教育内化为课程内容,弘扬社会主义核心价值观。课程内容规范完整,体现前沿性和时代性,反映学科专业最新发展成果和教改教研成果,具有较高的科学性,内容更新和完善及时。无危害国家安全、涉密及其他不适宜网络公开传播的内容,无侵犯他人知识产权内容。

4.教学活动与教师指导。通过课程平台,教师按照学校的教学计划和要求为学习者提供在线测验、作业、考试、答疑、讨论等教学活动,及时开展在线指导与测评,按时评定成绩。各项教学活动完整、有效,按计划实施。学习者在线学习响应度高,师生互动充分,能有效促进师生之间、学生之间进行资源共享、互动交流和自主式与协作式学习。

5.应用效果与影响。课程在本校教学过程中能较好地应用,将在线课程与课堂教学相结合,教学方法先进,教学质量高。在其他高校和社会学习者中共享范围广,应用模式多样,应用效果好,社会影响大,示范引领性强。

6.课程平台支持服务。课程平台须按照《中国互联网管理条例》等规定,完成有关的备案和审批手续,须至少获得国家信息安全等级保护二级认证。平台运行安全稳定畅通,课程在线教学支持服务高效。同时,须制定相应的管理制度和工作流程,配备专业人员进行课程审查、教学服务管理和安全保障,确保上线课程内容和制作技术规范,适合网络传播(具体见表6-3)。

表6-3 国家MOOC建设质量标准

一级指标	二级指标	主要观测点
1.项目建设基础	1.1课程建设情况	1.1.1课程性质与作用。课程内容符合所在专业人才培养目标和相关技术领域职业岗位(群)的任职要求;本课程对学生职业能力培养和职业素质养成起主要支撑或明显促进作用,且与前、后续课程衔接得当
		1.1.2课程设计理念与思路。以职业能力培养为重点,推行"学中做、做中学",探索任务驱动、项目导向等有利于增强学生能力的教学模式,充分体现职业性、实践性和开放性要求
		1.1.3课程改革。本课程特色鲜明,课程改革和建设成果在全省具有较大影响力

续表

一级指标	二级指标	主要观测点
	1.2资源基础	现有的在线资源丰富、初具规模,类型多样、分布合理,教学设计、教学实施、过程记录、教学评价、自主学习等功能完备;学生和社会人员对现有的课程资源评价较高
	1.3建设队伍	1.3.1课程负责人。承担本课程主要教学任务,工学结合的执教能力强;参与和承担教学改革研究与实践项目,成果显著
		1.3.2建设团队。团队校企融合、优势互补,且分工明确、协作有序,执行力强
2.建设目标	2.1建设目标	建设目标能重点围绕"能学、辅教"的功能定位,具体明确可行
3.建设内容	3.1资源规划与组织	以学习者为中心,针对课程教学目标,重构资源体系,资源组成碎片化、内在逻辑系统合理。基本资源覆盖该课程所有知识点和岗位技能点;拓展资源体现行业发展的前沿技术和最新成果,包括应用于各教学环节、支持教学过程、较为成熟的多样性、交互性辅助资源;规划建设资源丰富多样,体现量大面广,实现资源冗余
	3.2资源内容	资源内容包括课程介绍、教学大纲、教学日历、教案或演示文稿、重点难点指导、作业、参考资料目录和微课程等教学活动资源;包括教学设计、教学实施、教学过程记录、教学评价等环节,颗粒化程度较高、表现形式适当,能够支持线上教学或线上线下混合教学;资源建设形式与标准遵循通用的网络教育技术标准
4.建设措施	4.1建设举措和计划	建设举措具体明确,进度安排科学可行
	4.2资金安排	资金安排和支出具体可行,用途合理,切合实际,经费筹措方案可行
	4.3保障措施	学校高度重视精品在线开放课程建设,保障措施得力,能确保精品在线开放课程的持续建设与应用

资料来源:国家精品在线开放课程评审指标。

(二)省级MOOC建设质量标准①

1.教学内容与资源。MOOC应根据预设教学目标、学科特点、学生认知规律及教学方式,围绕学科核心概念及教学内容和资源间关系,碎片化组织教学内容及资源、设置教学情境,形成围绕知识点展开、清晰表达知识框架的短视频模块集。每个短视频以5~15分钟时长为宜,针对各模块知识点或专题应设置内嵌测试的作业题或讨论题,以帮助学习者掌握学习内容或测试学习者学习效果。每门课程应有课程负责人介绍、课程简介、教学大纲、预备知识、教学辅导、参考资料、考核方式、在线作业、在线题库和在线答疑等;课程设置应与本校课堂教学的要求相当。

2.教学设计与方法。MOOC应遵循有效教学的基本规律,结合在线开放课程教学的特征与需求进行整体的教学设计。围绕教学目标精心设计教学活动,科学规划在线学习资源,明确学业评价策略和学习激励措施。课程设计、教学安排和呈现方式符合学习者移动学习和混合式教学的需求。开展在线学习与课堂教学相结合、翻转课堂等多种方式的课堂教学模式,优先支持具有混合式学习等改革实践经验的课程。

3.教学活动与评价。MOOC应重视学习任务与活动设计,积极开展案例式、混合式、探究式等多种教学模式的学习,通过网页插入式在线测试、即时网上辅导反馈、线上线下讨论、网上作业提交和批改、网上社区讨论等,促进师生之间、学生之间进行资源共享、问题交流和协作学习。建立多元化学习评价体系,探索线上和线下融合、过程性评价与终结性评价相结合的多元化考核评价模式,促进学生自主性学习、过程性学习和体验式学习。课程成绩由过程性考核和终结性考核综合评定。

4.教学效果与影响。MOOC应注重对教学效果的跟踪评价并开展教学研究工作。基于大数据信息采集分析,全程记录和跟踪教师的教学和学生的学习过程、内容、反馈,全面跟踪和掌握每个学生的个性特点、学习行为,改进学校及教师的教学质量,促进因材施教。充分发挥课程共享作用,推进在线开放课程学分认定和学分管理制度创新,支持各高校之间在合作、共赢、协议的基础上实现在线开放共享课程的互认。课程的初始学分由推荐该课程的高校设定,其他高校可在双方协议的基础上,根据本校专业设置和课程学分设置标准自行认定学分。

5.团队支持与服务。MOOC的课程建设负责人应为高校正式聘用,具有丰富

---

① 本节内容根据"浙江省级精品在线开放课程建设标准(试行)"进行整理。

的教学经验和较高的学术造诣的教师,课程组成员均在教学一线长期承担本课程教学任务。支持和鼓励教学名师、知名专家主讲开放课程;除主讲教师外,还需配备必要的助理教师和现代教育技术人员,能长期在线服务课程建设,承担课程内容更新、在线辅导、答疑等。课程正式运行后,能保证每学年都对外校开放,课程团队应负责课程相关教师的培训及教学研讨工作。通过在线开放课程建设,形成一支教学、辅导、设计和技术支持等结构合理、人员稳定、教学水平高、教学效果好、资源设计和制作能力强的优秀课程教学团队。

6.信息安全及知识产权保障。MOOC严格遵守国家网络与信息安全管理规范,依法依规开展教学活动,实施对课程内容、讨论内容、学习过程内容的有效监管,防范和及时制止网络有害信息的传播。重视版权和知识产权问题,构建课程内容所使用的图片、音视频等素材应注明出处。相关高校、课程建设团队均须签订平等互利的知识产权保障协议,明确各方权利和义务,切实保障各方权益(具体见表6-4)。

表6-4　省级MOOC建设质量标准

一级指标	二级指标	主要观测点
1.教学设计与方法	1.1教学目标	能够根据课程定位、特点和学生层次,制定合适、明确的教学目标,体现全面性(知识、技能、情感态度价值观三维教学目标有机整合)、具体性(知识和技能目标要求明确、量化,情感态度价值观目标落实在知识和技能的培养过程中)、适宜性(以本学科专业课程标准为指导,难易适当,符合学生认知规律,考虑学生个体差异)
	1.2教学方法	根据知识点内容特点和教学目标,灵活采用合适的学习路径,多形式表现课程内容,将自主、合作、探究三种学习方式有机结合,适合学生主动发展,有利于学生创新意识和实践能力的培养
	1.3教学组织	注重探索以学生为中心的课程教学组织新模式,教学思路清晰,紧扣教学目标,设计相应的学习任务,教、学、做结合
	1.4教学模式	建立线上与线下、同步与异步、分散与集中、固定与移动相结合的泛在教学模式,适合在线学习和混合式教学,构建教与学新型关系
2.教学内容与资源	2.1内容选择	导向正确,弘扬社会主义核心价值观,体现课程思政要求,遵循教育教学规律,体现现代教育思想,反映学科最新发展成果和教改教研成果,体现丰富性、实践性、时代性、适度性、创新性

续表

一级指标	二级指标	主要观测点
	2.2内容组织	遵循学习者认知规律,符合各内容模块之间的逻辑关系,合理组织编排课程内容(重点突出、难点突破、层次分明、详略得当)
	2.3课程资源	提供课程介绍、负责人介绍、教学大纲、授课视频、演示文稿、教学课件、课程公告、测验和作业、考试题库等形式多样的教学资源,以及满足高校教学和学习者自主学习需求的参考资料
	2.4视频质量	画面清晰,构图合理,无杂音干扰,视频背景与教学内容相符;教态端庄从容,语调适宜,普通话标准
3.团队支持与服务	3.1课程负责人	具有良好师德,丰富的教学经验和较高的学术造诣
	3.2团队成员	具有良好的梯队结构,职称、年龄、知识结构合理,任务分工明确
	3.3团队合作	课程负责人、主讲教师、助理教师、辅导教师等配合良好,把控好教学节奏和教学运行秩序
	3.4学习支持	为学生提供在线学习过程中的帮助和指导,提供线上答疑、作业批改等学习支持服务,帮助学生顺利达成学习目标
4.教学互动与评价	4.1教学活动	对教学活动进行专题设计,有明确的活动目标与计划,提供活动方案和活动主题,活动氛围良好,学生学有实效,知识、技能和情感等得到提高与和谐发展
	4.2教学互动	课程讨论、发帖和笔记较多,回复间隔较短,每门课程每学年至少组织一次巡回见面课或课堂直播等交互
	4.3学生评价	学生对课程学习体验的整体评价
5.教学效果与影响	5.1反馈完善	能根据学习者的学习反馈,对课程内容、教学设计、教学方法、考核形式进行更新完善;教学过程中,注意指导学生形成良好的情感体验、积极主动的学习态度和正确的价值观,培养科学思维方法和综合素养
	5.2校内使用	校内选课人数、访问量、访问时长等活跃度较高
	5.3共享使用	被多所其他高校选用,非本校选课人数较多
	5.4课程特色	课程特色鲜明,推广性强

资料来源:浙江省高等学校精品在线开放课程立项与认定指标体系。

二、课程应用共享标准

高校MOOC的建设与管理工作,按照"先建设、后应用、再认定"的原则,实施"通识教育课、学科基础课、专业核心课、创新创业课"等分类评审,坚持应用驱动,建以致用,共建共享,整合优质教育资源和技术资源,促进教育教学改革和教育制度创新,提高教育教学质量。一般来讲,MOOC课程立项时着重考察内容质量,认定时着重考察应用共享效果(具体见表6-5至表6-7)。

表6-5 国家MOOC评审标准

一级指标	二级指标	主要观测点	分值分布
1.项目建设基础	1.1课程建设情况	1.1.1课程性质与作用	6
		1.1.2课程设计理念与思路	6
		1.1.3课程改革	6
	1.2资源基础	——	14
	1.3建设队伍	1.3.1课程负责人	9
		1.3.2建设团队	9
2.建设目标	2.1建设目标	——	7
3.建设内容	3.1资源规划与组织	——	10
	3.2资源内容	——	13
4.建设措施	4.1建设举措和计划	——	6
	4.2资金安排	——	7
	4.3保障措施	——	7

资料来源:国家精品在线开放课程评审指标。

表6-6 省级MOOC评审标准

一级指标	二级指标	立项课程分值分布	认定课程分值分布
1.教学设计与方法	1.1教学目标	10	2
	1.2教学方法	10	2
	1.3教学组织	8	2

续表

一级指标	二级指标	立项课程分值分布	认定课程分值分布
	1.4 教学模式	8	2
2. 教学内容 与资源	2.1 内容选择	8	2
	2.2 内容组织	6	2
	2.3 课程资源	15	4
	2.4 视频质量	8	2
3. 团队支持 与服务	3.1 课程负责人	4	2
	3.2 团队成员	4	2
	3.3 团队合作	4	6
	3.4 学习支持	2	8
4. 教学互动 与评价	4.1 教学活动	2	8
	4.2 教学互动	2	10
	4.3 学生评价	2	6
5. 教学效果 与影响	5.1 反馈完善	2	8
	5.2 校内使用	3	8
	5.3 共享使用	0	20
	5.4 课程特色	2	4

资料来源：浙江省高等学校精品在线开放课程立项与认定指标体系。

表6-7　课程数据信息

课程基本信息	
课程名称	
学校名称	
课程负责人	
单期课程开设周数	
课程运行平台名称	
开放程度	○完全开放：自由注册，免费学习

续表

课程基本信息			
○有限开放:仅对学校(机构)组织的学习者开放或付费学习			
课程开设情况			
开设学期	起止时间	选课人数	课程链接
1			
2			
3			
…			
课程资源与学习数据			
数据项		第( )学期	第( )学期
授课视频	总数量(个)		
	总时长(分钟)		
非视频资源	数量(个)		
课程公告	数量(次)		
测验和作业	总次数(次)		
	习题总数(道)		
	参与人数(人)		
互动交流情况	发帖总数(帖)		
	教师发帖数(帖)		
	参与互动人数(人)		
考核(试)	次数(次)		
	试题总数(题)		
	参与人数(人)		
	课程通过人数(人)		
高校SPOC 使用情况	使用课程学校总数		
	使用课程学校名称		
	选课总人数		

续表

课程基本信息
课程平台单位承诺
1.本单位已认真填写并检查此表格中的数据,保证内容真实准确; 2.本单位同意按照要求为此次在线开放课程认定工作提供必要的技术支持; 3.如果此课程被认定为"国家精品在线开放课程",本单位承诺,自认定结果公布开始,平台将该课程面向高校和社会学习者开放不少于5年,并按教育部要求提供年度运行数据,接受监督和管理。 课程平台单位(公章): 联系人及电话:

第五节　MOOC教学评价标准设计

加强MOOC教学评价标准设计,公开公布课程在线学习成绩评定办法,严格执行课程学习与评价的标准和程序,有效将线上教学评价与线下教学评价相结合,全面提升在线课程的学习效果,确保优质开放课程的在线高效运行。

一、MOOC教学评价主要原则

(一)过程性

MOOC采用线上自主学习为主、线下集中研讨为辅的教学模式,课程教学评价应突出过程性评价,重点考查学生参与课程教学资源的学习情况。同时注意与结果性评价相结合,确保课程教学评价的公正性和科学性。

(二)交互性

为确保MOOC的学习效果,MOOC的教学设计注重交互性,通过设置教学视频资源的在线测评环节,及时检验学生对知识点、技能点的学习成效;通过设置讨论主题、问卷调查等教学环节,引导学生深入研讨教学重点与难点;通过分享笔记、作业互评等教学设置,营造在线学习型社区,共同推进在线学习。

(三)多样性

为帮助学习者更好掌握MOOC所覆盖的知识点与技能点,课程团队开发系列"动静"结合教学资源,其中:静态教学资源主要包括教学课件、微视频、工作流程图、经典案例等;动态教学资源主要包括主题讨论、专项调研、笔记分享、作业互评、随堂测验、阶段考试等,突出线上教学设计与安排的多样性、灵活性和丰富性。

二、MOOC教学评价基本形式

(一)"一元式"教学评价模式

"一元式"教学评价模式主要以线上学习成绩为主,主要包括过程性教学评价和结果性教学评价相结合。以智慧职教MOOC平台为例,过程性教学评价主要考查学生对教学视频、教学课件、教学挂图等教学资源的自主学习情况,以及参与案例讨论、专业研讨、专项调查等交互类教学活动情况。结果性教学评价主要以作业、测验、考试等测评为主(具体见图6-2)。同时,根据线上学习成绩,可以申请MOOC证书。

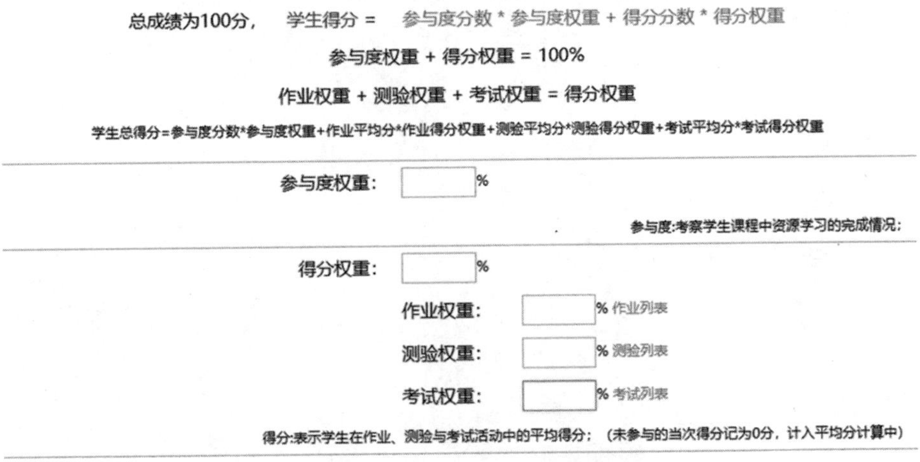

总成绩为100分, 学生得分 = 参与度分数 * 参与度权重 + 得分分数 * 得分权重

参与度权重 + 得分权重 = 100%

作业权重 + 测验权重 + 考试权重 = 得分权重

学生总得分=参与度分数*参与度权重+作业平均分*作业得分权重+测验平均分*测验得分权重+考试平均分*考试得分权重

参与度权重: ☐ %

参与度:考察学生课程中资源学习的完成情况;

得分权重: ☐ %

作业权重: ☐ % 作业列表

测验权重: ☐ % 测验列表

考试权重: ☐ % 考试列表

得分:表示学生在作业、测验与考试活动中的平均得分; (未参与的当次得分记为0分,计入平均分计算中)

图6-2 "一元式"教学评价模式

(二)"混合式"教学评价模式

"混合式"教学评价模式主要以线上与线下成绩相结合,由开课教学团队确定线上、线下各种成绩所占的比重。以浙江省高校精品在线开放课程平台为例,线上成绩评价模块主要包括观看课程视频、完成作业、测验和考试、参与讨论发帖、笔记分享等互动。线下成绩评价模块主要包括专业考试、实践考核等成绩(具体见图6-3)。

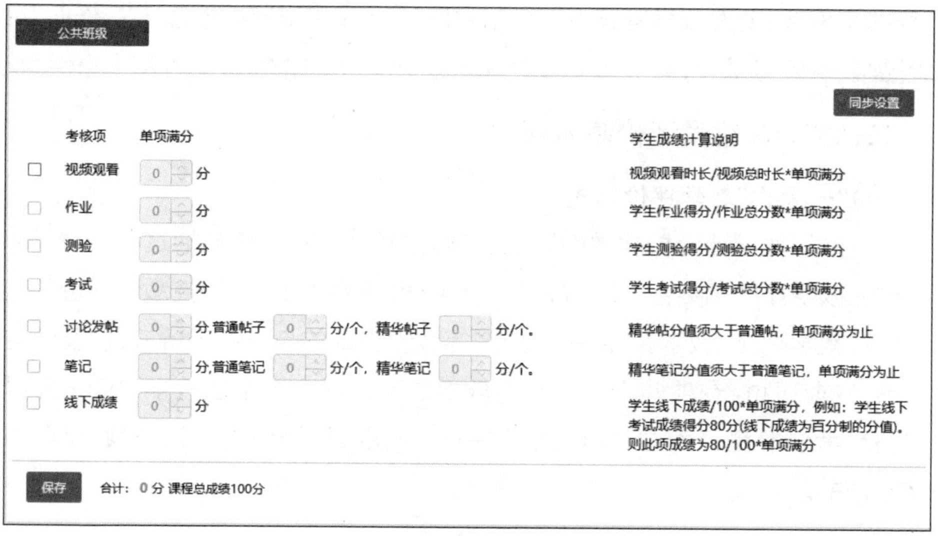

图6-3 “混合式”教学评价模式

应用 篇

第七章　　智慧职教MOOC案例

示范课程：国家"十二五"规划教材配套数字化课程"出纳实务"（具体见图7-1）。

图7-1　"出纳实务"课程

课程网址：https://mooc.icve.com.cn/course.html？cid=CNSZJ664223

应用平台：智慧职教MOOC平台（具体见图7-2）。

图7-2　智慧职教MOOC学院

第一节 智慧职教MOOC建设

一、注册平台课程

教师登录"智慧职教MOOC学院"平台后进行注册,平台管理方审核通过后,进入"建课管理后台",具体建课流程见图7-3。

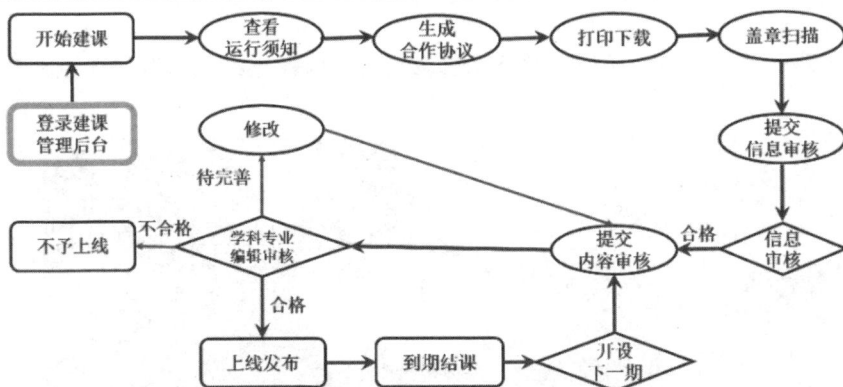

①登录平台后,即可进入建课管理后台,优先补充课程信息,添加团队成员,以便生成合作协议。

②《智慧职教MOOC学院在线开放课程合作协议》包括合作协议、开课申请表和内容审读承诺书三部分。以上内容在线生成并打印,一式四份,每份纸质版相应位置须签字齐全,加盖学校公章。

③线上提交一份签字齐全,加盖学校公章,清晰完整的《智慧职教MOOC学院在线开放课程合作协议》(包括合作协议、开课申请表和内容审读承诺书三部分)。审核结果会以短信的形式发送给课程负责人。

④信息审核通过后,请将四份签字齐全,加盖学校公章的智慧职教MOOC学院在线开放课程合作协议纸质版寄送至乙方通信地址。

⑤信息审核通过前,可以进行内容建设。信息审核通过后,才能提交内容审核。内容审核通过后,课程发布上线。

⑥开设第二期及以上的MOOC,若已提交《智慧职教MOOC学院在线开放课程合作协议》,则可直接提交内容审核;否则需要补充第一期的合作协议。

图7-3 智慧职教建课流程

第一步:新增课程。点击"新增课程"。输入"课程名称"、选择"课程分类"、"专业大类—专业中类—专业"的基本信息(具体见图7-4),点击"确定",课程新增成功(具体见图7-5)。

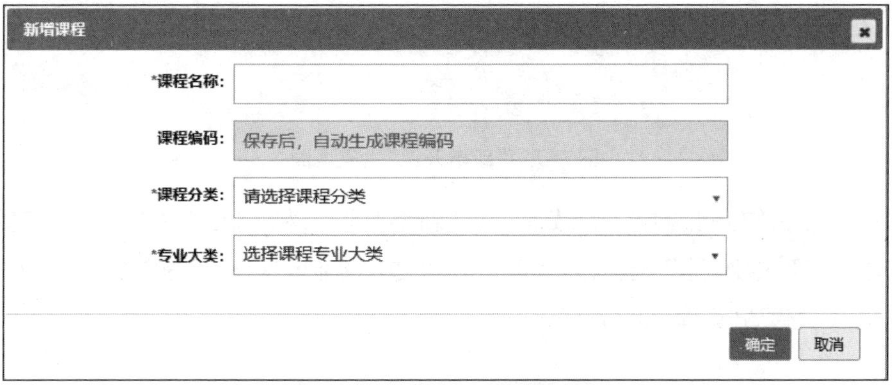

图7-4   "新增课程"操作页面

图7-5   "新增课程"生成页面

第二步：新增开课。针对首次开课的情况，教师点击"新增开课"，输入"学时""开始时间""结束时间"等必选信息，"开课次数""教学周"均由系统自动生成，"QQ群""微信""是否复制公告"等信息为选填信息，教师可以根据实际情况如实填报（具体见图7-6）。"开课次数复制"选项首次开课无须选填。完成上述信息，点击"确定"，课程开课成功（具体见图7-7）。

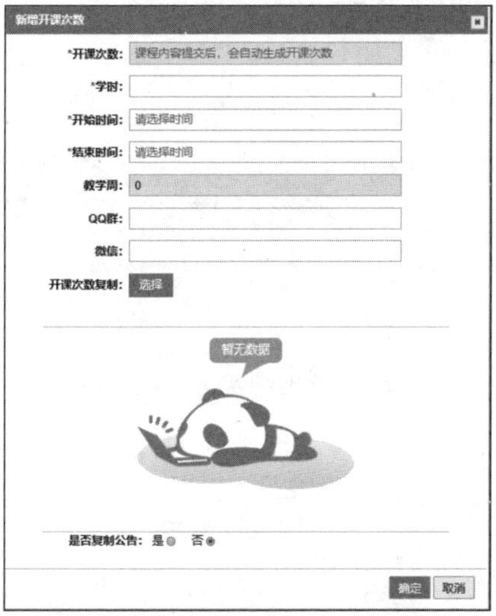

图7-6   "新增开课"操作页面（首次开课）

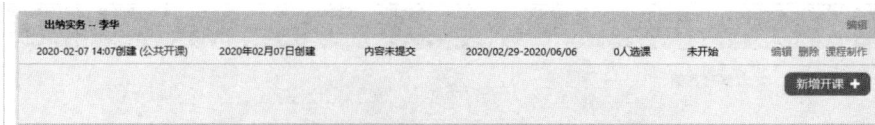

图7-7 "新增开课"生成页面

针对非首次开课的情况,教师点击"新增开课",相关操作与首次开课基本一致。除"开课次数复制"选项,教师可以自主选择复制前期开课的期数,进行本学期的线上教学活动(具体见图7-8)。

图7-8 "新增开课"操作页面(非首次开课)

"出纳实务"课程展示

具体见图7-9至图7-11。

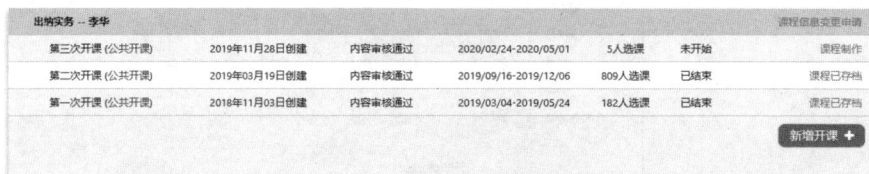

图7-9 "出纳实务"开课信息

课程名称

出纳实务

所属院校

浙江金融职业学院

所属专业

财经商贸大类-财务会计类-会计

图7-10 "出纳实务"基本信息

课程开始时间

2020/02/24

课程结束时间

2020/05/01

学时

3

教学周数

10

周学时数

0.3 小时每周

图7-11 "出纳实务"教学安排

二、课程页面建设

教师完成新增开课,点击"编辑",可以编辑修改相关课程开课信息;点击"删除",可以删除新增的开课;点击"课程制作",进入课程建设页面,智慧职教MOOC平台提供详尽课程建设指引。

第一步:查看运行须知。制作课程前,建议教师仔细查看平台页面右上方"查看运行须知"选项,阅读"智慧职教MOOC上线运行须知",勾选"我阅读并同意智慧职教MOOC上线运行须知",点击"确定"。

第二步:生成合作协议。点击平台页面右上方"生成合作协议"选项,系统自动生成"智慧职教MOOC学院在线开放课程合作协议"格式条款,主要涵盖定义、合作内容、相关知识产权约定、甲方的权利和义务、乙方的权利和义务、其他事项等,开课教师需要补充甲方的相关信息(如通信地址、邮政编码、联系人、电话、Email)。同时,补充"在线开放课程开设申请表""智慧职教MOOC内容审读承诺书"和团队成员基本信息。在线打印合作协议一式四份,全体成员签名盖章,寄送至乙方指定负责人。

第三步:设置教学团队。点击"设置",完善课程负责人、教学团队的基本信息、上传个人头像。操作完成,点击"保存"。后续还可以根据课程建设与应用情况,增补调整教学团队成员的基本信息。

第四步:设置课程信息。点击"设置",完成"基本信息""教学安排""课程介绍""补充信息"等。其中:"基本信息""教学安排"系统根据开课情况自动生成。"课程介绍"主要包括课程简介、证书要求、先修要求、课程封面、课程视频等信息。"补充信息"主要包括课程大纲(课程提交后自动生成)、参考资料、常见问题等信息。操作完成,点击"保存"。

第五步:提交信息审核。完成上述信息填报后,点击"提交信息审核",等待平台管理员审核。审核通过后,系统显示"审核通过"。

"出纳实务"课程展示

课程简介:"出纳实务"是教育部"十二五"规划教材配套课程,是浙江省教育厅"十二五"优秀教材配套课程。课程全面展现企业出纳人员工作情境、岗位场景、职业氛围,重点介绍了出纳岗位的基本职责、业务类型和操作流程;系统讲述了出纳岗位的会计核算、业务处理和专业技能。"出纳实务"课程以实际企业出纳岗位的真实业务资料为素材,按照知识的掌握服务于能力的建构标准,合理设计知识目标和能力目标,以岗位基本技能和业务处理能力的训练为核心内容,共有5大模块,16个工作项目,38项工作任务。对出纳从业人员应具备的专业知识、业务能力和职业道德等方面进行系统化讲解、训练和培养。充分体现按岗位分解能力,以能力引导知识,融出纳工作核心知识、能力、素质为一体的教学理念,实现"工作式学习,学习式工作"的教学目标。

证书要求:完成课程资源的在线学习,并同步完成作业、测验、考试等相关教学活动。

学生成绩=参与度分数×权重+(作业权重+测验权重+考试权重)×权重

合格证书要求:学习成绩60分以上,85以下。

优秀证书要求:学习成绩85分以上(含85分)。

先修要求:具备会计的基本理论知识;掌握会计的账务处理方法;具备原始凭证识别能力;具备记账凭证填制能力;具备会计账簿登记能力。

课程视频:具体见图7-12。

图7-12　"出纳实务"课程导学视频

三、教学资源搭建

第一步:设置课程目录。平台提供"模块—主题—文件夹"三级课程目录,设置教学模块,点击"+添加模块",输入"教学单元名称"、选择"教学周次",点击"保存"(具体见图7-13)。

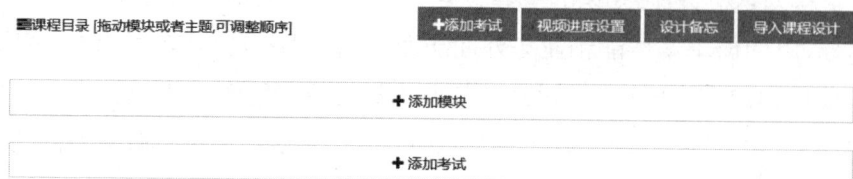

图7-13　"设置课程目录"操作页面

每个模块下方，可以添加教学主题，点击"+添加主题"，基本操作同"添加模块"，点击"保存"。每个主题下方，可以进一步添加"文件夹" 🗀 ，基本操作同"添加模块"，点击"保存"。教师可以根据教学内容，自行决定课程目录级层。

🎞 **"出纳实务"课程展示**

"出纳实务"课程目录（节选）见图7-14。

图7-14　"出纳实务"课程目录（节选）

第二步：添加教学内容。教师可以课程目录下方添加教学资源与教学活动。

● 添加资源。教师可以点击 📷 ，选择本地上传、资源库、职教云资源、素材中心等方式，上传微课视频、教学音频、教学课件、教学案例等教学资源（具体见图7-15）。

本地上传

选择文件

上传须知

1、根据国家《出版管理条例》《网络出版服务管理规定》及教育部《职业教育专业教学资源库建设工作手册》等相关规定，上传的资源必须符合以下要求：

(1) 没有法律、法规禁止出版的内容，没有政治性、道德性问题和科学性错误，不泄露国家秘密。

(2) 不含有侵犯他人著作权、肖像权、名誉权等权益的内容，资源具有原创性，引用需指明作者姓名、作品名称，使用他人作品应取得许可。

(3) 采用法定计量单位、名词、术语、符号等符合国家统一规定，尚无统一规定的，可采用习惯用法并保持一致。

(4) 地图具有严肃的政治性、严密的科学性和严格的法定性，使用的地图应根据《地图管理条例》的要求已送相关部门审核并标注审图号。

2、为确保上传成功，我们建议您每次最多上传不超过3份文件

3、本系统目前支持以下的系统格式文档：

office文档： doc docx xls xlsx wps wpt dps pdf rtf txt ppt pptx

音视频： flv swf asf avi mpg 3gp mp3 mp4 wav rm rmvb wmv

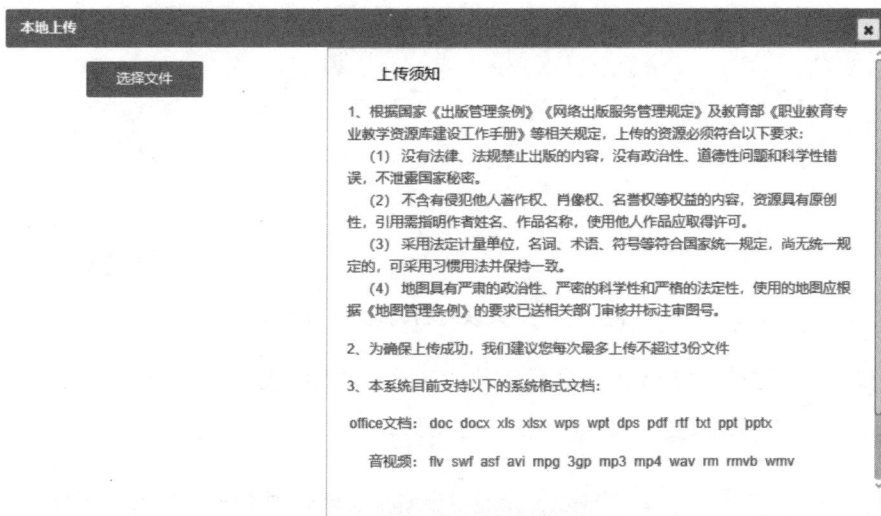

图7-15 "添加资源"操作页面

● 添加图文。可以利用本地上传的方式，将与课程学习相关的图片资料进行上传，辅助学习者开展自主学习（具体见图7-16）。

图文

* 名称： 填写图文名称

内容：

文件： ☁上传文件

保存 取消

图7-16 "添加图文"操作页面

● 关联问卷调查。结合教学活动的进度安排，将设计完成的问卷调查进行关联，了解学习者的学习情况（具体见图7-17）。

图7-17 "关联问卷调查"操作页面

● 添加讨论。结合教学活动的进度安排,教师可以增设讨论环节,促使学习者更加深入掌握课程的知识点与技能点(具体见图7-18)。

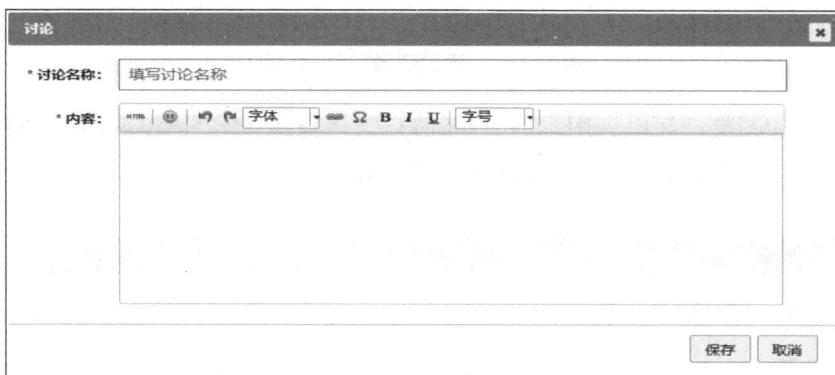

图7-18 "添加讨论"操作页面

● 关联作业。结合教学活动的进度安排,将出题完毕的作业进行关联,进一步检验学习者的学习情况(具体见图7-19)。

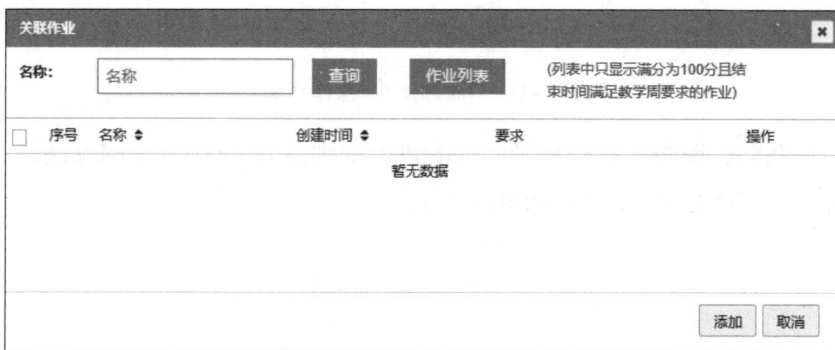

图7-19 "关联作业"操作页面

● 关联测验。关联基本操作与关联作业基本一致。

"出纳实务"课程展示

具体见图7-20至图7-23。

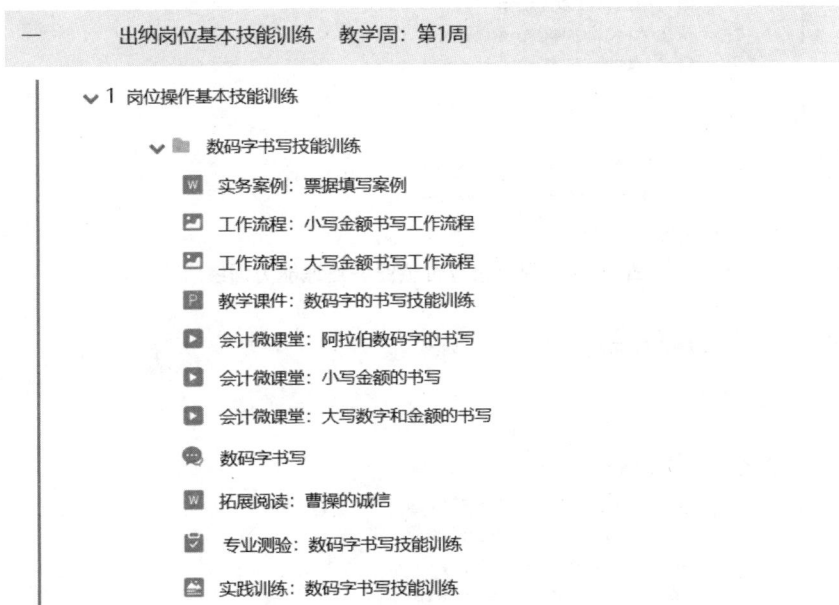

图7-20　数码字书写技能训练

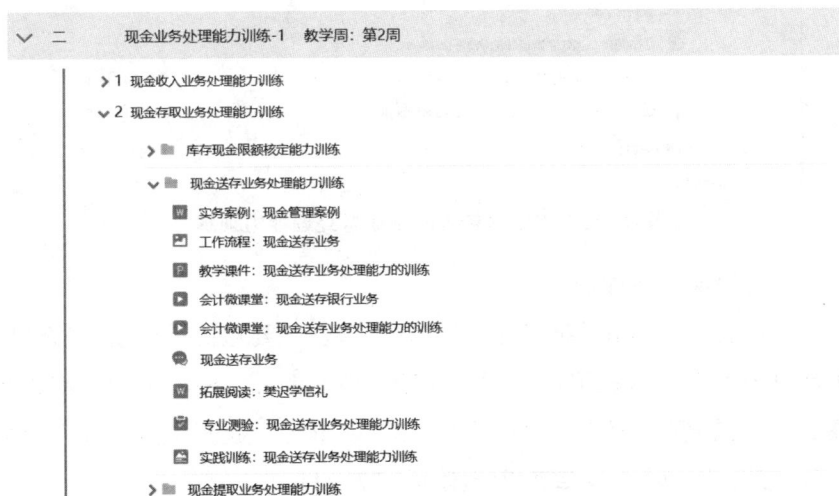

图7-21　现金送存业务处理能力训练

图7-22　网上银行付款业务处理能力训练

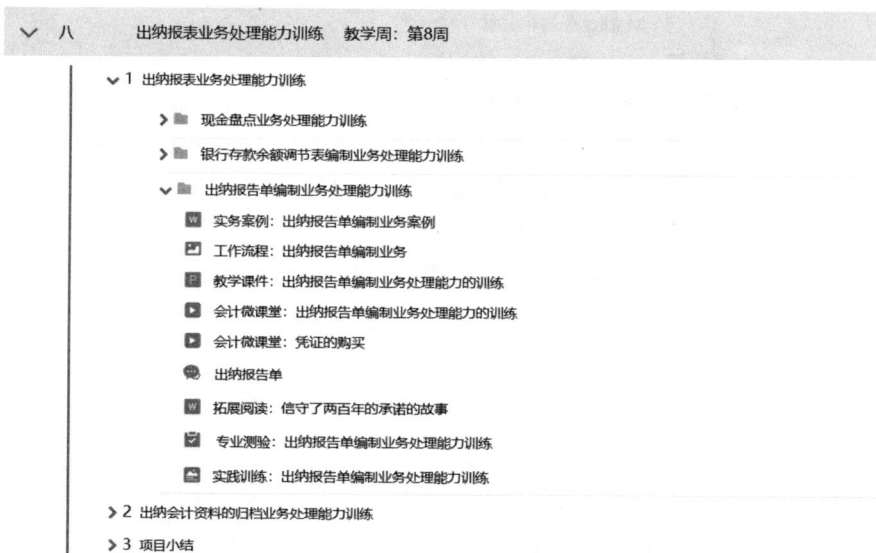

图7-23　出纳报告单编制业务处理能力训练

第三步:建设课程题库。

点击"题库管理",点击"新增题库",选择题型(主要包括单选题、多选题、判断题、匹配题、阅读理解题、完形填空题、视听题、填空题、问答题、文件作答题等)、难度(主要包括非常简单、简单、一般、困难、非常困难等)、题干、选项、题目解析等信息,点击"保存",逐一增加题库资源(具体见图7-24)。

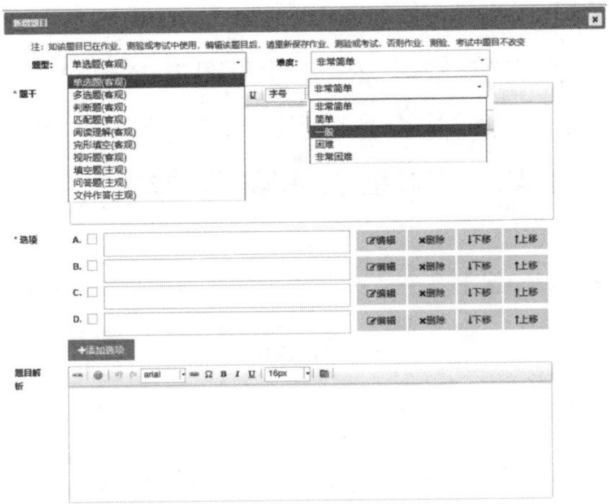

图7-24　"新增题目"操作页面

涉及题库数量较大的情况,可以采取Excel导入功能,平台提供了单选题、多选题、判断题、问答题等批量导入功能,教师点击导入题型,下载导入模板,按要求录入相关题目信息,保存相关文件。

导入题目时,注意点击页面左侧知识树,关联对应知识点,点击导入页面"选择文件",上传题库文件,批量导入课程题目。平台还提供"资源库题目""职教云题目""MOOC题目"的导入功能,点击"选择题目",选择导入题库,按题型、知识点进行查找,勾选对应题目批量导入。

"出纳实务"课程展示(见图7-25)

图7-25　"出纳实务"MOOC题库

第四步:设置学习测评。

● 设置作业。点击"新增作业"(具体见图7-26),输入"作业名称"、要求,设置截止时间、答题次数,选择"是否答卷后显示参考答案""是否开启学生互评""是否允许学生下载题干中文件"等信息(具体见图7-27)。

图7-26 "作业考试"操作页面

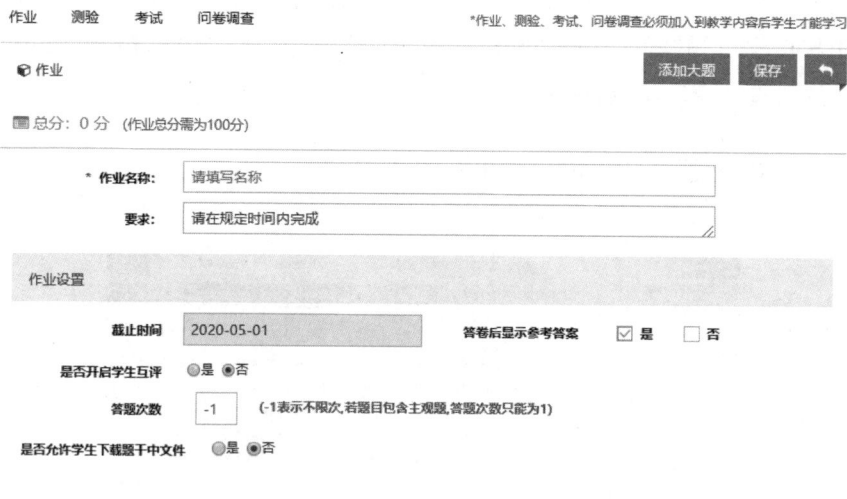

图7-27 "新增作业"操作页面(作业设置)

点击页面右上方"添加大题",系统自动显示"第1大题",输入大题名称(如单项选择题、多项选择题、判断题等)、大题描述(如多项选择题多选、少选、错选均不得分),点击"选择题目",可以选择由职教云、资源库、MOOC等三个不同来源的题库中勾选相关题目,生成作业。全部设置完毕,点击"保存"(具体见图7-28)。

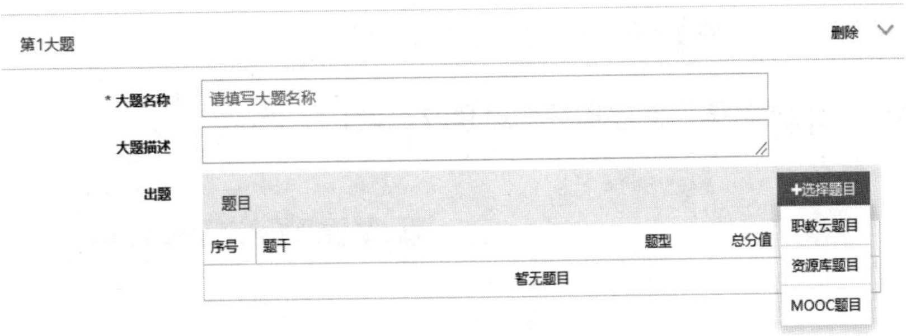

图7-28　"新增作业"操作页面(选择题目)

"出纳实务"课程展示(见图7-29)

图7-29　"出纳实务"作业设置

● 设置测验。点击"新增测验",输入"测验名称""要求",设置截止时间、答题次数,选择"是否答卷后显示参考答案""是否开启学生互评""是否允许学生下载题干中文件"等信息。"添加大题"操作同"设置作业"。

"出纳实务"课程展示(见图7-30)

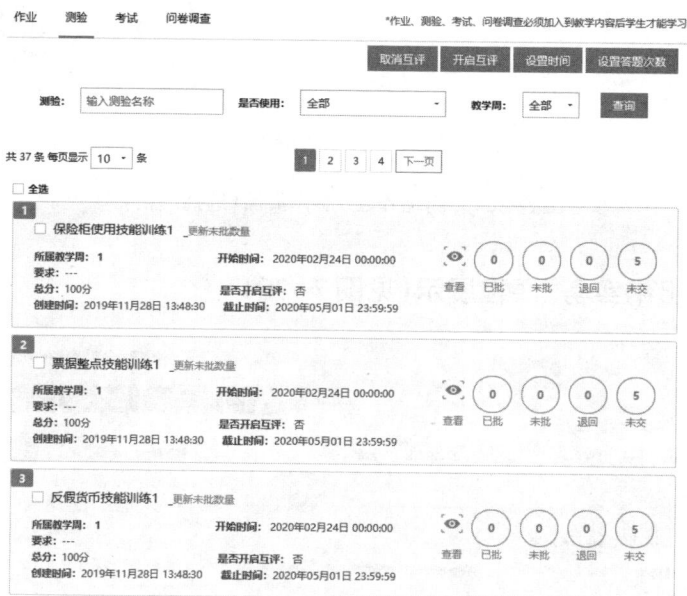

图7-30 "出纳实务"测验设置

● 设置考试。点击"新增考试",输入"考试名称""考试时长""要求",设置截止时间,选择"是否允许学生下载题干中文件"等信息。"添加大题"操作同"设置作业"(具体见图7-31)。

图7-31 "新增考试"操作页面

"出纳实务"课程展示（见图7-32）

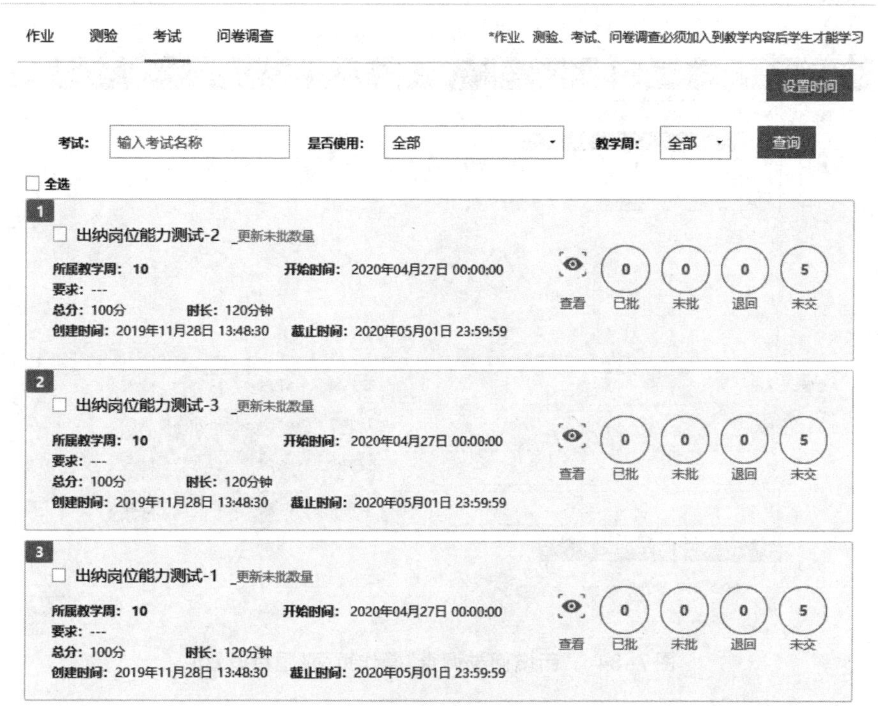

作业　　测验　　考试　　问卷调查　　　　　　　　*作业、测验、考试、问卷调查必须加入到教学内容后学生才能学习

设置时间

考试：　输入考试名称　　　是否使用：全部　▾　　　教学周：全部 ▾　　查询

☐ 全选

1　☐ 出纳岗位能力测试-2　更新未批数量

所属教学周：10　　　　　　　开始时间：2020年04月27日 00:00:00
要求：---
总分：100分　　时长：120分钟
创建时间：2019年11月28日 13:48:30　截止时间：2020年05月01日 23:59:59
👁 查看　0 已批　0 未批　0 退回　5 未交

2　☐ 出纳岗位能力测试-3　更新未批数量

所属教学周：10　　　　　　　开始时间：2020年04月27日 00:00:00
要求：---
总分：100分　　时长：120分钟
创建时间：2019年11月28日 13:48:30　截止时间：2020年05月01日 23:59:59
👁 查看　0 已批　0 未批　0 退回　5 未交

3　☐ 出纳岗位能力测试-1　更新未批数量

所属教学周：10　　　　　　　开始时间：2020年04月27日 00:00:00
要求：---
总分：100分　　时长：120分钟
创建时间：2019年11月28日 13:48:30　截止时间：2020年05月01日 23:59:59
👁 查看　0 已批　0 未批　0 退回　5 未交

图7-32　"出纳实务"考试设置

● 设置问卷调查。点击"新增"，输入"问卷调查名称""问卷调查要求"；点击页面右上方"添加题目"，可以选择添加单选题、多选题、判断题、简答题等题型，输入题目、题干，点击"保存"（具体见图7-33）。

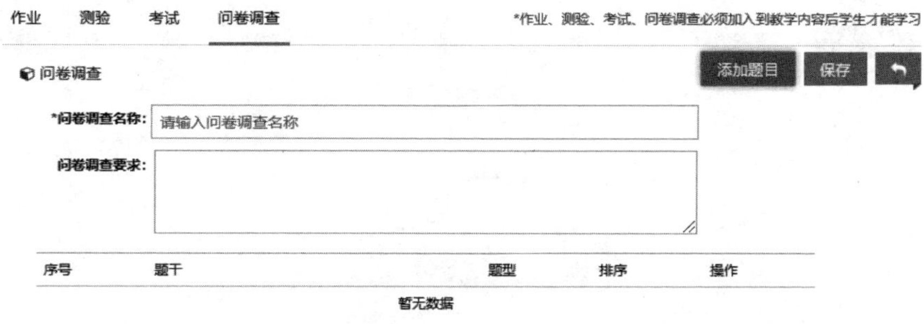

作业　　测验　　考试　　问卷调查　　　　　　　　*作业、测验、考试、问卷调查必须加入到教学内容后学生才能学习

📦 问卷调查　　　　　　　　　　　　　添加题目　保存　↩

*问卷调查名称：请输入问卷调查名称

问卷调查要求：

序号	题干	题型	排序	操作
		暂无数据		

图7-33　"新增问卷调查"操作页面（基本设置）

上述作业、测验、考试、问卷调查必须加入到教学内容后，学习者才能进行学习的阶段测评（具体见图7-34）。

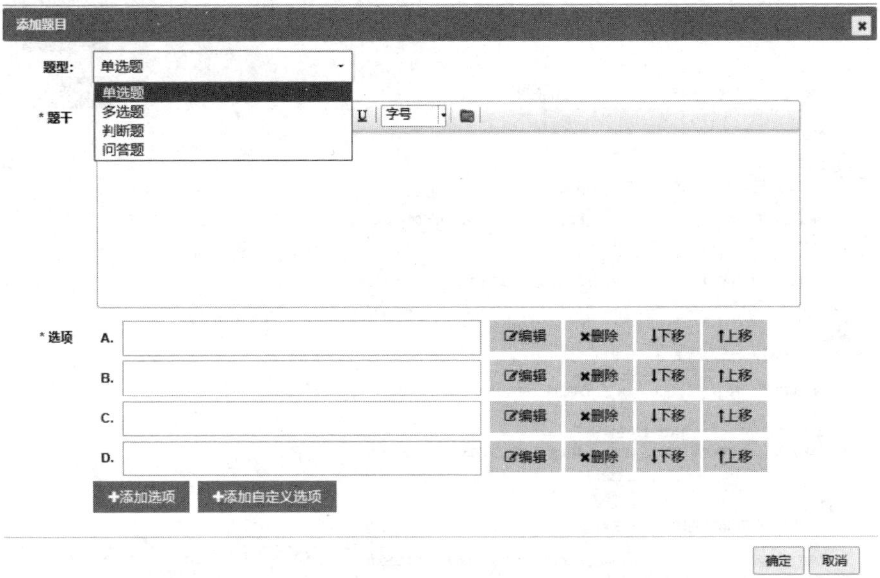

图7-34 "新增问卷调查"操作页面（题目设置）

四、课程发布应用

第一步：发布公告。点击"创建公告"（具体见图7-35），输入"标题""关键字""内容"等相关信息，选择普通、中等、重要等公告级别，点击"保存"（具体见图7-36）。

图7-35 "课程公告"操作页面

图7-36 "创建公告"操作页面

"出纳实务"课程展示(见图7-37)

图7-37 "出纳实务"课程公告

第二步:设置讨论区。点击"讨论区管理",教师可以根据课程教学需要,选择"精华区""课堂交流区""老师答疑区""综合讨论区"等讨论区板块,与学习者进行交流与互动,辅助学习者全面掌握相关知识点与技能点。选择"关闭设置"功能,选中的讨论区将在学期结束后自动关闭。讨论区关闭后学生将无法在关闭的讨论区中进行发帖、回复及评论,教师通过讨论区公告或邮件的方式通知该课程的学习者(具体见图7-38)。

结构设置　关闭设置　回帖管理

讨论区版块　　　　　　　　　　　　　　　　　　　　　　　　　　　进入讨论区

☑ 精华区

精华区

☐ 是否展示回帖

精华帖迁移至本次开课后皆为只读状态，学生不可以进行回复和点赞。

若该版块无内容建议不要对学生开放。　去迁移 ＞

☑ 课堂交流区

课堂交流区

☐ 是否展示回帖

☑ 老师答疑区

老师答疑区

☐ 是否展示回帖

☑ 综合讨论区

综合讨论区

☐ 是否展示回帖

图7-38　"讨论区管理"操作页面

五、证书学分认定

第一步：设置评分标准。点击"成绩评定规则"，教师结合课程的教学考评要求，确定"评分标准""评分设置""互评设置"。课程结束，教师根据学习者的学习进展、参与程度、学习测评等情况，确认课程最终成绩，将此作为学习者申领证书的有效依据。

"出纳实务"课程展示

具体见图7-39至图7-41。

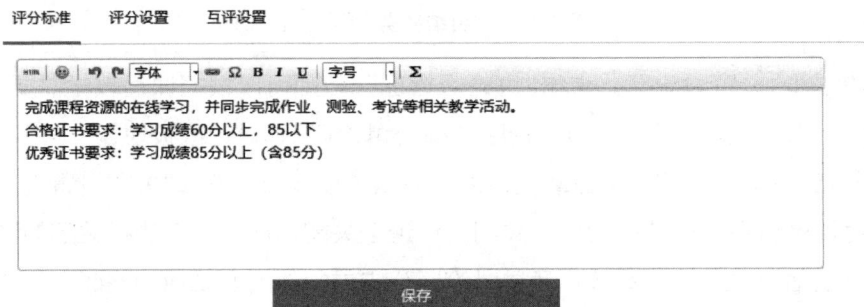

评分标准　评分设置　互评设置

完成课程资源的在线学习，并同步完成作业、测验、考试等相关教学活动。
合格证书要求：学习成绩60分以上，85以下
优秀证书要求：学习成绩85分以上（含85分）

保存

图7-39　"出纳实务"评分标准

图7-40　"出纳实务"评分设置

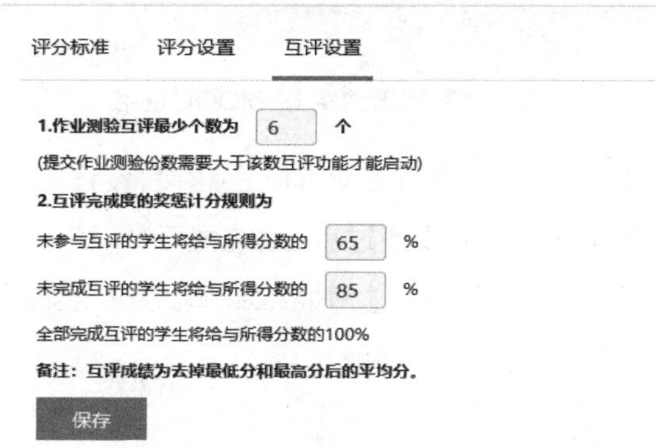

图7-41　"出纳实务"互评设置

第二步：设置证书标准。点击"证书设置"，教师可以自主选择"不开启证书申请""仅有合格证书""有合格证书，还有优秀证书"等三种证书设置模式。

"出纳实务"课程展示

具体见图7-42和图7-43。

图7-42　"出纳实务"证书设置

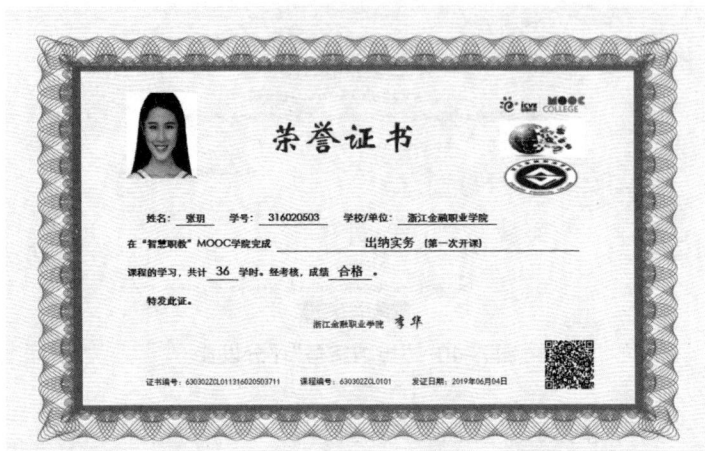

图7-43 "出纳实务"MOOC证书

第三步:提交内容审核。完成上述课程内容建设、设置完毕后,点击"提交内容审核",等待平台管理员审核。审核通过后,系统显示"审核通过"。点击"生成免登录课程链接"分享给学员,也可以通过扫描二维码,加入课程进行学习(具体见图7-44)。

图7-44 "出纳实务"MOOC学习页面

第二节 智慧职教MOOC应用

一、在线学习指南

第一步:注册平台用户。学习者登录平台网站,点击"注册",输入"职业身份",

平台共提供教师、学生、社会学习者、企业用户等四种职业身份,不同职业身份,填写基本信息有所不同。以学生为例,需要进一步填写所属学校、城市、真实姓名、学号、用户名、密码、生日、电子邮箱、QQ账号、手机等基本信息。平台审核通过,以短信方式通知学习者(具体见图7-45)。

图7-45　"用户注册"页面

第二步:平台报名选课。学习者登录后,搜索"出纳实务"课程,点击搜索页面的课程图标,进入课程欢迎页面,点击"预报名",系统显示报名成功(具体见图7-46)。

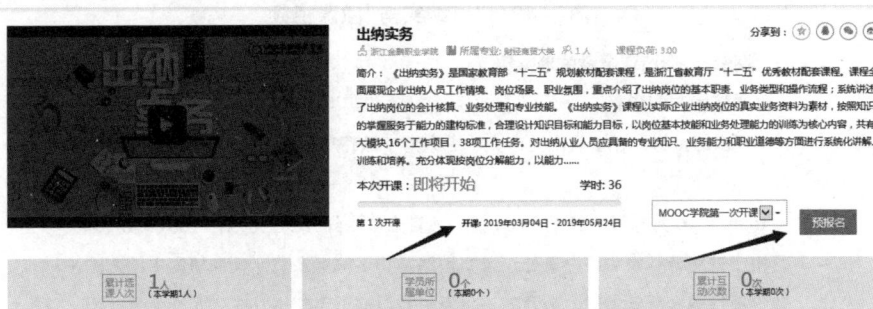

图7-46　"出纳实务"课程报名页面

第三步:在线进行学习。课程开课后,平台会按照周次发布教学课件(具体见图7-47)、课程视频(具体见图7-48)、教学案例(具体见图7-49)、工作流程(具体见

图7-50)、实践训练(具体见图7-51)、拓展阅读(具体见图7-52)等课程学习资源,布置测验(具体见图7-53)、作业(具体见图7-54)、考试(具体见图7-55)、问卷调查等学习测评。学习者根据教学公告,每周认真学习课程内容,按期完成各项学习测评,通过"课堂交流区""老师答疑区""综合讨论区"(具体见图7-56),进行师生、生生交流、互动与答疑,更好地开展在线课程互动学习。课程平台同步提供了"智慧职教云课堂"APP移动学习端,课程结束,课程负责人根据最终成绩,申请课程证书,结束课程在线学习(具体见图7-57)。

图7-47 "出纳实务"教学课件

图7-48 "出纳实务"微课视频

案例一 变造现金缴款单案例

【情境与背景】

曹永红,男,辽宁省庄河市人,原系南宁铁路车辆段工人,1995年11月30日被逮捕。

1995年10月6日、20日和29日,被告人曹永红分别三次到中国人民建设银行南宁铁路分行中华路办事处,预交铁路货物运输运杂费。曹在填写中国人民建设银行现金缴款单时,故意在该单万位数以前留出空格,在三张交款单(回单)上加大款额5万元。其中:6日实交款6400元,变造为16400元;20日实交款8200元,变造为28200元;29日实交款6000元,变造为26000元。曹永红将变造的现金交款单交到南宁火车站预付款结算室,蒙骗车站为其发运香蕉

图7-49 "出纳实务"教学案例

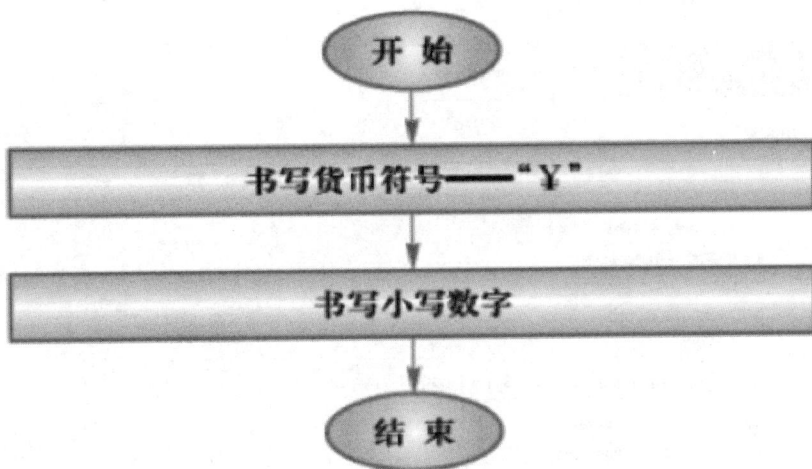

图7-50　"出纳实务"工作流程

图7-51　"出纳实务"实践训练

曹操的诚信

世人都知一代枭雄曹操，在罗贯中的笔下，他野心大、计谋多，可谓"奸雄"。事实上，曹操是一位礼贤下士、信守诺言的政治家。下面就讲两个他守约的故事。

曹操年少时候，机警过人，行事怪异，不爱待在家里，终日飞鹰走马，叔父和亲戚们都说他没有出息，是个败家子，而他本人却不以为然，认为自己将来要成就一番大业。

一天，曹操听说有个叫桥玄的人，孝廉出身，见识超凡，善于观察和品评人物，只要与人谈一次话，就能断出此人的荣辱成败。于是，他便特意来到桥家，说明来意，请求桥公品评论断。桥玄通过观察分析

图7-52　"出纳实务"拓展阅读

icve 智慧职教 | MOOC COLLEGE

测验：数码字书写技能训练　　要求：　请在规定时间内完成

一、单选题

1.(10分)单选题　下列各选项中，符合账簿中文字和数字书写要求的是（）。

A 为了防止做假，应写满格

B 不要写满格，一般应占格距的1/3

C 不要写满格，一般应占格距的1/2

D 登记账簿不得隔页、跳行

2.(10分)单选题　在填制会计凭证时，¥1516.54的大写金额为

A 人民币壹仟伍佰壹拾陆元伍角肆分

B 人民币壹仟伍佰拾陆元伍角肆分整

C 人民币壹仟伍佰壹拾陆元伍角肆分整

D 人民币壹仟伍佰拾陆元伍角肆分

图7–53　“出纳实务”测验

icve 智慧职教 | MOOC COLLEGE

作业：出纳岗位基本技能训练　　要求：　请在规定时间内完成

一、单选题

1.(3分)单选题　支付密码器支持“一户多机”，同一账号下同时可支持（）个密码器。

A 20

B 30

C 40

D 50

2.(3分)单选题　公司的公章、财务专用章、发票专用章应该如何刻制（）。

A 到公司所在地的公安局刻制，再去公司所在地的公安局备案

B 先去公司所在地的公安局备案，再到公安局指定的刻章单位刻制

C 先去公司所在地的公安局备案，再到私人刻章店刻制

D 到公安局指定刻章单位刻制，再去公司所在地的公安局备案

图7–54　“出纳实务”作业

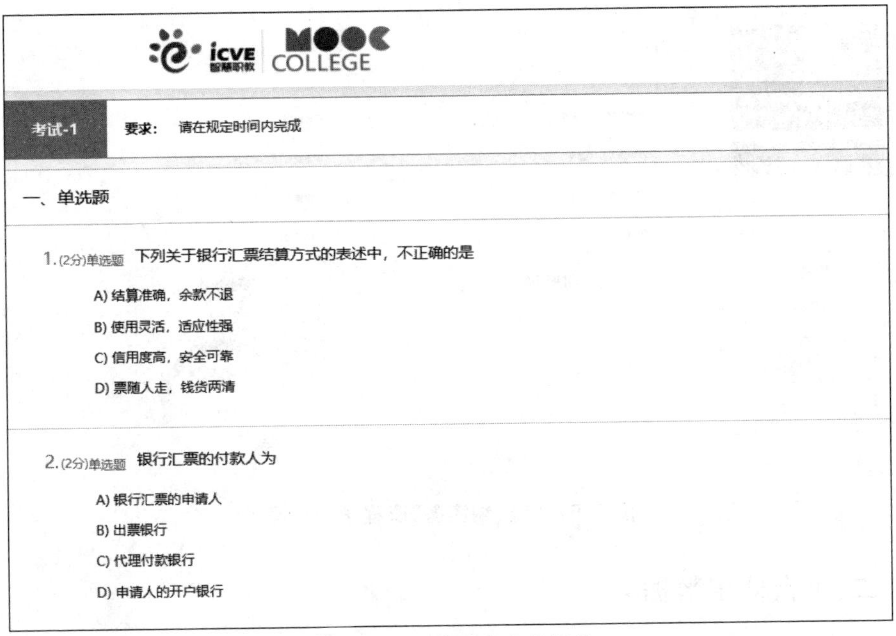

图7-55　“出纳实务”考试

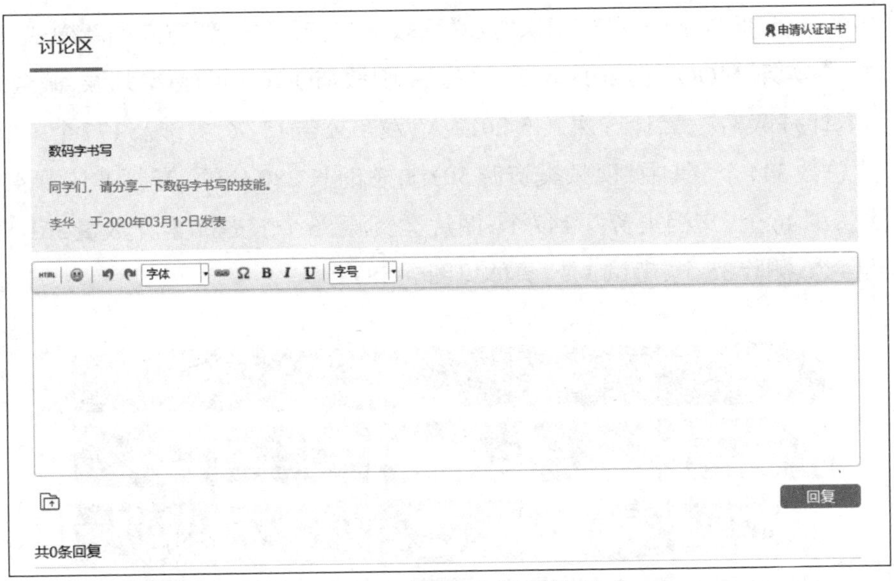

图7-56　“出纳实务”讨论区

图7-57 "出纳实务"课程学习页面

二、平台使用数据

"出纳实务"MOOC是"人工智能+教育"实践探索,以标准化课程体系,进阶式项目发布,多元化学习任务,在线式师生互动,积分制成绩评定为主要特征,面向互联网共享课程,推进学分互认,提供"互联网教学"的新形式、新方向和新模式。

"出纳实务"MOOC自2019年3月在智慧职教MOOC平台首次开课,截至2020年6月累计开课3次,累计选课人次2012人,发布公告13次,共涉及177个单位,课程资源总数344个,其中:视频类资源50个,总时长280分钟;音频类资源45个;PPT类资源46个,文档类资源147个;图片类资源56个。题库累计数量361道,发布作业4个、测验35个、考试3个(具体见图7-58)。

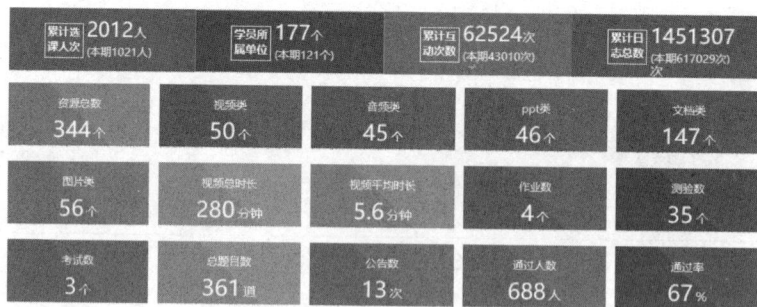

图7-58 "出纳实务"课程统计数据

　　其中:"出纳实务"MOOC(第三期)选课人数1021人,通过人数688人,通过率为67%;申请MOOC证书549人,证书优秀率达41.92%。学员评价课程紧贴出纳岗位的实际工作,线上教学内容丰富,教学活动形式多样。通过学习教学课件,理解出纳岗位专业知识与技能;观看会计微课堂,掌握出纳岗位的重要岗位工作技能;阅读工作流程,熟悉出纳岗位的业务规范;查阅实务案例、巩固案例,养成出纳岗位的职业素质;参与专业测验、实践训练、项目作业、阶段考试,进一步检验课程的学习成效。课程建立讨论学习群,授课教师在线指导、答疑和反馈,帮助同学们更好地完成在线学习任务。

第八章 教学资源库"数字课程"案例

示范课程：财务管理教学资源库课程"筹资管理"（见图8-1）。

图8-1 "筹资管理"课程

课程网址：https://www.icve.com.cn/portal/courseinfo? courseid=92rual6oii9efg28pdpqsa

应用平台："智慧职教"资源库平台（见图8-2）。

图8-2 "智慧职教"资源库平台

第一节　教学资源库"数字课程"建设

一、课程信息设置

第一步：申请建设账号。"智慧职教"平台主要以共建、共享、共用优质教学资源为原则，重点建设"能学、辅教"的专业教学资源库。一般由学校确定项目负责人，向平台管理方申请专业资源库建设账号，项目负责人默认作为项目管理员（具体见图8-3）。

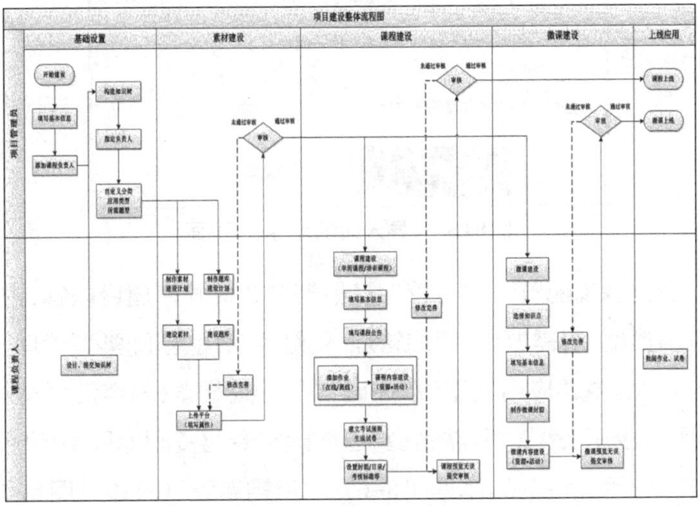

图8-3　智慧职教资源库平台建设流程

第二步：组建项目团队。项目负责人根据专业资源库的建设方案，联合全国优质的高职院校，组建全国范围的项目建设团队。点击"项目设置"—"项目成员管理"，项目管理员可以选择"新增项目成员"，逐一添加项目成员，也可以批量导入人员（具体见图8-4）。

图8-4　"项目成员管理"操作页面

第三步:确定课程框架。项目负责人根据专业资源库的建设内容,确定专业基础课程、专业核心课程、专业拓展课程体系,确定各个课程负责人,制作课程知识/技能树,由项目负责人统一导入平台系统。点击"知识技能树结构",弹出"导入知识点"对话框,下载导入模板,按规范要求填写完成,上传导入平台(具体见图8-5)。

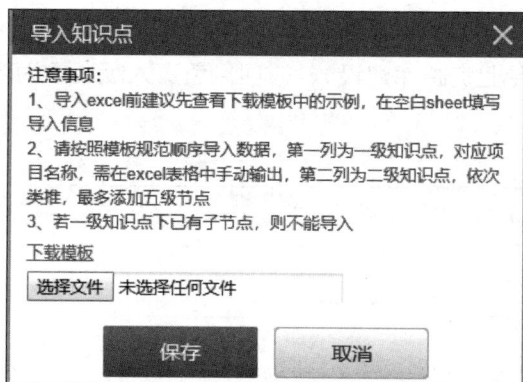

图8-5 "导入知识点"操作页面

第四步:设置基础配置。项目管理员根据专业资源库建设内容,进一步完善自定义分类、应用类型、所需题型、用户管理、幻灯片管理、新闻类型管理、新闻管理等基础配置设置。其中:"应用类型"选择确定专业概览类、内容资源类、课程设计类等教学资源所属应用类型;"所需题型"选择确定专业资源库题库所需要的主要题型。分别点击"应用类型"(具体见图8-6)和"所需题型"(具体见图8-7),勾选所需要的项目,点击"保存",即可完成相关设置。

图8-6 "应用类型"操作页面

图8-7 "所需题型"操作页面

二、课程资源上传

课程负责人作为子项目负责人，使用注册账号，登录课程平台，进入"管理中心"—"欢迎页面"（具体见图8-8）。

图8-8 "管理中心"操作页面

第一步：上传课程素材。课程负责人点击"素材管理"—"上传素材"—"选择文件"，选择上传的素材，点击"打开"，弹出对话框，进一步输入"素材名""所属知识点""关键字""媒体类型""应用类型""适用对象""素材语言""素材来源""作者""所在单位"等基本信息，点击"保存并上传"（具体见图8-9）。平台支持文本类、图形/图像类、音视频、视频类、动画类、虚拟仿真类、PPT演示文稿等课程素材。课程上传、系统转码成功后，等待管理员审核，审核通过的素材，可用于后续创建课程。

图8-9 "上传素材"操作页面

"筹资管理"课程展示(见图8-10)

图8-10 "筹资管理"素材资源

第二步:建设课程题库。课程负责人点击"题库管理"—"新建题目",选择页面左侧的"知识/技能树"对应的节点,选择"题目难度",主要包括简单、一般、困难等三个层级;选择"题型",平台主要提供单选题、多选题、填空题、判断题、论述题、作图题、简答题、操作题、证明题、方案设计题、计算题、单据填写题、编码题、问答题、写作题、实训题、名词解释、翻译题、案例分析题等。输入"题干""选项""解析"等信息,点击"保存"。同时,平台支持题库一键导入功能,点击"导入题目",弹出对话框,下载导入模板,输入题库数据,保存文本,再次导入平台,生成课程题库,等待管理员审核(具体见图8-11)。

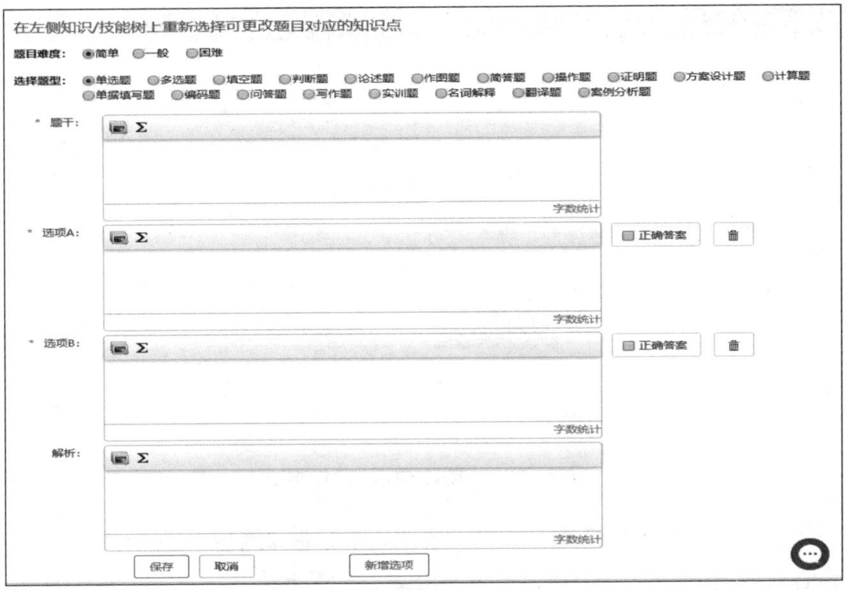

图8-11 "题库管理"操作页面

"筹资管理"课程展示(见图8-12)

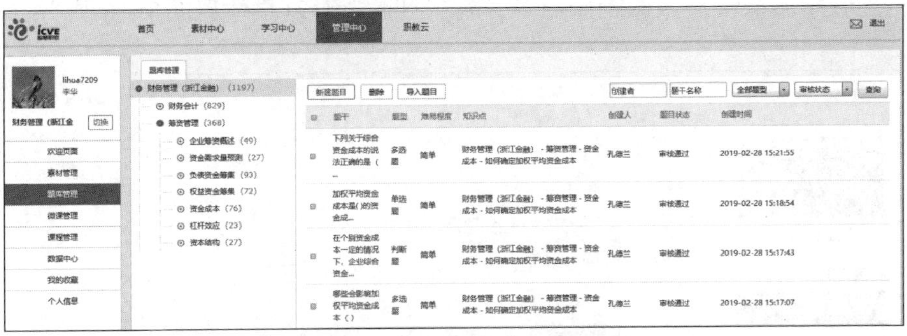

图8-12 "筹资管理"题库资源

三、平台课程创建

第一步:创建课程微课。课程负责人点击"微课管理"—"创建微课",弹出对话框,输入"微课名称""关键词",关联对应"知识/技能点",上传微课图片,点击"保存"(具体见图8-13)。保存成功,点击页面"继续编辑",进入微课编辑制作页面。

图8-13 "创建微课"操作页面

　　微课编辑工作主要包括微课制作、微课封面、基本信息等三个模块，其中：基本信息模块（具体见图8-14），补充添加主讲教师、微课简介等信息；微课封面模块可以更换微课封面；微课制作模块（具体见图8-15）主要由主讲教师根据微课的内容，点击"+"按钮，添加相关的"视频""随堂测试""讨论""资源""富文本"等教学资源，构建教学微课堂。微课制作完毕，提交管理员审核（具体见图8-16）。

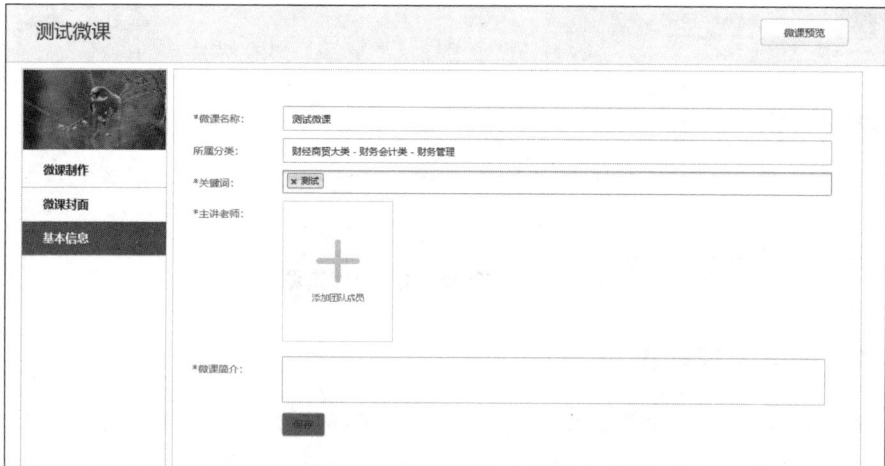

图8-14 "创建微课—基本信息"操作页面

图8-15 "创建微课—微课制作"操作页面

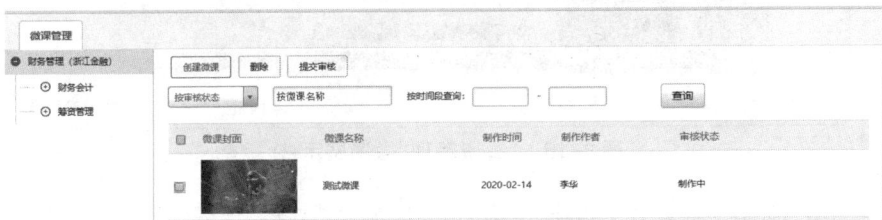

图8-16 "创建微课"生成页面

"筹资管理"课程展示(见图8-17和8-18)

图8-17 "筹资管理"微课展示-1

图8-18 "筹资管理"微课展示-2

第二步：创建专业课程。课程负责人点击"课程管理"—"新建课程/技能训练模块"，输入"课程名称""关键词"，选择"对应课程""课程类型"，上传课程图片等信息，点击"保存"（具体见图8-19）。其中：学历课程主要包括公共基础课、专业基础课、专业核心课程、专业拓展课、实验实训课等；培训课程主要包括教师培训、职业培训、竞赛培训等。"是否添加知识技能树大纲"选项，如果勾选"是"，课程编辑页面自动生成知识技能树大纲；如果勾选"否"，课程页面大纲需要课程负责人自行编辑。

图8-19 "课程管理"操作页面

　　点击"继续编辑",进入课程编辑页面,补充学时、主持教师、教学团队、课程简介等基本信息。根据左侧任务栏,完成"内容设置""作业考试""课程设置"等建设工作(具体见图8-20)。

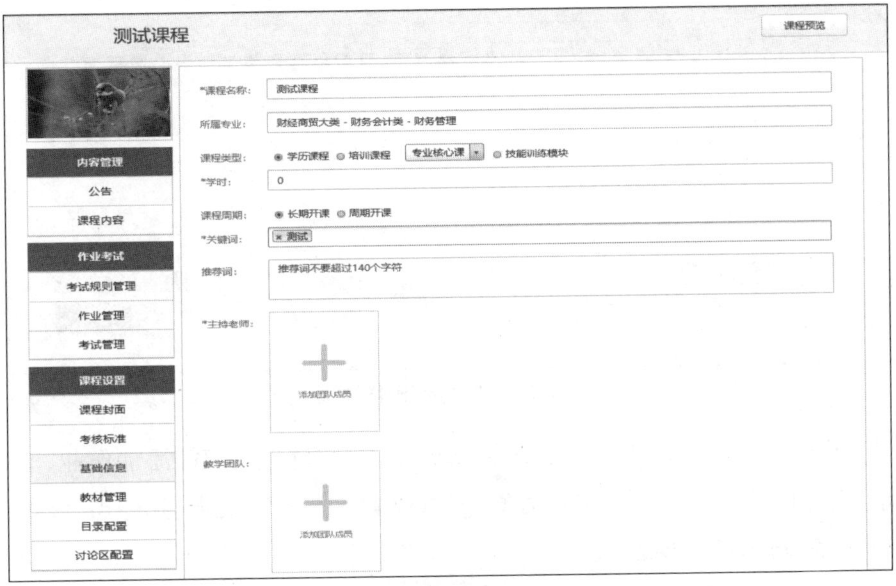

图8-20　"基础信息"操作页面

"筹资管理"课程展示

　　课程简介:"筹资管理"是高职财务管理专业开设的专业核心课程之一,课程对标教育部高等职业学校财务管理专业教学标准,围绕企业筹资管理的各项工作,重点阐述了筹资管理的基本认知、预测资金需要量、债务资金筹集、股权资金筹集、衍生工具资金筹集、项目资金筹集、资金成本计算、杠杆效应分析、资本结构确定、筹资风险管理等10个工作项目、30项工作任务,全面展现企业筹资管理岗位的职业素养、专业知识和业务技能。充分体现按岗位分解能力,以能力引导知识,融筹资管理工作核心知识、能力、素质为一体的教学理念,实现"工作式学习,学习式工作"的教学目标。

　　第三步:建设内容管理。点击页面左侧"公告",进入编辑页面,点击"新增公告",输入标题、内容,编辑完成,点击发布(具体见图8-21)。

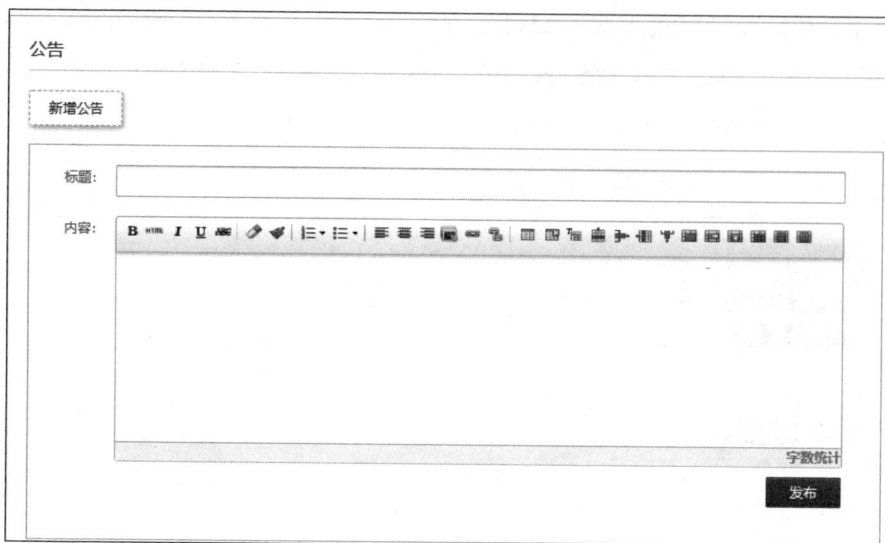

图 8-21　"公告"操作页面

点击页面左侧"课程内容",进入编辑页面。章级目录,仅能添加作业;节点目录,可以添加"素材库"中的视频、资源、随堂检测、讨论、富文本、知识点、虚拟仿真等教学资源(具体见图 8-22)。

图 8-22　"课程内容"操作页面

"筹资管理"课程展示

具体见图8-23至图8-26。

图8-23　"筹资管理"课程内容

图8-24　"企业筹资概述"项目单元

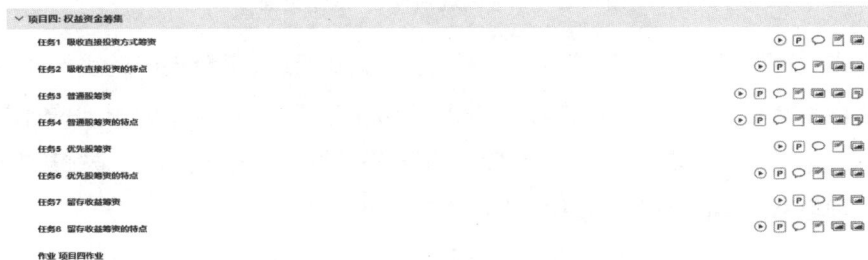

图8-25　"权益资金筹集"项目单元

项目七: 资本结构
　任务1　资本结构的影响因素
　任务2　比较资本成本法确定最优资本结构
　任务3　每股收益分析法确定最优资本结构
　任务4　企业价值法确定最优资本结构
　作业　项目七作业

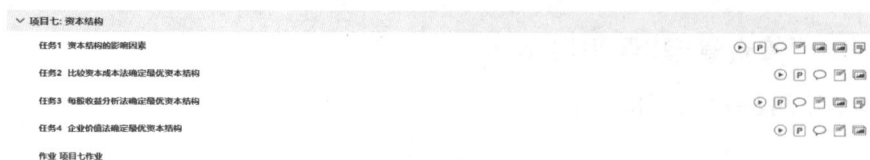

图8-26　"资本结构"项目单元

第四步: 设置作业考试。点击页面左侧"考试规则管理",点击"+",进入编辑页面,输入规则名称、选择知识点、选择生成方式,确定每个题型的题量、分值,点击"保存"(具体见图8-27)。

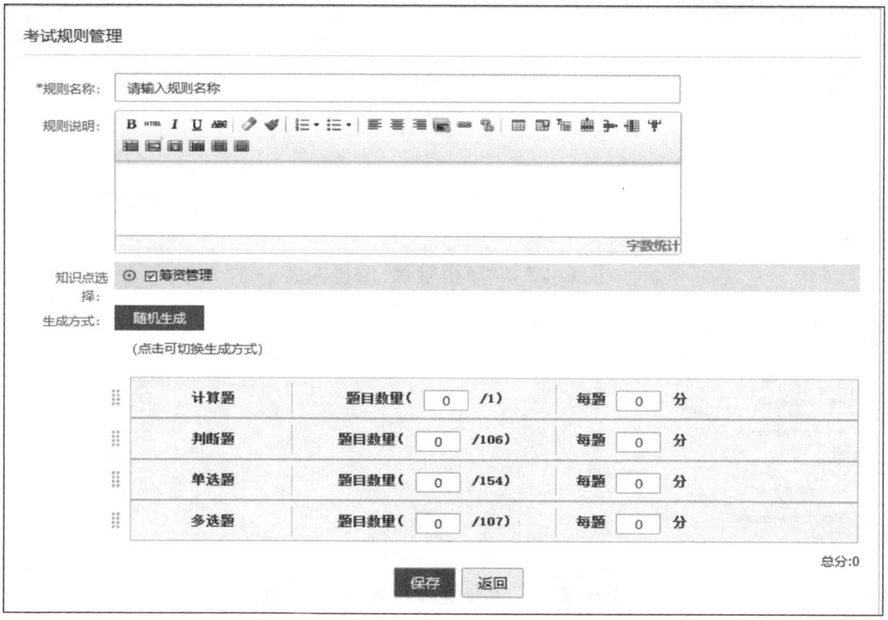

图8-27　"考试规则管理"操作页面

点击页面左侧"作业管理",点击"+",进入编辑页面,平台支持离线作业、在线作业等两种类型。选择"在线作业",进入"新增作业",输入作业标题,设置作业开始时间、结束时间。点击"+",从题库中选择相关题目,组成作业。选择"离线作业",从项目素材中添加作业素材(具体见图8-28)。

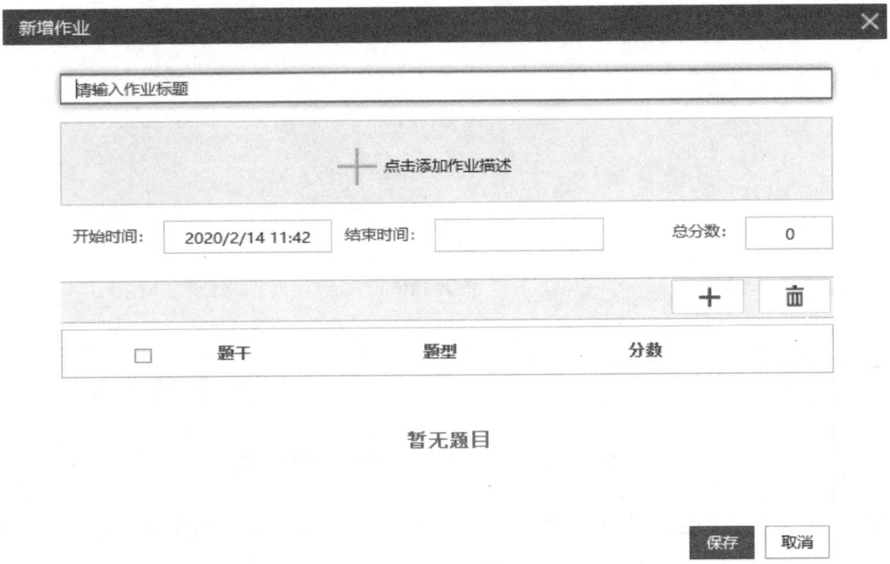

图8-28 "新增作业"操作页面

"筹资管理"课程展示(见图8-29)

图8-29 "筹资管理"作业

点击页面左侧"考试管理",点击"+",进入编辑页面,平台支持自动生成、手动生成等两种方式。选择自动生成方式,输入考试标题,设置开始时间、结束时间、发布成绩时间、考试限定时间,选择考试题目的生成规则,点击"保存"(具体见图8-30)。

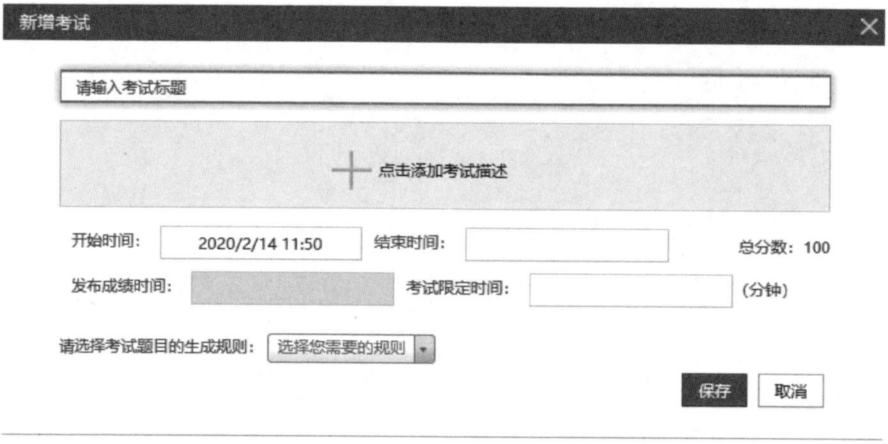

图 8-30 "新增考试"操作页面（自动生成）

选择手动生成方式,基础信息设置与自动生成基本一致,组题规则有所不同,手动方式下,点击"+",由教师从项目题库中手动挑选题目,组建考试试卷。作业、考试组建成功后,需要在"课程内容"中被引用,学习者才能正常使用(具体见图8-31)。

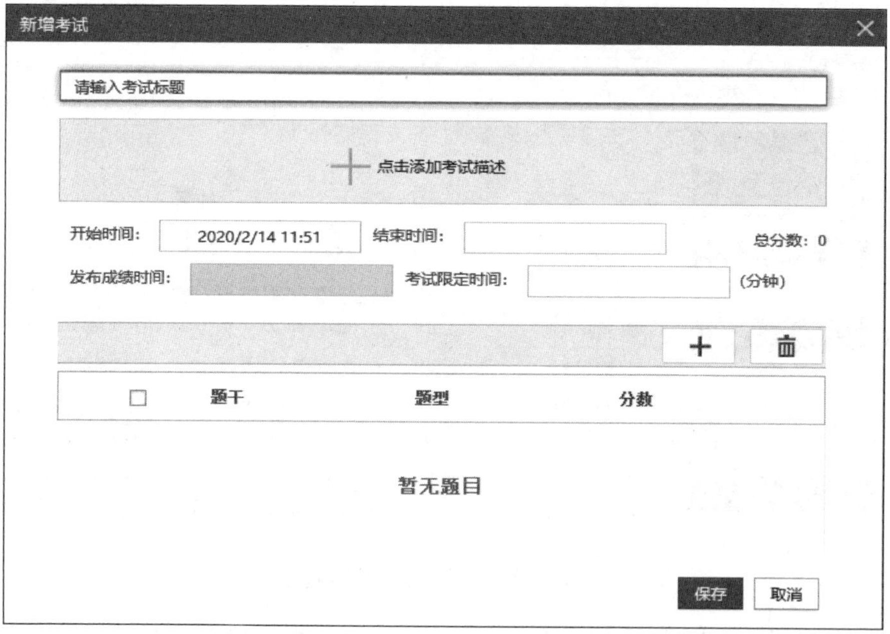

图 8-31 "新增考试"操作页面（手动生成）

"筹资管理"课程展示(见图8-32)

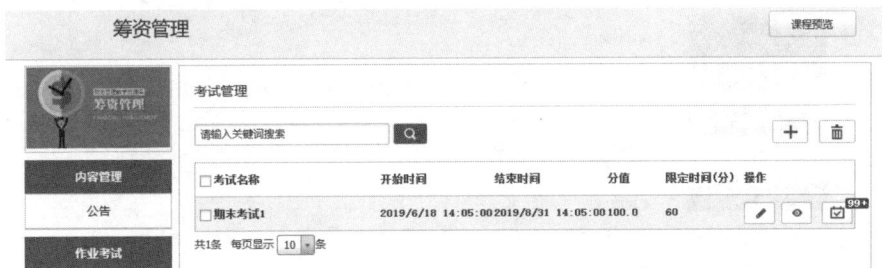

图8-32 "筹资管理"考试

第五步:进行课程设置。点击页面左侧"课程封面",可以编辑替换课程封面。点击页面左侧"考核标准",设置参与度权重、得分权重以及子项目权重,点击"保存"(具体见图8-33)。

考核标准:

总成绩为100分, 学生得分 = 参与度分数*参与度权重 + 得分分数*得分权重

参与度权重+得分权重=100%

学生总得分: (完成的考核点个数/课程总考核点个数)*100*参与度权重+平均分*作业得分权重+平均分*随堂测验得分权重+平均分*考试得分权重

参与度权重: _____ %

参与度:考察学生课程中设定考核点的完成情况;

得分权重: _____ %

作业权重: _____ %

随堂检测权重: _____ %

考试权重: _____ %

得分:表示学生在作业、随堂测验与考试活动中的平均得分; (未参与的当次得分记为0分, 计入平均分计算中)

[保存] [采用默认权重]

图8-33 "考核标准"操作页面

"筹资管理"课程展示（见图8-34）

图8-34 "筹资管理"考核标准

点击页面左侧"基础信息"，可以编辑修改相关课程信息；点击页面左侧"教材管理"—"新增教材"，可以搜索或新增教材，添加教材封面、教材名称、作者、ISBN号、价格、类型等信息。点击页面左侧"目录配置"，选择不同层级的表述方式。点击页面左侧"讨论区配置"，主要包括老师答疑区、课堂交流区、综合讨论区等（具体见图8-35）。

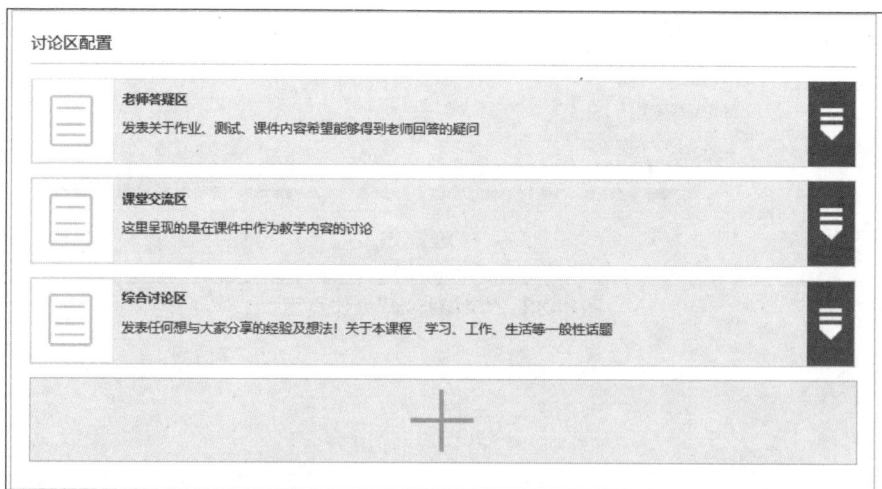

图8-35 "讨论区配置"操作页面

"筹资管理"课程展示（见图8-36）

图8-36　"筹资管理"课程页面

第二节　教学资源库"数字课程"应用

一、在线学习指南

第一步：注册平台用户。登录智慧职教平台，点击"注册"，设置用户名、密码、真实姓名、生日、职业/身份、所在单位、城市、性别、手机等基本信息。注册信息提交后，等待管理员审核，审核通过，登录平台，进行选课（具体见图8-37）。

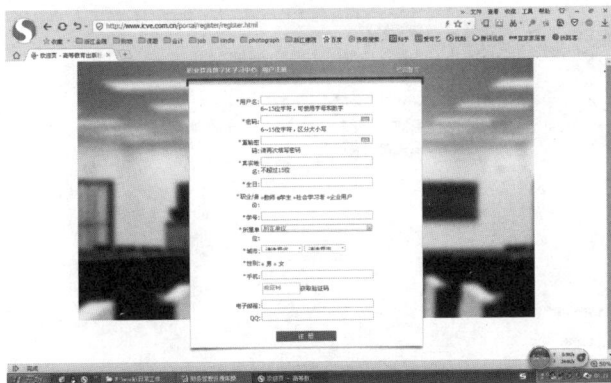

图8-37　"用户注册"操作页面

第二步：加入课程学习。点击登录智慧职教平台，点击页面上方"资源库"—"专业"，进入资源库页面，查找"省级项目"—"财务管理专业教学资源库"项目，点击资源库logo，进入"财务管理专业教学资源库"首页，点击"课程中心"（具体见图8-38）。

图8-38　"财务管理专业教学资源库"官网

查找"筹资管理"课程,点击"查看详情",进入课程首页(具体见图8-39),点击"参加学习",进入课程学习页面,点击各个章节右侧小图标,进行微课视频(具体见图8-40)、课程课件(具体见图8-41)、业务挂图(具体见图8-42)、教学案例(具体见图8-43)学习,参与课堂讨论(具体见图8-44)、完成作业考试(具体见图8-45)等学习任务,系统自动统计汇总学员的学习成绩。

图8-39　"筹资管理"课程首页

"筹资管理"课程展示

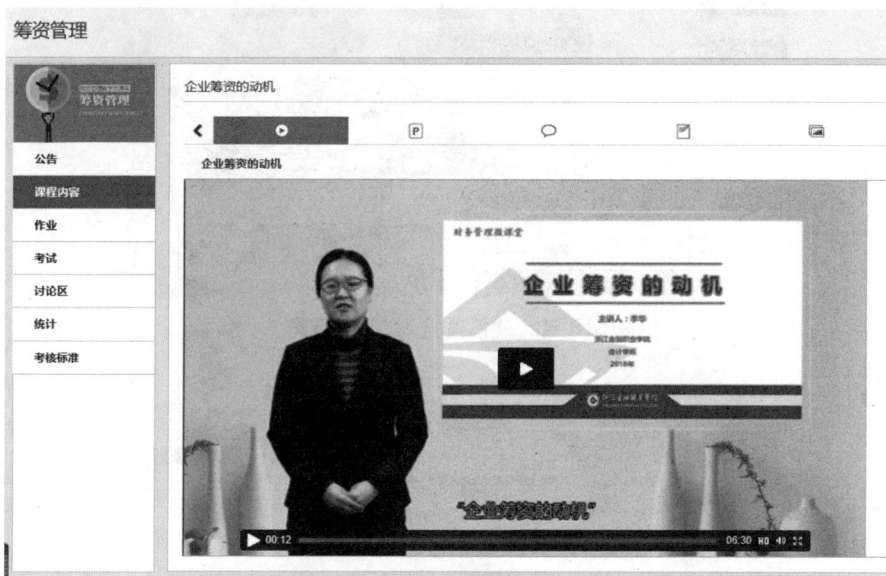

图 8-40　"筹资管理"微课视频

图 8-41　"筹资管理"课程课件

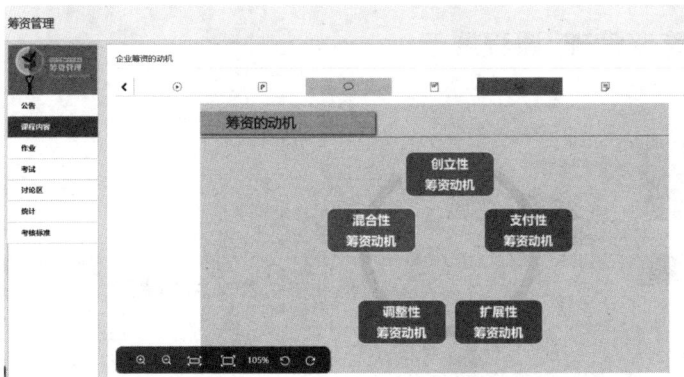

图8-42　"筹资管理"业务挂图

图8-43　"筹资管理"教学案例

图8-44　"筹资管理"讨论环节

图 8-45　"筹资管理"测验

二、平台使用数据

　　"筹资管理"课程2018年4月在"智慧职教资源库平台"公开发布,面向教师、学生、社会学习者、企业用户等四类用户,提供多形态立体化教学资源、创建在线学习社群、创设能力训练考核系统,大幅提升学员的线上学习吸引力,有效提升各类学习用户的参与度、满足度和获得感。

　　"筹资管理"课程截至2020年6月,累计用户总量9207人,其中:学生用户8894人,占全部人数的96.6%;教师用户179人,占全部人数的1.94%;社会学习者用户116人,占全部人数的1.26%;企业用户18人,占全部人数的0.2%,主要覆盖浙江、北京、山西、四川、安徽、江苏、云南、新疆、内蒙古、吉林、宁夏、广东、广西等近20个省份与区域(具体见图8-46)。

▌课程用户身份分布 (包含引用课程数据)

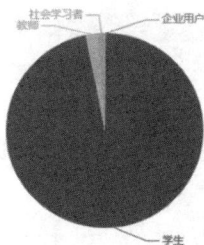

图 8-46　"筹资管理"课程统计

　　"筹资管理"课程累计开发教学资源163条(具体见图8-47),其中:PPT演示文稿资源43条,图形/图像类资源60条,文本类资源18条,视频类资源42条。设置作业26次,随堂测验45次,考试6次(具体见图8-48);讨论区发帖回帖共计110445人次(具体见图8-49)。资源库课程被职业院校教师广泛调用、引用、转化为SPOC,应用于线上线下的"混合式"课堂教学改革与创新实践。

▎课程资源分布

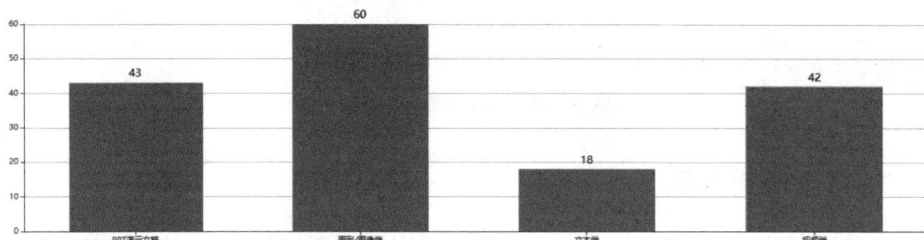

图8-47 "筹资管理"资源分布

▎课程活动分布(包含引用课程数据)

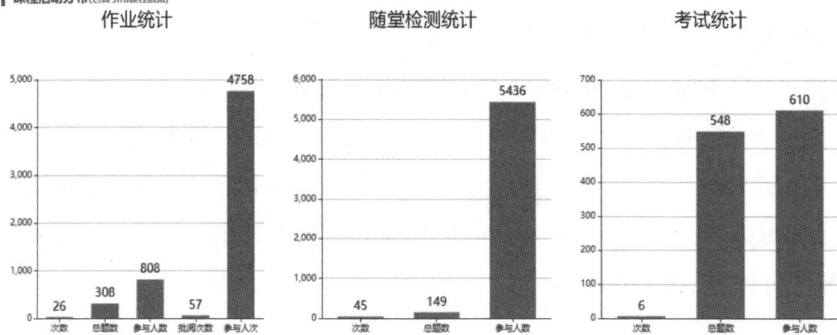

图8-48 "筹资管理"活动分布

▎讨论区(包含引用课程数据)

	发帖	回帖	合计
教师	91	17	108
学生	1314	109023	110337
合计	1405	109040	110445

图8-49 "筹资管理"讨论区

第九章　云课堂SPOC案例

示范课程:会计专业群核心课程"税收基础"(见图9-1)。

图9-1　"税收基础"课程

课程网址:https://zjy2.icve.com.cn/

应用平台:"智慧职教"云课堂(见图9-2)。

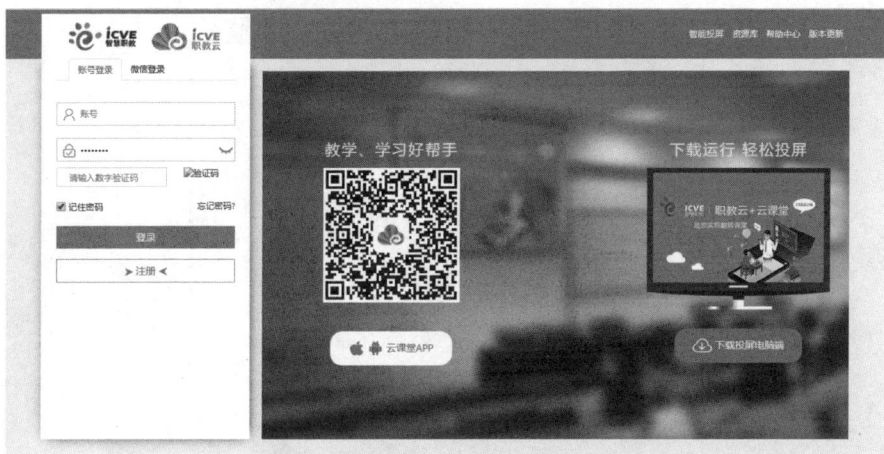

图9-2　智慧职教(云课堂)教学平台

第一节　云课堂创建指南

教师登录"职教云(智慧职教)"平台后进行注册,平台管理方审核通过后,进入"教师空间"(具体见图9-3)。

图9-3　"教师空间"操作页面

一、基础信息设置

第一步:创建平台课程。点击"我的课程"—"新增课程",弹出对话框,输入"开课名称"、选择"所属专业大类"、勾选"开放范围""是否对应1+X证书"、添加封面等信息,点击"确认",生成新增课程图标(具体见图9-4)。

图9-4　"新增课程"操作页面

第二步:建设课程主页。点击新增课程图标,进入课程主页,页面主要包括课程简介、主持教师、教学团队、数据预览等模块。教师结合课程内容,补充"课程简介"信息(具体见图9-5)。

图9-5 "我的课程"操作页面

第三步:创建实体班级。点击页面上方"班级"—"新增班级"(具体见图9-6),勾选"班级类型",输入班级名称,选择"所属学期""所属院系",添加"授课教师",点击"保存",新增成功,生成班级信息数据(具体见图9-7)

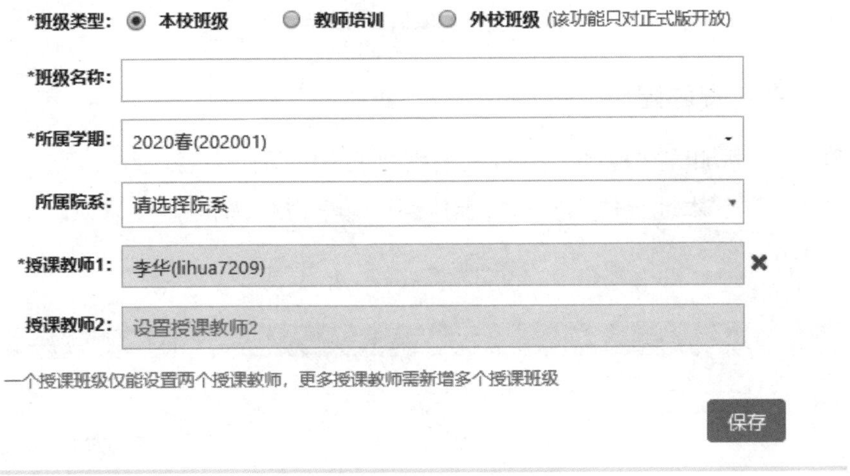

图9-6 "新增班级"操作页面

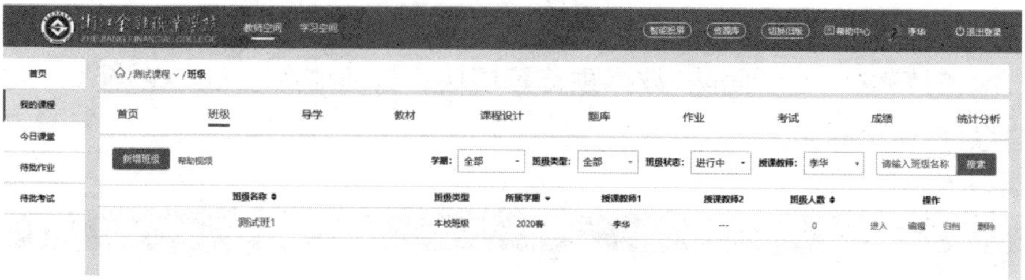

图9-7 "新增班级"生成页面

第四步：添加班级学生。点击新建班级"进入"操作，分享班级二维码或班级邀请码，学生通过扫码或输入邀请码进入课程班级，开展课程互动在线学习（具体见图9-8）。

图9-8 "班级信息"操作页面

二、平台资源建设

第一步：添加导学视频。点击班级页面上方的"导学"，教师可以选择"从我的资源中选择"或"本地上传"的方式，上传课程导学资料，辅助学生认识所学课程（具体见图9-9）。

图9-9 "我的课程—导学"操作页面

第二步：添加课程教材。点击班级页面上方的"教材"，输入"教材名称""作者""出版社""定价""ISSN"等教材信息（具体见图9-10）。

图9-10　"我的课程—教材"操作页面

第三步：进行课程设计。点击班级页面上方的"课程设计"，平台提供职教云、资源库、MOOC、专业群等导入方式，便于优质教学资源的共建共享共用。教师也可以根据课程实际情况，自行搭建课程结构、上传课程资源。依次点击"添加模块""添加章节""添加文件夹"，形成2～3层级课程结构，并在对应节点上传资源、链接、图文等教学资源，为后续课堂教学的引入资源奠定基础（具体见图9-11）。

图9-11　"我的课程—课程设计"操作页面

第四步：建设课程题库。点击班级页面上方的"题库"，平台提供了新建题目、导入资源库题库、导入学校题库、分享题库等基础操作。点击"新增题目"，平台提供了单选题（客观）、多选题（客观）、判断题（客观）、匹配题（客观）、阅读理解（客观）、完形填空（客观）、视听题（客观）、填空题（客观/主观）、问答题（主观）、文件作答（主观）等题型（具体见图9-12）。

图9-12　"我的课程—题库"操作页面

以添加"单选题"为例,点击"新增题目"—"单选题",进入编辑页面,选择难度(非常简单、简单、一般、困难、非常困难),关联知识点,输入题干、选项、题目解析,点击"保存"。值得一提的是,建议教师建设题库时,必须关联知识点,便于后续组建作业、测验、考核(具体见图9-13)。

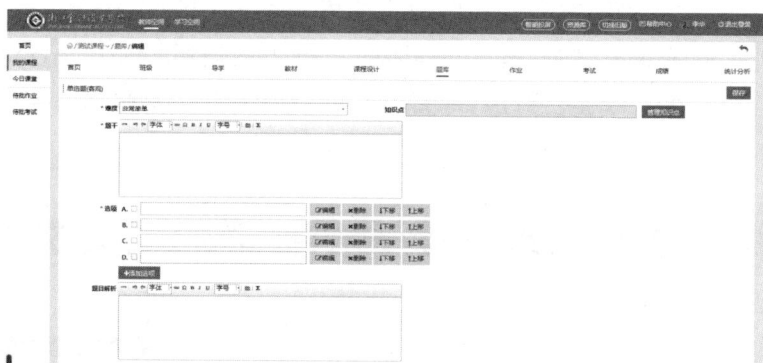

图9-13　"我的课程—题库(单选题)"操作页面

点击"管理知识点",进入"知识点"页面,平台提供了"一键生成知识点"的功能,系统可以根据课程设计的章节自动生成。教师也可以点击"新增知识点",弹出对话框,逐一增加知识点(具体见图9-14)。

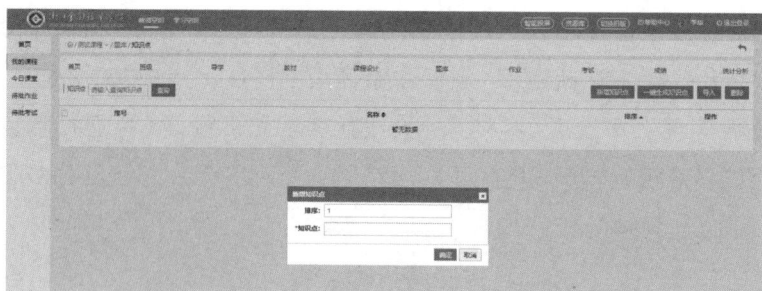

图9-14　"新增知识点"操作页面

第五步：组建作业考试。点击班级页面上方的"作业"，进入"作业"页面，点击"新增作业"。平台提供题库作业（具体见图9-15）、附件作业（具体见图9-16）、登分作业等三种作业形式。其中：题库作业是根据课程题库随机或手动出题；附件作业是以文件形式上传作业和参考答案；登分作业是直接录入作业的成绩。

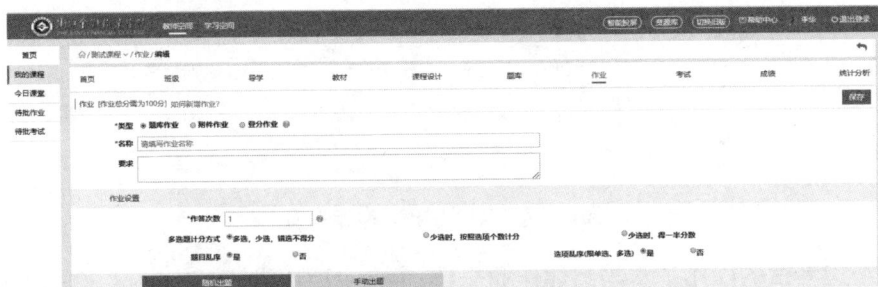

图9-15　"我的课程—作业"操作页面（题库作业）

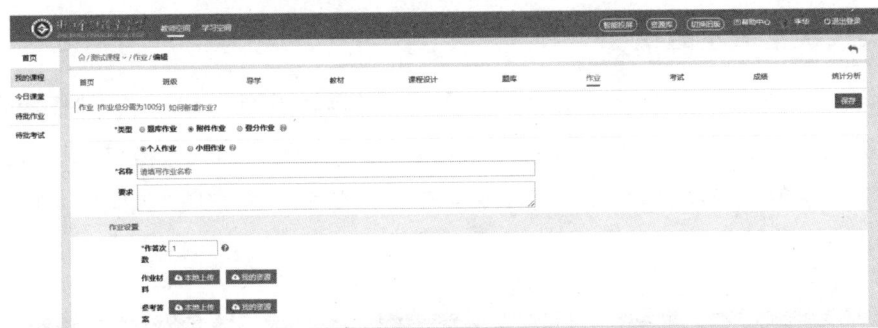

图9-16　"我的课程—作业"操作页面（附件作业）

进入"作业编辑"页面，选择作业类型，录入作业名称、要求，完成作业设置。选择"随机出题"，平台提供了1套（从题目中随机生成1套试题供学生作答）、10套（从题目中随机生成10套试题，学生作答从10套中随机抽取试卷）等方式，确定难度、知识点，设置题型、数量、分值等内容，由系统进行出题。手动出题是由教师自主挑选题库中的题目组成作业，供学生作答（具体见图9-17）。

图9-17 "作业编辑"操作页面

组建考试的操作基本与组建作业一致,平台主要提供了题库考试、登分考试等两种形式。考试方式可以采用网页端或移动端,移动端支持学生身份验证。

三、课堂教学组织

第一步:设置课程权重。进入"班级页面"(具体见图9-18),点击"权重未设置",进入"考核权重"页面,主要包括课件学习、课堂活动、作业、考试等模块。点击"编辑",弹出"考核比例"对话框,设置各个考核项比重,点击"确定"(具体见图9-19)。

图9-18 "我的课程—班级信息"操作页面

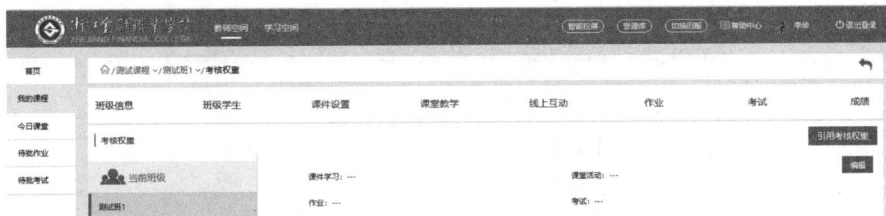

图9-19 "考核权重"操作页面

结合教学实际,进一步设置上述四个模块的权重,其中:课件学习主要包括学习进度、评价、问答、笔记、纠错等二级指标;课堂活动主要包括考勤、参与、课堂表现分、测验平均分等二级指标;作业与考试,则需要进一步设置纳入考核的作业、考试的权重比例(具体见图9-20)。

图9-20 "考核权重(分项)"操作页面

第二步:进行课件设置。课件设置是针对每个班级的学习情况设置课件的发布方式。进入"班级页面",点击"课件设置",点击目录右侧"设置"按钮,平台提供了公开、定时公开、闯关模式、关闭等设置,系统默认是"公开"设置。"定时公开"在设定时间公开课件;"闯关模式"是完成上一个课件的学习,才能进入下一个课件学习;"关闭"则是指取消课件公开(具体见图9-21)。

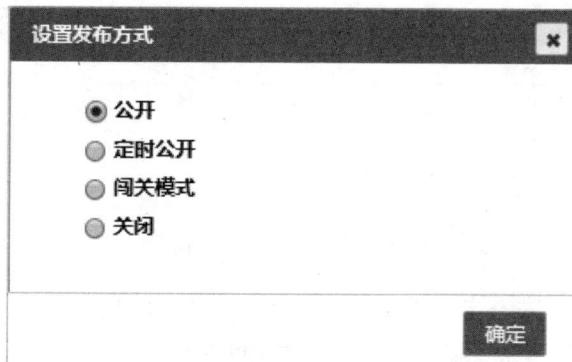

图9-21 "设置发布方式"操作页面

第三步：设计课堂教学。进入"班级页面"，点击"课堂教学"，增加班级课表，选择"日期"，点击"新增"，弹出对话框（具体见图9-22），输入标题、地点、日期、节次等基本信息，点击"确定"，生成课堂教学信息（具体见图9-23）。

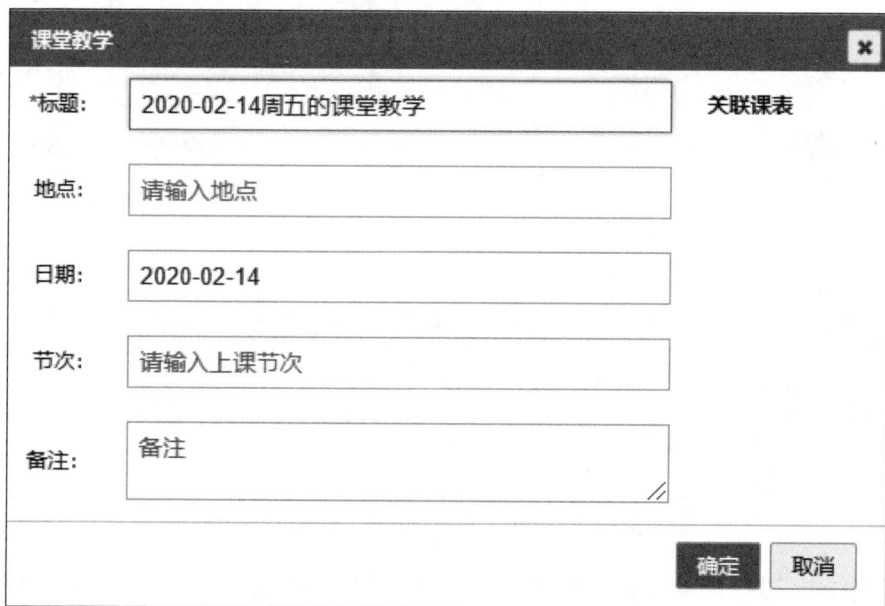

图9-22 "课堂教学"操作页面

图9-23 "课堂教学—周历课表"操作页面

　　点击课堂教学信息"进入"操作按钮，编辑"课前""课中""课后"的教学活动。针对课前教学环节(具体见图9-24)，平台提供了课件、作业、考试、讨论、测验、投票、问卷调查等互动活动；针对课中教学环节(具体见图9-25)，平台提供了课件、作业、考试、签到、头脑风暴、讨论、提问、测验、投票、小组PK、问卷调等互动活动；针对课后教学环节(具体见图9-26)，平台提供了问卷调查、课件、作业、考试、评价、总结等互动活动。

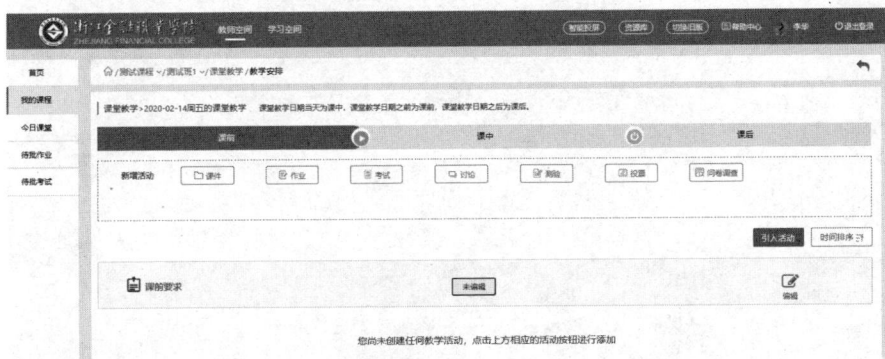

图9-24 "课堂教学—教学安排"操作页面(课前)

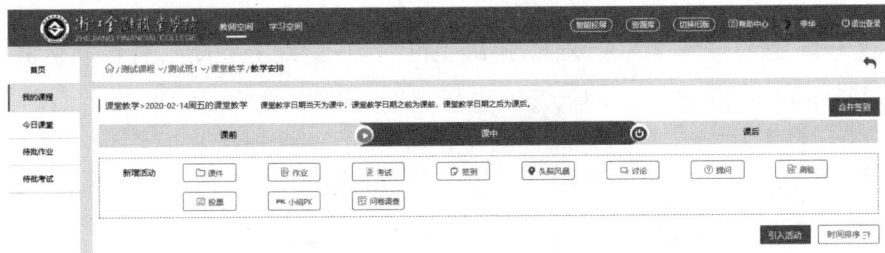

图9-25 "课堂教学—教学安排"操作页面(课中)

图9-26　"课堂教学—教学安排"操作页面（课后）

第四步：组织实施教学。根据系统设置课表，教师进入"班级页面"，点击课堂教学信息"上课"操作按钮，进入在线课堂，进行教学研讨、互动与交流（具体见图9-27）。

图9-27　"课堂教学—上课"操作页面

第五步：管理过程学习。进入"班级页面"，点击"线上互动"，查看学生进行课件学习的评价、问答、笔记、纠错，及时进行回复与解答（具体见图9-28）。

图9-28 "我的课程—线上互动"操作页面

点击"作业",查看学生作业提交情况,进行批改(具体见图9-29)。

图9-29 "我的课程—作业"操作页面

点击"考试",查看学生考试提交情况,进行批改(具体见图9-30)。

图9-30 "我的课程—考试"操作页面

点击"成绩"—"生成统计分",查看学生课件学习、课堂活动、作业、考试等各个模块的成绩,做好后续的教学跟踪指导工作(具体见图9-31)。

图9-31 "我的课程—成绩"操作页面

第二节　云课堂教学应用

一、云课堂教学设计

"智慧职教云课堂"的整体教学设计遵循"以生为本"的育人理念,根据课前自主学习、课中探究学习、课后巩固学习等三个教学节点,通过"云课堂"预设的教学功能,发布课堂研讨学案,开展互动课堂教学。通过问卷调研,了解学生学情;组织专项讨论,发表个人专业认知;发布头脑风暴,分组探讨职业实践;开展线上提问,"一对一"师生专业对话;实施教学评价,持续优化云课堂。精准发布课后作业,巩固课堂学习;开展同步测验,检验学习成效;进行在线考试,考评阶段学习,动态追踪学习过程,利用大数据评价与反馈,在线指导答疑解惑,推进线上与线下相结合的"混合式"教学改革与实践。

"税收基础"课程展示

课程主题1:个人所得税——出租车司机营运的税务处理(见表9-1)

"个人所得税——出租车司机营运的税务处理"教学课件

"个人所得税——出租车司机营运的税务处理"教学视频

表9-1　课程单元设计

授课主题	个人所得税——出租车司机营运的税务处理		
课　　时	11～12	授课地点	理实一体化教室
课程平台	教学平台：职教云教学平台 （https://zjy2.icve.com.cn/portal/login.html） 实训平台：全国高职高专税务技能大赛平台——税务实训平台		
学情分析	授课对象：会计专业二年级学生，具备一定的会计基础知识 分组形式：将同学进行分组，6人为一组，根据课前学习反馈设置勤学组（提高）、敏学组（基础）两个类别		
教学目标	1. 掌握个体工商户个人所得税的征税对象、税率、纳税人、纳税期限、纳税地点等税收基本知识 2. 能运用税收基本知识进行出租车司机个人所得税的税收分析		
教学组织	课前环节	学习要求：通过教学平台，布置课前预习作业，要求同学们完成相关"个人所得税——个体工商户"的相关学习。 学习内容：1.教学课件（个人所得税——个体工商户） 　　　　　2.课程视频（个人所得税——个体工商户） 　　　　　3.问卷调查（个人所得税——个体工商户） 　　　　　4.项目调研（主题：出租车司机个人所得税历史）	
	课中环节	教学环节1：博古通今讲税史 [组织形式]利用平台"投票"环节，由得分第一名的小组进行现场汇报，分享出租车行业的个人所得税的发展历史。 [调研主题]出租车司机个人所得税的发展历史。 调研项目小组汇报： 第一阶段（2014年6月前）采用"定额"征收 该阶段出租车司机一般挂靠出租车公司，大多数司机没有拥有出租车的所有权，司机将营运收入上交公司，公司根据工作业绩下发个人报酬，其个人所得税参照工资薪金项目进行征收。各省市结合实际情况，给予出租车司机个人所得税一定的税收优惠，实施定额征收标准。 以北京市为例，自2011年9月1日起，北京市出租汽车经营单位出租车驾驶员按单班每人每月15元、双班每人每月10元的标准缴纳个人所得税。 第二阶段（2018年11月前）采用"定额+定率"征收 该阶段随着出租车行业发展，部分出租车司机拥有出租车的所有权，开展个体出租车运营，向挂靠单位缴纳管理费，针对上述司机按照个体工商户的生产、经营所得项目征税，采用定率征收；同时明确从事个体出租车运营的司机雇佣的帮手，参照工资薪金项目进行征税，实施定额征收标准的优惠措施。	

续表

授课主题		个人所得税——出租车司机营运的税务处理
教学组织	课中环节	该阶段随着"互联网+"技术全面赋能,网约车、专车的普及,对原有出租车行业产生极大冲击,国家税务总局结合出租车行业的新业态,出台了《机动出租车驾驶员个人所得税征收管理暂行办法》,结合出租车司机提供劳务的实质特征,分别适用工资、薪金所得项目、个体工商户的生产、经营所得项目,采用定率征收个人所得税。 以北京市为例,自2018年10月1日起,北京市出租汽车经营单位出租车驾驶员的个人所得税不再实行定额征收。执行国家税务总局颁布的《机动出租车驾驶员个人所得税征收管理暂行办法》。出租车驾驶员从事出租车运营取得的收入,分别适用工资、薪金所得项目、个体工商户的生产、经营所得项目缴纳个人所得税。 教学环节2:案例分析小组PK赛 [教学组织]利用平台"头脑风暴"导入教学案例,利用"提问"的"摇一摇"功能决定各小组案例分析选题。 [配套资料] 文件1:《机动出租车驾驶员个人所得税征收管理暂行办法》 文件2:个人所得税税率表 PK案例1:"曹操专车"出租车司机税收筹划 [背景资料]税小收通过层层选拔,成功被"曹操专车"公司正式录用,成为一名专车司机,2019年1月,税小收取得收入12000元,"四险一金"1500元,其有一女七岁,夫妻双方协定,女儿的教育支出由税小收一人承担扣除。且夫妻双方在2016年贷款买了首套住房,借款期限30年,税小收作为独生子女,独立承担年满60周岁父母的赡养义务。 PK案例2:"滴滴出行"出租车司机税收筹划 [背景资料]税小收经过多年的打拼,积累了一定财富,2019年购置一辆私家车,凭借自己丰富的驾车经验,成功成为一名"滴滴出行"的网约车司机。2019年3月取得出租车运营收入12000元,发生车辆维护费、油费以及其他与营运有关的成本、费用、税金、损失等合计7000元。税小收个人缴纳"四险一金"1500元(假设未超标),其有一女七岁,夫妻双方协定,女儿的教育支出由税小收一人承担扣除。且夫妻双方在2016年贷款买了首套住房,借款期限30年,税小收作为独生子女,独立承担年满60周岁父母的赡养义务。 【讨论主题】结合上述业务资料,请同学们为税小收进行个人所得税分析,他应该选择成为哪家公司的网约车司机? 他应该 【分析提示】 第一步:分析商业模式 1."曹操专车"商业模式 "曹操专车"2015年11月成立,是由吉利集团战略投资的"互联网+新能源"出行服务平台。定位专车细分市场,面向中高端客户群,提供更加安全、低碳、优质的一站式出行服务。

续表

授课主题		个人所得税——出租车司机营运的税务处理
教学组织	课中环节	 "曹操专车"采用B2C商业模式,即business-to-consumer,直接面向消费者销售产品和服务商业零售模式。由吉利集团统一提供车辆,曹操专车通过旗下的曹操学院培养专业专车司机,为用户提供不同类型的出行服务。平台为司机提供底薪、抽成和社保,司机为平台提供优质运力。 2."滴滴出行"商业模式 "滴滴出行"(曾用名滴滴打车、嘀嘀打车),2012年9月在北京上线。坚持"让出行更美好"经营理念,为消费者提供更便捷的用车出行服务,由北京小桔科技有限公司所设计开发,涵盖出租车、专车、快车、顺风车、代驾及大巴等多项服务业务,逐渐构建了一个完整的生态闭环,构筑起了强大的护城河。 "滴滴出行"采用C2C商业模式,即 Consumer To Consumer ,消费者 个人与个人之间的电子商务。滴滴公司作为中间商,为个人和个

续表

授课主题		个人所得税——出租车司机营运的税务处理
教学组织	课中环节	人商务模式提供了一个平台载体,体现了共享经济的价值理念。"滴滴出行"快车、顺风车业务,网约车归加盟司机个人所有,平台无网约车所有权,平台通过收取服务费的方式,向车主收取交易费用,从消费者的车费中抽取部分佣金。 第二步:进行涉税事项分析 1. "曹操专车"网约车司机 税小收作为"曹操专车"司机,对于出租车没有所有权,根据《机动出租车驾驶员个人所得税征收管理暂行办法》第六条第一款规定:出租汽车经营单位对出租车驾驶员采取单车承包或承租方式运营,出租车驾驶员从事客货运营取得的收入,按工资、薪金所得项目征税。 计算公式如下: 应纳税所得额=工资薪金收得-专项扣除-专项附加扣除 　　　　　　-其他扣除-免征额 应纳税额=应纳税所得额×适用税率-速算扣除数 税小收应纳税额=(12000-1500-1000-1000-2000-5000)×3%=45(元) **个人所得税预扣率表一** (居民个人工资、薪金所得预扣预缴适用)

级数	累计预扣预缴应纳税所得额	预扣率(%)	速算扣除数
1	不超过36000元的部分	3	0
2	超过36000元至144000元的部分	10	2520
3	超过144000元至300000元的部分	20	16920
4	超过300000元至420000元的部分	25	31920
5	超过420000元至660000元的部分	30	52920
6	超过660000元至960000元的部分	35	85920
7	超过960000元的部分	45	181920

2. "滴滴出行"网约车司机

税小收作为"滴滴出行"公司的一名网约车司机,对于出租车拥有所有权,根据《机动出租车驾驶员个人所得税征收管理暂行办法》第六条第三款规定:出租车属个人所有,但挂靠出租汽车经营单位或企事业单位,驾驶员向挂靠单位缴纳管理费的,或出租汽车经营单位将出租车所有权转移给驾驶员的,出租车驾驶员从事客货运营取得的收入,比照个体工商户的生产、经营所得项目征税。

计算公式如下:

应纳税所得额=收入总额-成本、费用及损失(其中:投资者的费用扣除标准3500元/月)

应纳税额=应纳税所得额×适用税率-速算扣除数税小收应纳税额=(12000-7000-3500)×5%=75(元)

续表

授课主题		个人所得税——出租车司机营运的税务处理
教学 组织	课中 环节	**个人所得税税率表二（个体工商户的生产、经营所得和对企事业单位的承包经营、承租经营所得适用）** 级数 / 全年应纳税所得额 / 税率 / 速算扣除数 1 / 不超过30000元的 / 5% / 0 2 / 超过30000元至90000元的部分 / 10% / 1500 3 / 超过90000元至300000元的部分 / 20% / 10500 4 / 超过300000元至500000元的部分 / 30% / 40500 5 / 超过500000元的部分 / 35% / 65500 案例分析总结： 教学环节3："企业纳税员"训练营 [教学组织]利用实训平台，开展模拟纳税申报训练。 [实训项目]结合案例1、案例2，由学生扮演纳税申报人角色，利用税务实训软件，进行个人所得税项目的申报。
	课后 环节	学习要求：通过教学平台，布置课后复习作业，要求学生完成关于"个人所得税——个体工商户"的巩固学习。 学习内容：1.同步作业（个人所得税——个体工商户） 　　　　　2.在线实训（个人所得税——个体工商户）
教学反思		1.通过回顾出租车司机个人所得税的征收政策，全面了解政策变迁的背景、路径和机理。 2.引入"曹操专车""滴滴打车"等生活案例，分析出租车运营个人所得税的税费计算和分析问题。 3.利用思维导图，进一步梳理出租车运营个人所得税的相关知识点与技能点，为巩固学习奠定基础。

课程主题2：个人所得税——个人房屋租赁的税务处理（见表9-2）

"个人所得税——个人房屋租赁的税务处理"教学课件

"个人所得税——个人房屋租赁的税务处理"教学视频

表9-2　课程单元设计

授课主题	个人所得税——个人房屋租赁的税务处理		
课　时	13~14	授课地点	理实一体化教室
课程平台	教学平台：职教云教学平台 （https://zjy2.icve.com.cn/portal/login.html） 实训平台：全国高职高专税务技能大赛平台——税务实训平台		
学情分析	授课对象：会计专业二年级学生，具备一定的会计基础知识 分组形式：将同学进行分组，6人为一组，根据课前学习反馈设置勤学组（提高）、敏学组（基础）两个类别		
教学目标	1.掌握财产租赁业务的征税对象、税率、纳税人、纳税期限、纳税地点等税收基本知识 2.能运用税收基本知识进行房屋租赁业务的税收分析		
教学组织	课前环节	学习要求：通过教学平台，布置课前预习作业，要求同学们完成"个人所得税——财产租赁"的相关学习。 学习内容：1.教学课件（个人所得税——财产租赁） 　　　　　2.课程视频（个人所得税——财产租赁） 　　　　　3.配套作业（个人所得税——财产租赁） 　　　　　4.问卷调查（个人所得税——财产租赁）	
	课中环节	教学环节1："税务知识"快问快答 [教学组织]利用平台"提问"功能，导入定税种、找税率、核税额、算税金、缴税费等五个问题；利用平台"摇一摇""抢答""手选"功能组织学生"快问快答"。 1．定税种 问题：(多选题)下列各项属于个人所得税财产租赁所得的征税对象有(　　　)。	

续表

授课主题	个人所得税——个人房屋租赁的税务处理
教学 组织	课中 环节	

A.个人出租房屋   B.个人出租专用设备

C.个人转让股票   D.个人转让土地使用权

答案:A,B

解析:财产租赁所得是指个人出租建筑物、土地使用权、机器设备、车船以及其他财产取得的所得。选项 A、B 分别属于出租建筑物、机器设备的征税范围;选项 C、D 属于财产转让所得的征税范围。

2. 找税率

问题:(判断题)个人取得财产租赁所得一律按照20%的比率税率征收个人所得税。

答案:错

解析:一般情况下,个人取得财产租赁所得按照20%的比率税率征收个人所得税,但涉及个人出租居住用房减按10%的比率税率征收个人所得税。

3. 核税额

问题:(多选题)下列各项支出中,出租方在确定应纳税所得额时,可以允许扣除的项目有( )。

A. 出租缴纳的增值税   B. 缴纳的教育费附加

C. 有效的修缮费用凭证   D. 税费规定的费用扣除标准

答案:B,C,D

解析:根据税法相关规定,在确定应纳税所得额时,允许依次扣除以下费用:

第一,纳税人在出租财产过程中缴纳的税金和教育费附加。但是税金中不包括本次出租缴纳的增值税。所以选项 A 排除在外,选项 B 属于扣除范围。

第二,能够提供有效凭证,证明纳税人负担的该出租财产实际开支的修缮费用,每次以800元为限,一次扣除不完的,准予在下一次继续扣除,直到扣完为止。

第三,税费规定的费用扣除标准。其一,每次收入不超过4000元,定额减除费用800元;每次收入在4000元以上,定率减除20%的费用。

4. 算税金

问题:(单选题)下列关于财产租赁所得的税费计算表述不正确的是( )。

A.应纳税额=[每次收入额−相关税费−修缮费用−800]×20%

B.应纳税额=[每次收入额−相关税费−修缮费用−800]×10%

C.应纳税额=[(每次收入额−相关税费−修缮费用)×(1−10%)]×6%

续表

授课主题		个人所得税——个人房屋租赁的税务处理
教学组织	课中环节	D.应纳税额=〔(每次收入额-相关税费-修缮费用)×(1-20%)〕×20% 答案:C 解析:根据税法相关规定,企业计算应纳税额时,需要确定应纳税所得额和适用税率。 其中:应纳税所得额按照每次收入金额的大小,主要分为两种情况: 情况1:每次收入不超过4000元 应纳税所得额=每次(月)收入额-相关税费-修缮费用-800 情况2:每次收入在4000元以上 应纳税所得额=(每次(月)收入额-相关税费-修缮费用)×(1-20%) 适用税率主要包括2档——20%(基本档),10%(优惠档) 结合题干,选项A,B,D表述正确。 5. 缴税费 问题:(单选题)关于财产租赁所得涉及的个人所得税征收管理制度表述正确的是(　　)。 A. 财产租赁所得涉及的个人所得税按月计税 B. 纳税人应当向经营所在地税务机关申报 C. 纳税人应当在次月15日内将应纳税款缴入国库,并向税务机关报送纳税申报表 D. 纳税人应当向户籍所在地税务机关申报 答案:C 解析:财产租赁所得涉及的个人所得税按次计税,如果按月收取租金,即每次按照月计税;如果按年收取租金,即每次按照年计税,为此选项A不正确。财产租赁所得涉及的个人所得税的征收地点是以取得租赁所得的所在地税务机关申报,为此选项B,D不正确。 教学环节2:"税博士"策税 [教学组织]利用平台"头脑风暴"导入教学案例,利用"小组PK"进行分组合作学习(勤学组/敏学组)。 [配套资料] 文件1:《中华人民共和国个人所得税法》 文件2:个人所得税税率表案例1:续租OR解约? [业务资料]"税博士"因2018年工作关系租赁一套两居室,双方约定月租金2500元,按年预收,租期2年,2019年1月起租,2020年12月到期,年初一次性缴纳年租金30000元,增值税税金2700元。合同约定其中一方提前解约需要赔偿对方5000元。2020年初,"税博士"因更换了工作单位,原来住所交通不够便利,打算在新单位附近再租一处住所。原租赁尚未到期,房屋是续租还是

续表

授课主题		个人所得税——个人房屋租赁的税务处理
教学 组织	课中 环节	解约,两种解决方案在"税博士"的脑海里浮现: 方案1:原住所转租,转租的月收入2800元,按年预收,直到租赁期满。新租住的房屋月租金3000元,租期2年,按年预付,2019年1月起租,年初一次性缴纳年租金36000元,增值税税金3240元。 方案2:原住所解约,赔偿对方违约金5000元。租赁新房屋月租金3000元,租期2年,按年预付,2019年1月起租,年初一次性缴纳年租金36000元,增值税税金3240元。 [要求]根据业务资料,请同学们为"税博士"出谋划策,选择最有利的解决方案。(由勤学组完成方案1,敏学组完成方案2) [分析提示] 关注点1:请同学们注意,续租和转租业务在租金的认定上存在什么区别? 　针对续租业务,承租人支付租金,作为个人所得税的专项抵扣项目;针对转租业务,纳税人既是承租人,又是出租人,同时存在支付租金与取得租金收入的问题。 关注点2:同学们再思考一下,如果是转租业务,涉及向房屋出租方支付租金涉及的增值税是否可以扣除? 　针对转租业务,转租方向房屋出租方支付的租金以及相关增值税,凭房屋租赁合同和合法支付凭据允许在计算个人所得税时,从该项转租收入中扣除。 方案1:原住所产生的收益=2800×12-(30000+2700)=900 　　　　原住所应缴纳个人所得税=[2800×12-(30000+2700)-800]×10%=10 　　　　原住所产生的净收益=900-10=890 　　　　新住所产生的成本=36000+3240=39240 　　　　2019年租赁房屋总成本=39240-890=38350 方案2:原住所产生的成本=5000 　　　　新住所产生的成本=36000+3240=39240 　　　　2019年租赁房屋总成本=5000+39240=44240 结论:经过计算,应选择方案1,方案1比方案2节约总成本5890元。 案例2:月租 or 年租? [业务资料]"税博士"将其拥有一套两居室出租给一对创业的青年小夫妻,双方约定月租金2000元,租期2年(2019—2021年),房屋装修由出租人"税博士"负责。"税博士"根据房屋租赁制定了两个合同方案:

授课主题		个人所得税——个人房屋租赁的税务处理
教学 组织	课中 环节	合同1:月租金2000元,按年预收,租期2年,2019年1月,一次性收取年租金24000元,支付装修费1500元,全年缴纳个税及其附加6000元,并将有关凭证交主管税务机关确认。 合同2:月租金2000元,按月收取,租期2年,2019年1月,收取当月租金2000元,支付装修费1500元,全年缴纳个税及其附加6000元,并将有关凭证交主管税务机关确认。 [要求]根据业务资料,请同学们帮助"税博士"进行税收筹划,选择合适的合同版本。(敏学组完成合同1税收分析,由勤学组完成合同2税收分析) 关注点1:请同学们注意,个人所得税法规定的财产租赁所得涉及的个人所得税按次计税,到底是按年还是按月? 关于按次计税,主要考虑征税方式,我们可以这样理解,如果按月收取租金,即每次按照月计税;如果按年收取租金,即每次按照年计税。 关注点2:请同学们注意,个人所得税法规定财产租赁的费用扣除标准确定时,考虑每次收入是租金收入吗?是否需要扣除税金、修缮等费用? 国家税务总局《关于个人转租房屋取得收入征收个人所得税问题解读稿》2009年11月26日发布: 对财产租赁所得个人所得税前扣除税费的扣除次序问题也重新进行了明确,即:在计算财产租赁所得个人所得税时,应首先扣除财产租赁过程中缴纳的税费;其次扣除个人向出租方支付租金;再次扣除由纳税人负担的该出租财产实际开支的修缮费用;最后减除税法规定的费用扣除标准,即经上述减除后,如果余额不足4000元,则减去800元,如果余额超过4000元,则减去20%。 根据文件规定,确定费用扣除标准时,是根据在租赁收入中扣减相关项目后的余额,是否超过4000元为准。 [分析提示] 合同1:以年为一次征收的基础,每次收入24000元,超过4000元 2019年度财产租赁业务应纳税额 =[(每次收入额-相关税费-修缮费用)×(1-20%)]×10% =(24000-6000-800)×(1-20%)×10%=1376(元) 合同2:以月为一次征收的基础,每次收入2000元,未超过4000元 每月租金=24000÷12=2000(元) 每月税费=6000÷12=500(元) 2019年度每月财产租赁业务应纳税额 =【(每次收入额-相关税费-修缮费用-800)】×10%

续表

授课主题		个人所得税——个人房屋租赁的税务处理
教学组织	课中环节	1月份应纳税额=(2000−500−800−800)×10%<0,不需纳税。 2月份应纳税额=(2000−500−700−800)×10%=0,不需纳税 3—12月份每月应纳税额=(2000−500−800)×10%=70(元) 2019年应纳税额=70×10=700(元) 结论:通过税收筹划,选择合同2可以为"税博士"节税676元。 拓展思考:同学们再思考一下,在租赁期结束前,如果出租财产还有尚未扣除的修缮费用,那我们应该如何进行处理? 专家在线咨询:《国家税务总局关于印发征收个人所得税若干问题的规定的通知》(国税发〔1994〕089号)规定,纳税义务人出租财产取得财产租赁收入,在计算征税时,除可依法减除规定费用和有关税、费外,还准予扣除能够提供有效、准确凭证,证明由纳税义务人负担的该出租财产实际开支的修缮费用。允许扣除的修缮费用,以每次800元为限,一次扣除不完的,准予在下一次继续扣除,直至扣完为止。根据相关税收法律规定,租赁期满,尚未扣除的修缮费用将于下次取得租赁收入时抵扣。 教学环节3:"企业纳税员"训练营 [教学组织]利用实训平台,开展模拟纳税申报训练。 [实训项目]结合案例1、案例2,由学生扮演纳税申报人角色,利用税务实训软件,进行个人所得税项目的申报。
	课后环节	学习要求:通过教学平台,布置课后复习作业,要求同学们完成关于"个人所得税——财产租赁"的巩固学习。 学习内容:1.同步作业(个人所得税——财产租赁) 　　　　　2.在线实训(个人所得税——财产租赁)
教学反思		1.利用学习平台,开展自主学习,掌握财产租赁个人所得税业务的相关基础知识,为后续的税收筹划奠定基础 2.通过"快问快答"的形式,分别"定税种""找税率""核税种""算税金""缴税费"等环节,厘定知识思维框架 3.将同学们分成勤学组、敏学组,针对同一个案例开展A-B两个方案的税收分析,开展合作学习,做到学以致用

二、云课堂平台应用

云课堂平台同步提供了"智慧职教云课堂"APP移动学习端(具体见图9-32),创建课程的方法基本与PC网页端相一致。教师登录APP,进入"职教云"主页(具体见图9-33),创建"我的课程",上传相关的课件、作业、考试等教学资源。点击"我的课堂",完成课前、课中、课后等课堂环节的教学设计,结合教学进度,陆续发布学习任务,开展O2O互动式、探究式、翻转式的新形态课堂教学改革实践。

图9-32 "智慧职教云课堂"APP

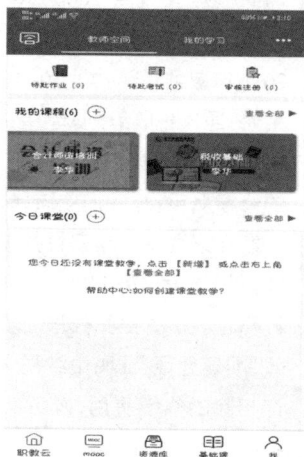

图9-33 "职教云"页面

"税收基础"课程展示

课程主题1:个人所得税——出租车司机营运的税务处理(见图9-34至图9-39)。

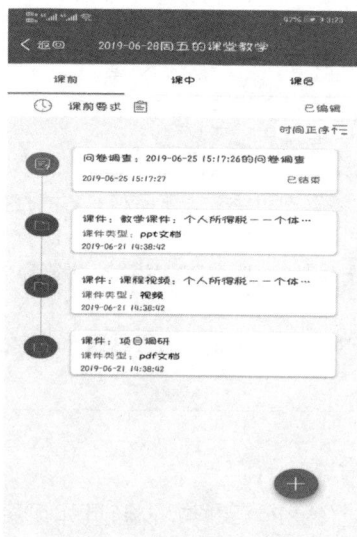

图9-34 课前环节

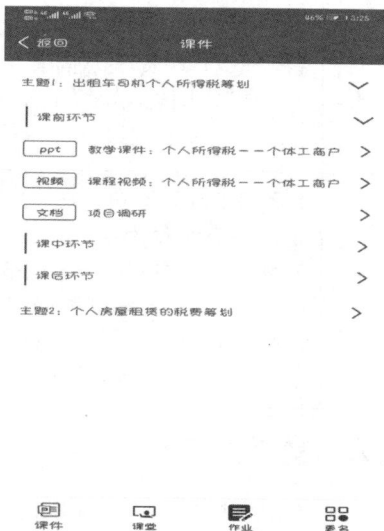

图9-35 课前学习资源

图9-36 课中环节-1

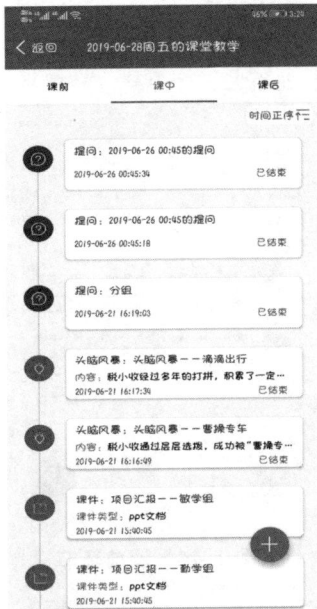

图9-37 课中环节-2

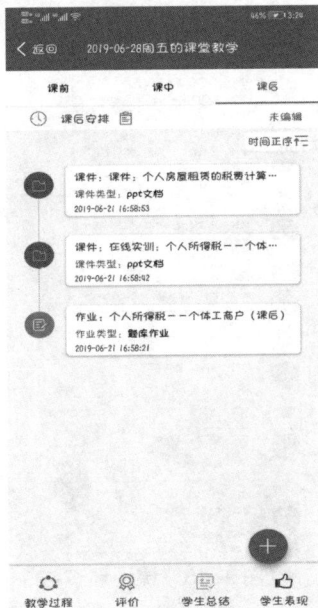

图9-38 课后环节

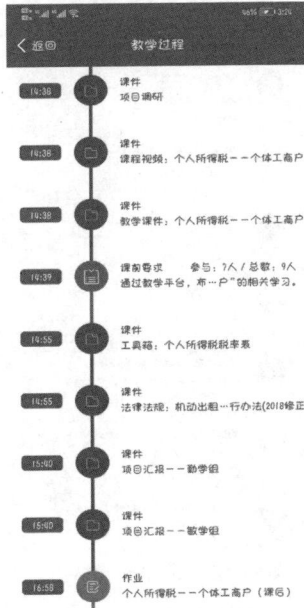

图9-39 教学过程

课程主题2:个人所得税——个人房屋租赁的税务处理(见图9-40至图9-45)。

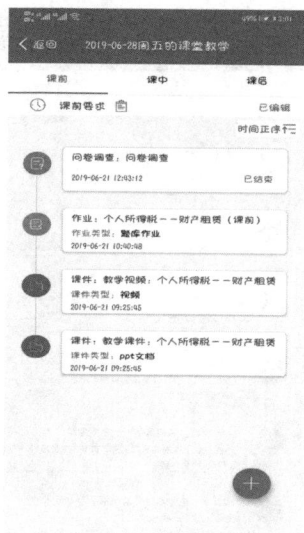

图9-40　课前环节

图9-41　课前学习资源

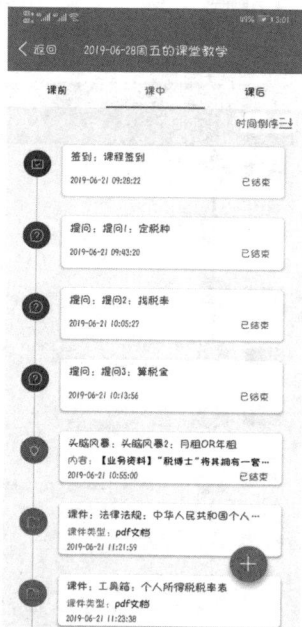

图9-42　课中环节-1

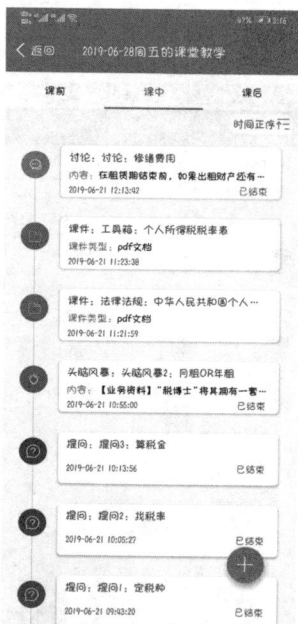

图9-43　课中环节-2

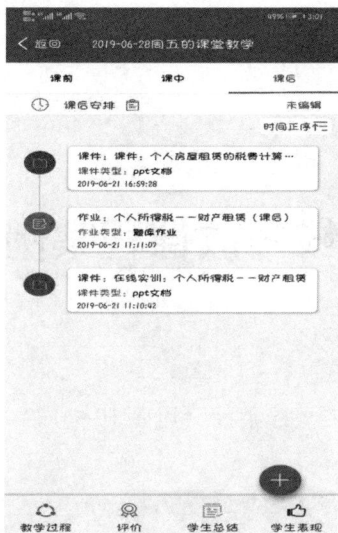

图9-44　课后环节

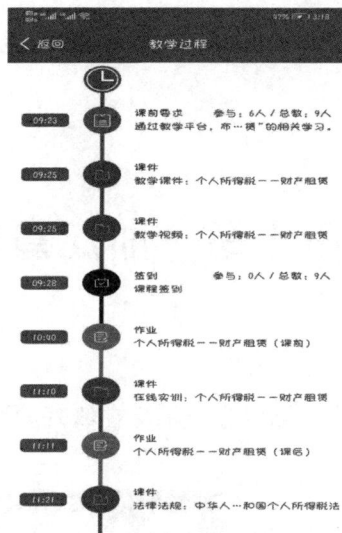

图9-45　教学过程

　　"智慧职教云课堂"教学应用,积极创设以学为中心的在线课堂,以学定教、以学评教、以学助教,以知识点与技能点作为课堂教学最小颗粒,系统开发课前学习单、课中任务单和课后作业单,做好"微"教学的"智能运用"。依托"智慧职教云课堂"平台,线上以微视频为载体,辅以微教案、微课件、微作业、微测试等网络优质学习资源,有效地推进学生线上自主学习能力的培养。线下引入微讨论、微反思、微点评、微反馈等教学互动环节,有力地促进学生课堂的交流、讨论、巩固与提高。同时,依托"智慧职教云课堂"平台大数据的分析与反馈功能,及时跟踪学生的学习微动态,针对性开展"一对一"跟踪学习微指导,发挥O2O混合式教学模式的精准施教、智能服务、个性学习的强大功能。

第十章　浙江省在线开放课程案例

示范课程：浙江省级精品在线开放课程"财务会计"（见图10-1）。

图10-1　"财务会计"课程

课程网址：https://www.zjooc.cn/course/2c9180856f5badab016f6540331d5de8

应用平台：浙江省高等学校在线开放课程共享平台（见图10-2）。

图10-2　浙江省高等学校在线开放课程共享平台

第一节　在线开放课程建设

一、创建平台课程

第一步：注册教师用户。由学校教务处牵头，向"浙江省高校在线开放课程管理中心"提交用户申请，由平台管理方审核通过后，确定申报学校管理员账号。

学校教师登录"浙江省高等学校在线开放课程共享平台"（以下简称"省平台"），进行在线"教师申请"注册，由学校管理员审核通过（具体见图10-3）。

图10-3　"用户注册"操作页面

教师注册成功后，点击"登录"，进入课程平台，可点击右上角头像部分，进入教师空间。每个账号都默认为学生身份，通过点击"身份切换"按钮，可以转换为教师身份（具体见图10-4）。

图10-4　"身份切换"操作页面

第二步：建设教师空间。进入"教师空间"，点击页面顶端"账户设置"，完成"个人信息""账户安全""认证信息"等补充、修改、完善相关平台的注册信息。

教师空间主要包括：我管理的MOOC课程、我管理的SPOC课程、我的公告、学员学习情况、班级讨论、成绩查询、题库管理、作业管理、考试管理和测验管理等模块（具体见图10-5）。

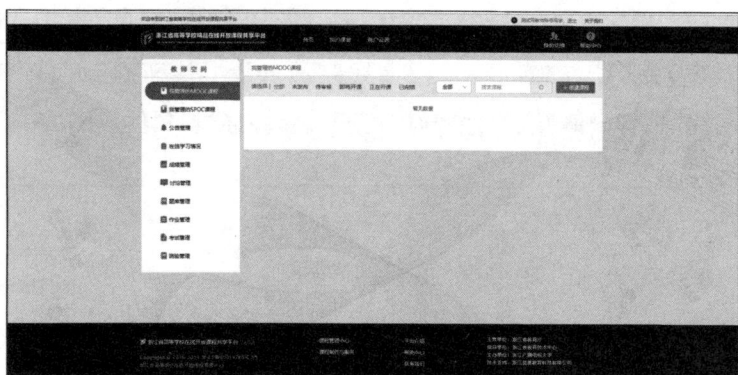

图10-5 "教师空间"操作页面

第三步：新增平台课程。点击页面顶端"我的课堂"，点击"创建课程"，平台主要提供MOOC课程、SPOC课程等课程类型。MOOC课程和SPOC课程（独立课程）创建完成的均为母课，母课不可发布、不可供学生学习，后续需要点击"开课"生成子课（具体见图10-6）。

图10-6 "创建课程"操作页面

选择"MOOC"课程，可创建高校管理员审核通过的MOOC课程库的对应课程，输入MOOC课程名称，点击"下一步"，创建成功后进入课程详情页（具体见图10-7）。

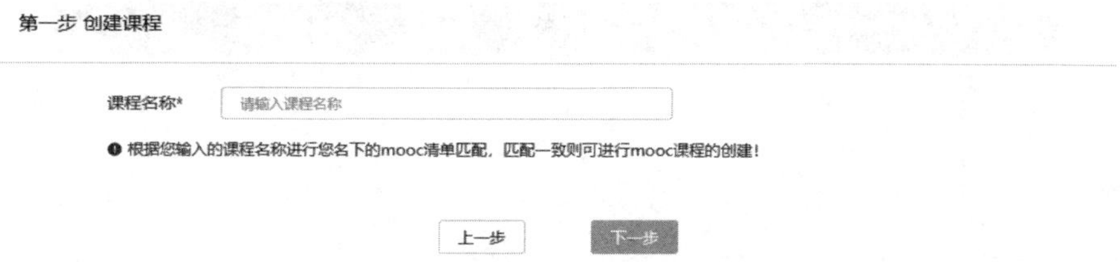

第一步 创建课程

课程名称* ｜请输入课程名称

❶ 根据您输入的课程名称进行您名下的mooc清单匹配,匹配一致则可进行mooc课程的创建!

上一步　　下一步

图10-7　"创建课程"操作页面(MOOC)

选择"SPOC课程",点击"下一步",进入创建课程页面,选择"开课类型"、输入"课程名称"(具体见图10-8)。其中:"开课类型"主要包括独立SPOC、同步SPOC、异步SPOC等;独立SPOC是教师单独创建的专有课程,后续可以申请转为MOOC;同步SPOC是教师同步使用平台开设源课程资源进行教学,后续不可以申请转为MOOC;异步SPOC是教师根据平台结课的源课程资源,进行教学二次设计与应用,后续不可以申请转为MOOC。

❶ 开课类型选定后无法更改,请慎重选择

开课类型*　●独立课程　○同步课程　○异步课程

课程名称*　｜请输入课程名称

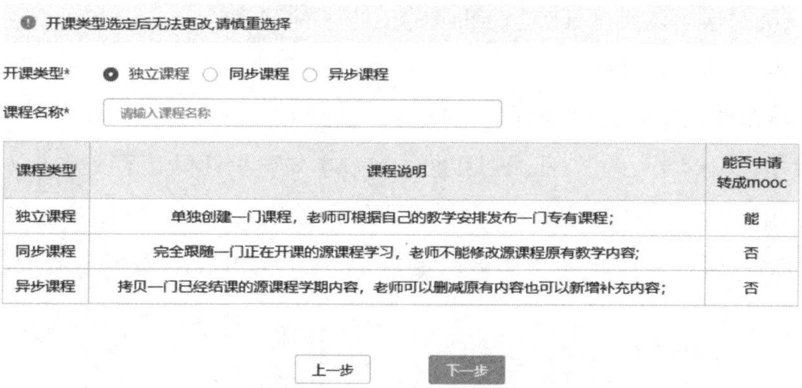

课程类型	课程说明	能否申请转成mooc
独立课程	单独创建一门课程,老师可根据自己的教学安排发布一门专有课程;	能
同步课程	完全跟随一门正在开课的源课程学习,老师不能修改源课程原有教学内容;	否
异步课程	拷贝一门已经结课的源课程学期内容,老师可以删减原有内容也可以新增补充内容;	否

上一步　　下一步

图10-8　"创建课程"操作页面(SPOC)

二、建设平台母课

第一步:建设课程信息。课程信息模块主要包括基本信息、教学团队、教学设置等内容(具体见图10-9)。其中:基本信息主要完善课程的信息资料,具体涵盖课程名称、课程学分、课程层次、课程简介、课程概述、教师介绍、封面图片和宣传视频等方面等内容。

图10-9 "基本信息"操作页面

"财务会计"课程展示

课程简介："财务会计"课程是高职财经商贸类学科的专业核心课程,课程以培养学生会计核算能力为主线,全面提升学生对企业商业信息的会计分析、判断与处理能力,注重对学生认真严谨、踏实细致的工匠精神的养成。

"财务会计"课程2008年成功入选浙江省高校精品课程;2010—2012年立项完成国家会计专业教学资源库课程建设项目;2012年入选浙江金融职业学院精品资源共享课程;2012年入选浙江金融职业学院教学与课程团队工程;2016年立项国家会计专业教学资源库升级改进支持课程建设项目。2018年立项浙江省高校精品在线开放课程建设项目,2020年被认定为浙江省高校精品在线开放课程。

图10-10 "财务会计"课程导学视频

"教学团队"主要是对该课程的教学团队进行设置。包括课程管理员、责任教师以及助教。点击页面上方的"添加教师"或"添加助教"按钮进行添加。在添加页面中,选择需要添加教师,点击"确定",添加完毕。点击"修改",可以修改教师的身份(具体见图10-11)。

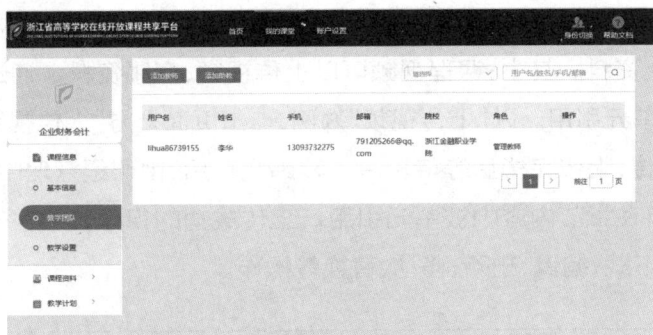

图 10-11 "教学团队"操作页面

"财务会计"课程展示(见图 10-12)

图 10-12 "财务会计"核心教学团队

"教学设置"主要是针对该门课程进行的教学参数设置,主要包括强制观看、移动端下载、开放选课、添加他校教师、编辑资料、同步引用、异步引用、设置密码等。每个教学参数设置均有相关注解,教师可以结合课程教学的实际需求,设置不同的参数,达到预期的教学效果(具体见图 10-13)。

图 10-13 "教学设置"操作页面

第二步：建设课程资料。课程资料建设模块包括课程视频（具体见图10-14）、其他资料、拓展资料。其中：课程视频可以上传视频、音频资料。通过审核后可在章节内容中被单元引用。以"上传视频"为例，点击页面上方"上传视频"按钮，输入视频名称并上传，上传完毕后等待转码。转码成功后，由课程管理中心进行审核。审核通过后，可在章节内容中被单元引用。上传成功的视频，形成一条资源信息，后续可以进行下载、编辑、删除、移动、替换等操作。

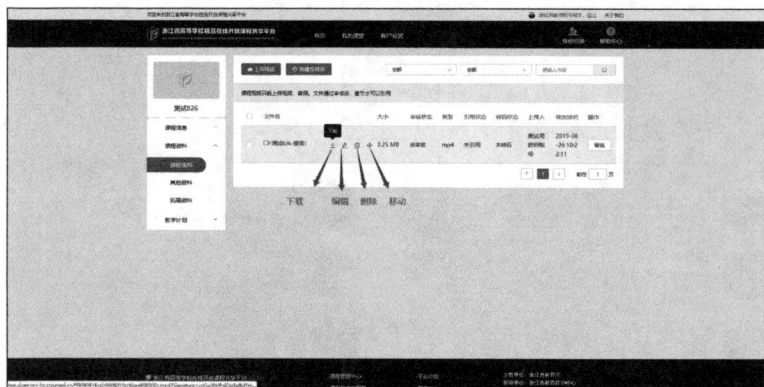

图10-14　"课程视频"操作页面

"财务会计"课程展示

平台累计开发授课视频112个，累计640分钟，全面覆盖课程的核心知识点与技能点。具体见图10-15至图10-17。

	文件名	大小 ⬆	审核状态 ⬆	类型	引用状态 ⬆	转码状态 ⬆	上传人	修改时间
☐	☐加速折旧法……	85.84 MB	审核成功	mp4	已引用	转码成功	李华	2020-02-12 16:21:28
☐	☐银行结算账……	121.30 MB	审核成功	mp4	已引用	转码成功	李华	2020-02-12 16:21:27
☐	☐资产负债表……	140.33 MB	审核成功	mp4	已引用	转码成功	李华	2020-02-12 16:21:27
☐	☐所得税费用……	8.03 MB	审核成功	mp4	已引用	转码成功	李华	2020-02-12 16:21:27
☐	☐所得税费用……	87.01 MB	审核成功	mp4	已引用	转码成功	李华	2020-02-12 16:21:27
☐	☐销售材料等……	69.92 MB	审核成功	mp4	已引用	转码成功	李华	2020-02-12 16:21:27

图10-15　"财务会计"视频资源

图10-16　微课视频（实录）　　图10-17　微课视频（录屏）

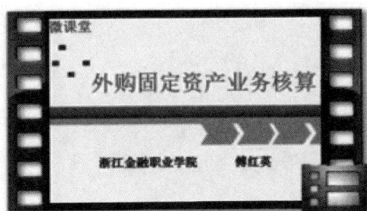

其他资料（具体见图10-18）主要为PDF和图片。基本操作同"课程视频"，审核通过后，PDF、图片可在章节内容中被单元引用。

图10-18　"其他资料"操作页面

点击页面上方的"上传资料"按钮进行操作。输入"文件名称"、上传相关PDF和图片，点击"确定"。如果上传的其他资料种类形式比较多，建议可以点击页面上端的"新建文件夹"，输入文件夹名称，点击"确定"。可在每个文件夹内上传文件或将文件移动至文件夹。审核通过，形成一条资源信息，后续可以进行下载、编辑、删除、移动、替换等操作。

"财务会计"课程展示

非视频课件448个，主要包括教学课件、会计账户、会计报表示例、票据百宝箱、能力测评等。具体见图10-19至图10-22。

文件名	大小	审核状态	类型	引用状态	上传人	修改时间
☐ 📄 课件-任务1...	650.01 KB	审核成功	pdf	未引用	李华	
☐ 📄 课件-任务3...	951.23 KB	审核成功	pdf	未引用	李华	
☐ 📄 课件-任务1...	2.09 MB	审核成功	pdf	未引用	李华	
☐ 📄 课件-任务3...	955.98 KB	审核成功	pdf	未引用	李华	
☐ 📄 课件-任务2...	763.05 KB	审核成功	pdf	未引用	李华	

图 10-19　"财务会计"其他资源

图 10-20　教学课件

图 10-21　会计账簿

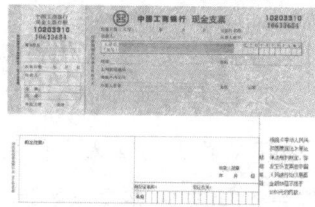

图 10-22　票据百宝箱

　　拓展资料主要为 Word、PDF、Excel、图片、压缩文件等,主要是为学生提供该课程的拓展资料,具体操作同"其他资料"。

"财务会计"课程展示

　　拓展资料 119 个,主要包括课程图谱、会计分录备忘录、财务业务一体化流程图、考点解析、岗位通关测试等。具体见图 10-23 至图 10-27。

文件名	大小	类型	上传人	修改时间
考点解析——	104.9 KB	pdf	李华	2019-01-03 21:29:56
会计分录备…	225.83 KB	pdf	李华	2019-01-03 21:29:52
财务业务一…	263.26 KB	pdf	李华	2019-01-03 21:29:54
会计分录备…	182.68 KB	pdf	李华	2019-01-03 21:29:54
财务业务一…	229.35 KB	pdf	李华	2019-01-03 21:29:54
财务业务一…	209.38 KB	pdf	李华	2019-01-03 21:29:54

图10-23 "财务会计"拓展资源

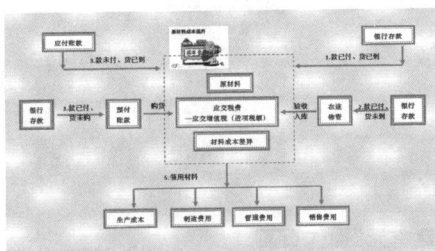

图10-24 业财一体化流程图

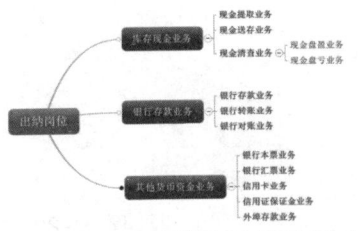

图10-25 课程图谱

图10-26 会计分录备忘录

图10-27 考点解析

第三步:制定教学计划。母课的教学计划仅有章节目录,章节目录主要包括章、节、单元三级。点击页面上方或者底部的"添加章"进行章的添;章添加完毕,点击"+"添加节按钮,输入节内容,点击"保存";节添加成功,点击"+"添加单元按钮,单元可以添加视频、音频、PDF、图文等类型资料(具体见图10-28)。

图10-28 "章节目录"操作页面

点击添加单元类型,输入单元名称,点击"从课件库选",选择对应的资源进行添加,下方的输入框可以输入文本内容,点击"保存"(具体见图10-29)。

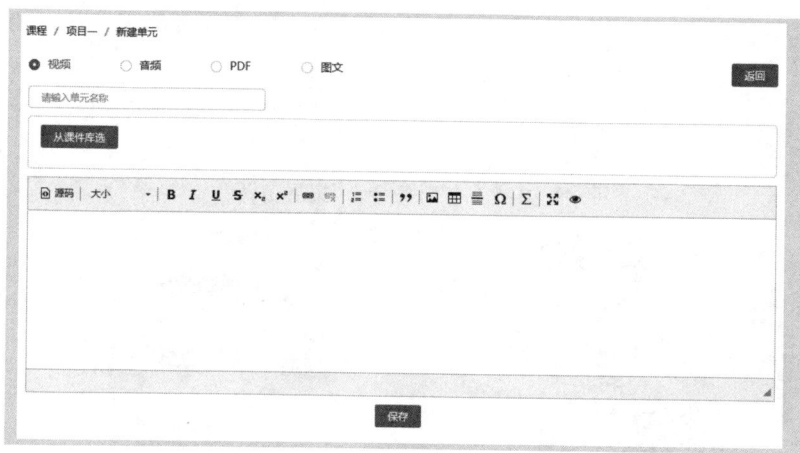

图10-29 "新建单元"操作页面

"财务会计"课程展示(见图10-30)

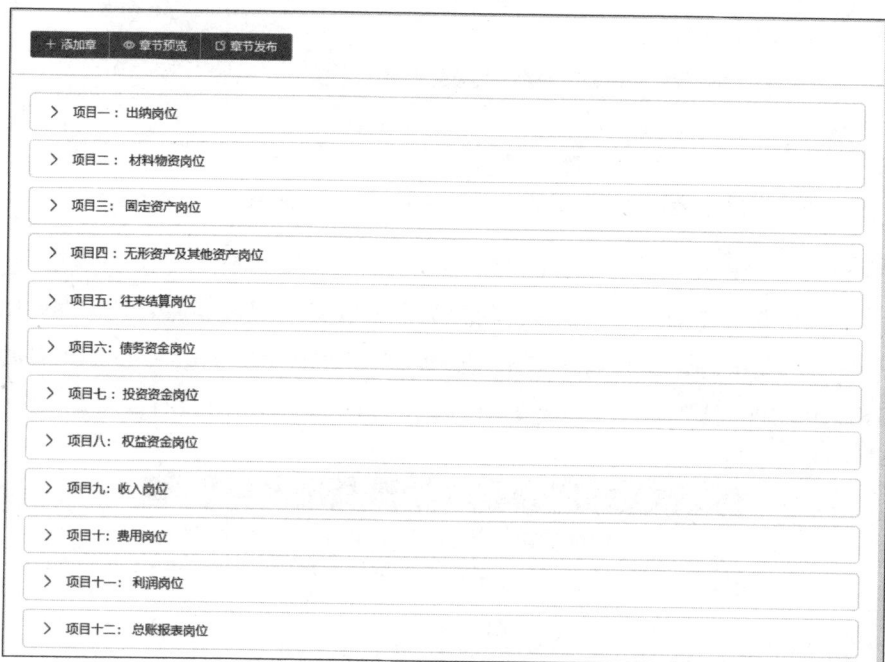

图10-30 "财务会计"章节目录

三、建设平台子课

第一步：创建平台子课。母课创建成功，点击课程页面"开课"按钮，创建子课（具体见图10-31）。

图10-31　"子课开课"操作页面

子课的课程详情页包括：课程信息、班级管理、课程资料、教学计划、练习考试、统计分析、笔记、讨论区、课程评价、公告、MOOC申请。其中：课程信息、课程资料、教学计划（章节目录）自动复制母课的教学内容，如果存在新增资源、信息补充、新增章节，可以在子课页面进行调整。

"财务会计"课程展示（见图10-32）

图10-32　"财务会计"子课列表

第二步：设置班级管理。班级管理模块包括班级管理、考核标准、学生成绩等基本内容。其中：班级管理对该课程的班级以及学生进行添加、删除等管理操作。点击"添加班级"，输入班级名称，点击"确定"（具体见图10-33）。

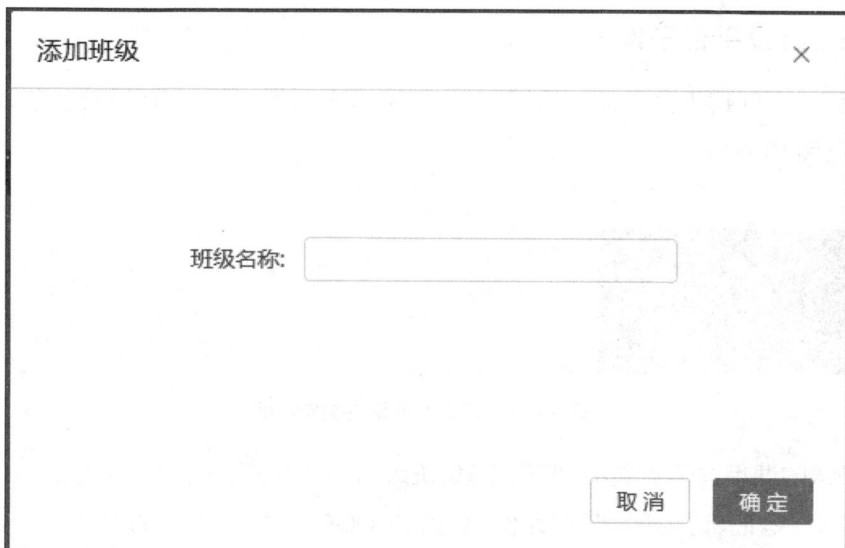

图 10-33 "添加班级"操作页面

生成班级信息列表,点击最后一列的"管理"按钮,进入"添加学生"页面,点击"添加学生",可以选择逐一添加学生或批量导入学生的方式。采用批量导入,点击"模板下载",下载 Excel 数据表,输入学生基本信息,保存文档。点击"导入班级学生",选中文档,点击"打开",导入学生名单。平台还提供了导出学生、批量删除、转班、批量重置密码等功能(具体见图 10-34)。

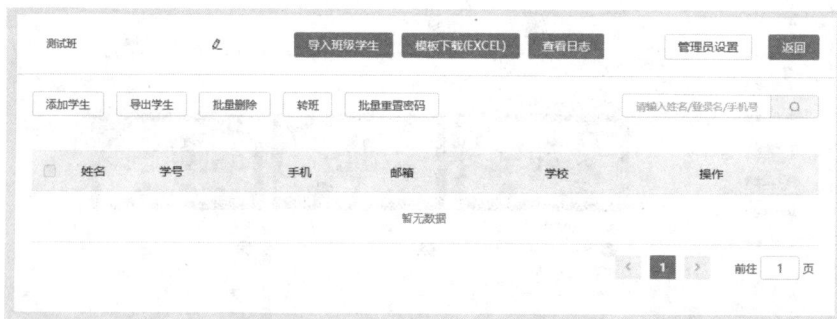

图 10-34 "添加学生"操作页面

考核标准设置考核项主要包括视频观看、测验、作业、考试、讨论发帖、线下成绩等模块。教师可以结合课程的实际情况,自主设置各个模块的分值权重。点击"同步设置",可以对教师管理的班级进行平行同步设置(具体见图 10-35)。

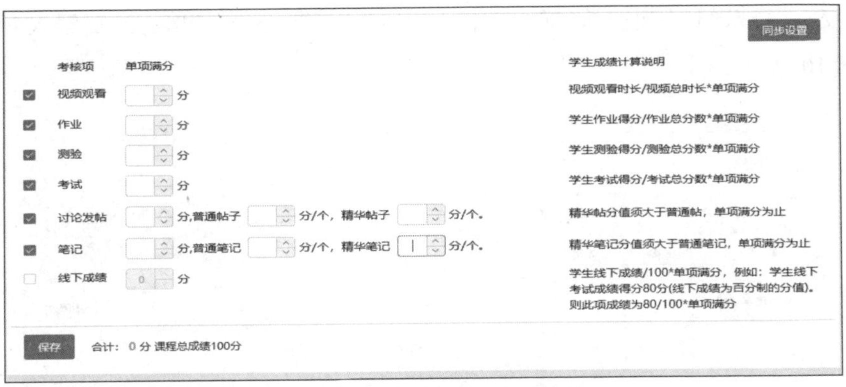

图10-35 "考核标准"操作页面

学生成绩主要是对该课程内所有学生的学习成绩进行统计,成绩按考核标准设置的占比显示。点击"立即统计",平台显示学生成绩得分;点击"按成绩导出",导出学生成绩。如果设置线下成绩的比重,可以选择点击"线下导入",利用模板导入相关线下成绩,进行学生综合成绩的加权统计。

"财务会计"课程展示(见图10-36)

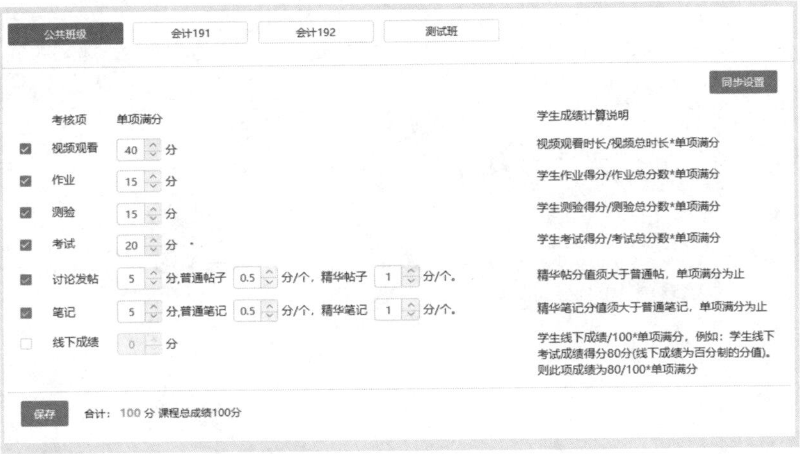

图10-36 "财务会计"考核标准

第三步:建设练习考试。练习考试模块主要包括题库、作业、测验、考试等内容。其中:题库板块可以添加单选题、多选题、判断题、完形填空、填空题、简答题、材料题、不定项选择题、听力题等题型。教师可以点击页面上方题型,进入题目增加页面,选择难度级别,关联对应章节,逐一录入题干、附件、选项、解析等要素,点击"提交",完成题目建设。同样,教师可以利用"模板下载"功能,批量导入题库(具体见图10-37)。

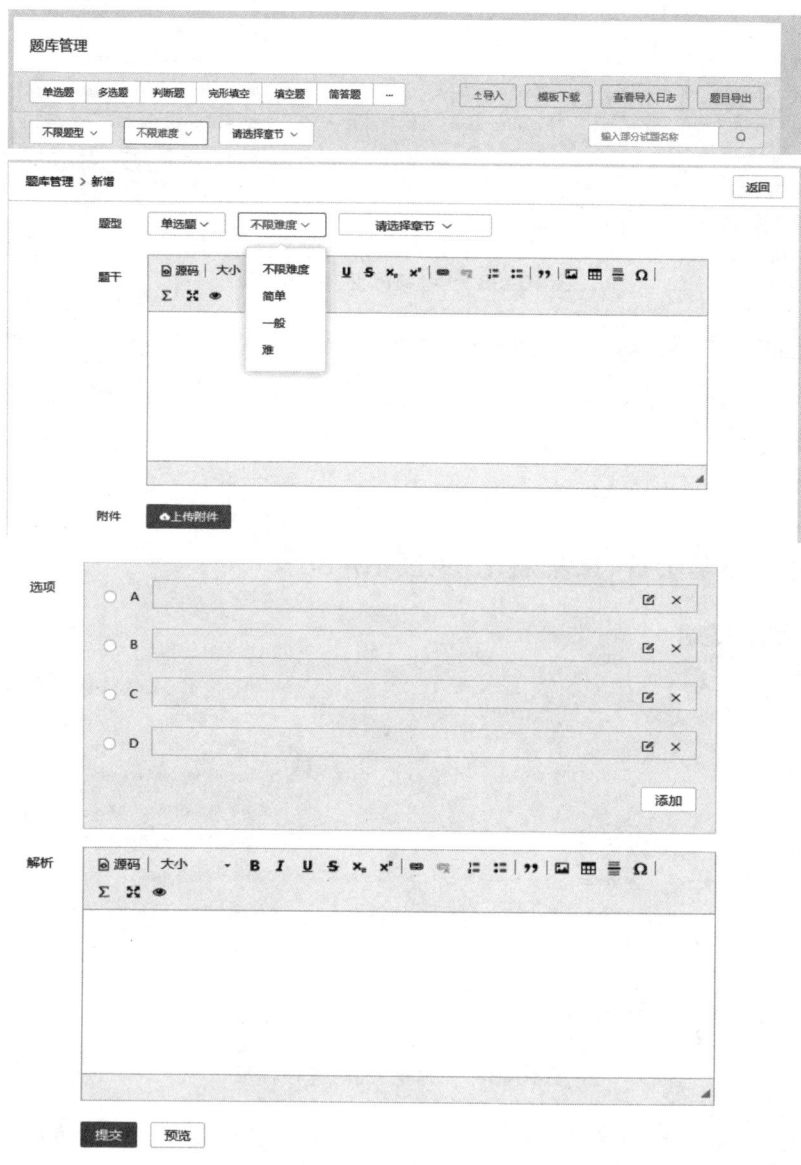

图10-37 "题库管理"操作页面

"财务会计"课程展示

"财务会计"课程题库数量为2099题,其中单选题635题,多选题488题,不定项选择题231题,判断题566题,简答题151题。具体见图10-38。

图10-38　"财务会计"题库管理

作业板块主要设置课程的作业,设置完成并发布后,学生可点击作业进行答题。点击"新增作业",输入"作业名称",关联对应章节,点击"确定",生成作业信息数据(具体见图10-39)。点击"管理"下拉菜单中"修改",进入作业设置页面,选择"题库导入",选择题型、难度系数、对应章节,勾选题目,点击"导入",在对话框中设置分值,点击"确认"。也可以参照题库的建设方式,增加未入库的新题目(具体见图10-40)。

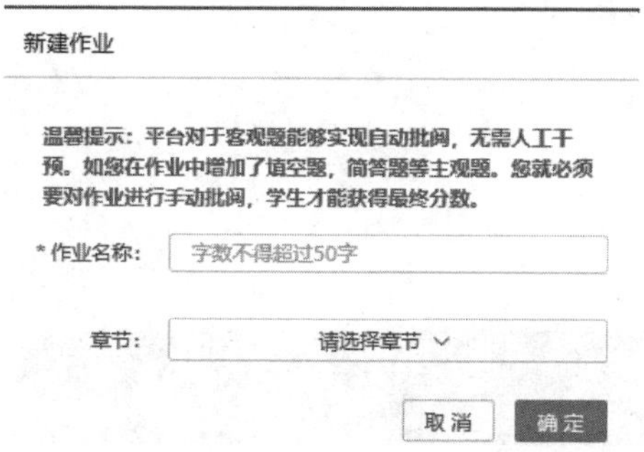

图10-39　"新建作业"操作页面 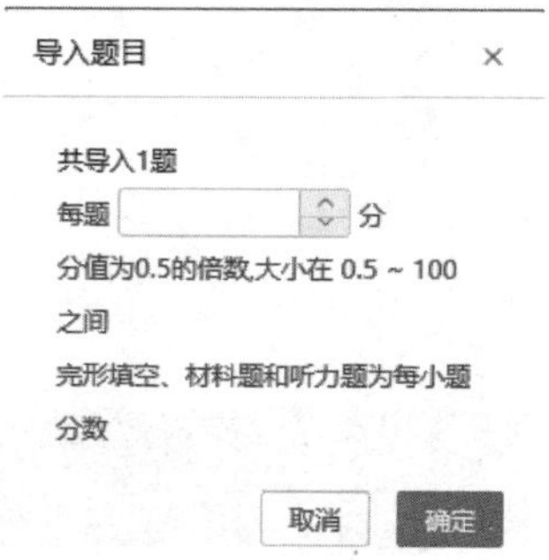　　图10-40　"题库导入"操作页面

测验板块设置课程的测验试卷,设置完成并发布后,学生可进行测验。考试板块是教师针对课程设置的考试题目。考试机会只有一次,设置完成并发布后,学生可在学习空间进行考试,基本操作与作业设置相同。

"财务会计"课程展示

"财务会计"课程设置作业15个,测验45个,考试6次。具体见图10-41至图10-43。

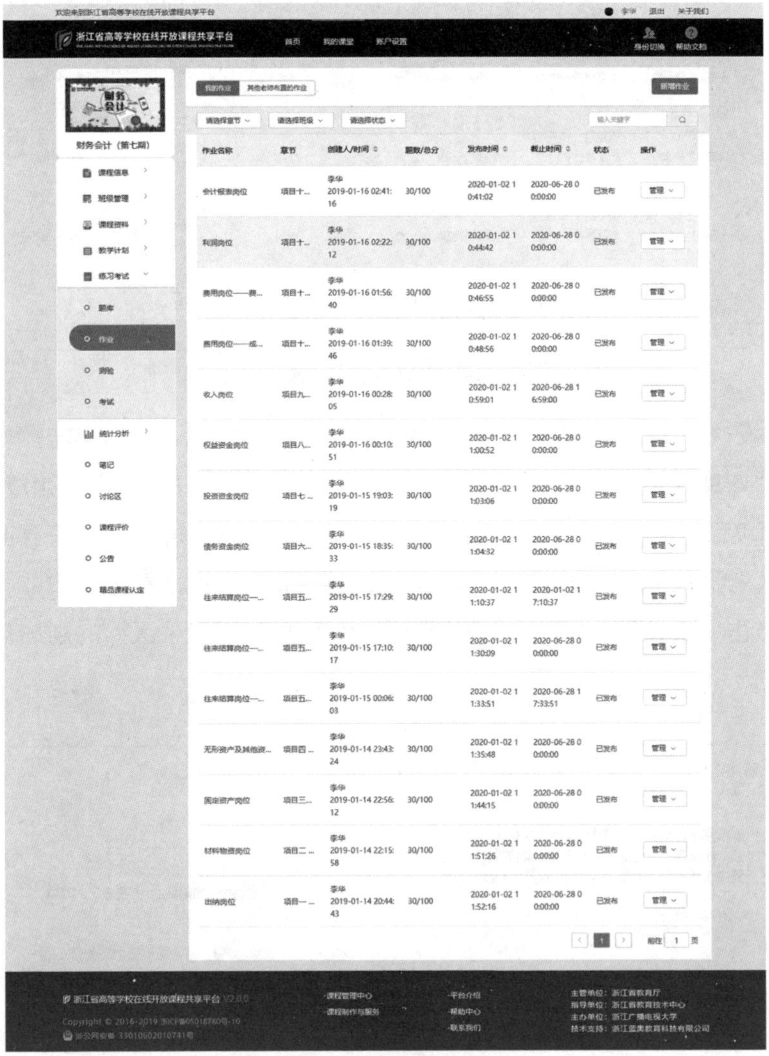

图10-41 "财务会计"作业

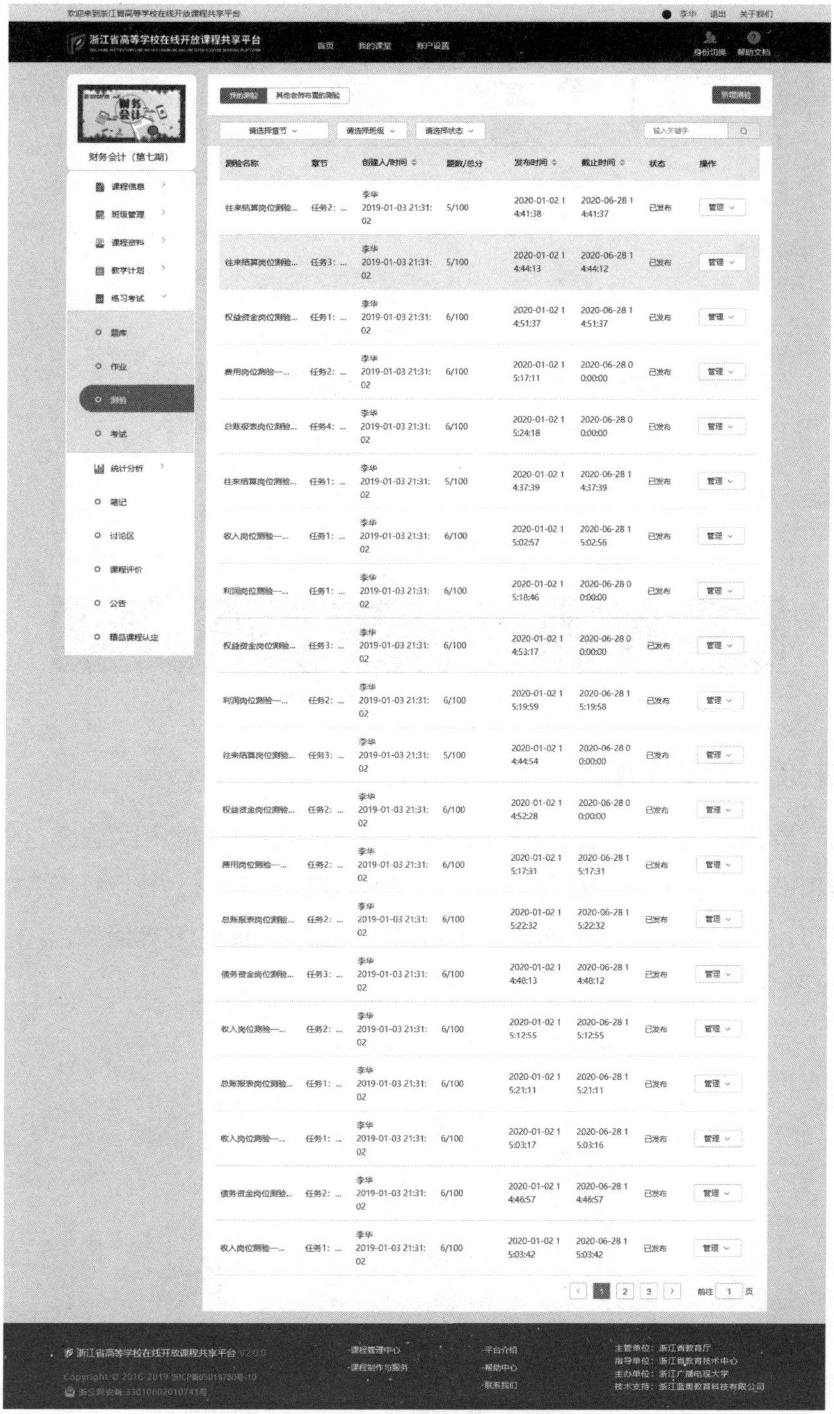

图10-42　"财务会计"测验

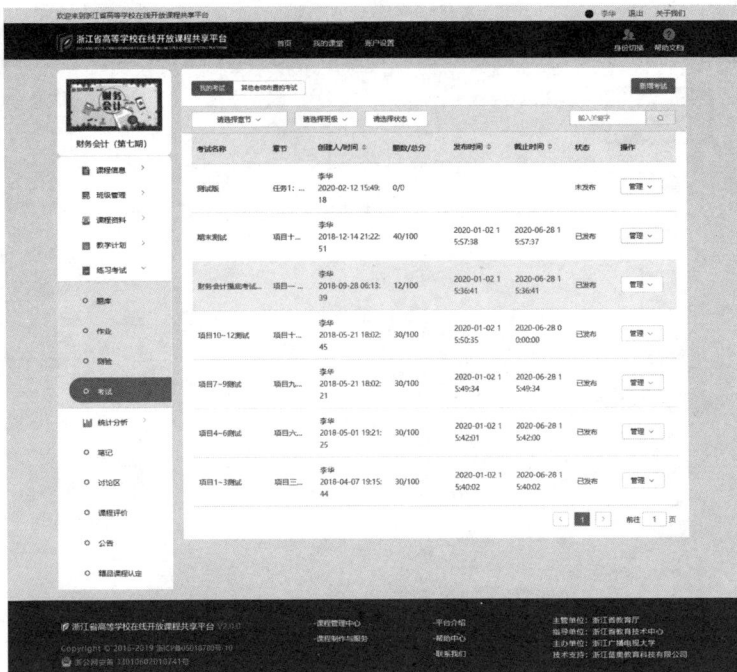

图10-43 "财务会计"考试

四、发布平台课程

第一步:发布课程公告。公告主要是教师用于设置课程的相关通知,公告分课程公告和班级公告,班级公告针对授课班级进行发布,课程公告针对全部选课对象进行发布。点击"新增",创建公告,输入标题、类型、状态、内容等信息,点击"确定"(具体见图10-44)。

图10-44 "创建公告"操作页面

"财务会计"课程展示（见图10-45）

图10-45　"财务会计"公告

第二步：发布课程章节。点击"教学计划"—"章节发布"，教师可以选择"发布本节""发布本章""发布所有章节"等形式，点击"发布"后，弹出对话框，选择"立即发布""定时发布"等时间，如果教师承担平行班教学任务，可以勾选"对我管理的所有班级有效"，进行一键设置（具体见图10-46）。

图 10-46 "章节发布"操作页面

"财务会计"课程展示(见图 10-47)

图 10-47 "财务会计"章节发布

第三步:发布测验、作业、考试。点击"练习考试"—"作业"/"测验"/"考试",选择发布"作业"/"测验"/"考试"信息,点击"管理"—"发布",弹出"发布作业"对话框,选择发布时间、截止时间、发布班级,勾选高级设置,点击"确定"(具体见图 10-48)。测验(具体见图 10-49)与考试(具体见图 10-50)的发布,基本操作与作业发布相同,增加测试时长、试卷提交次数的高级设置。

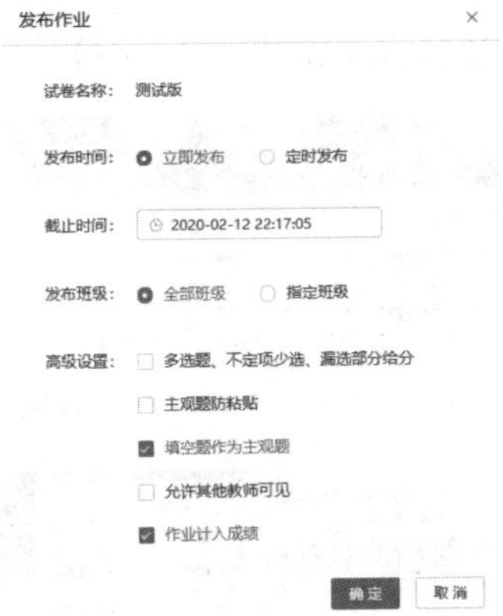

图10-48 "发布作业"操作页面

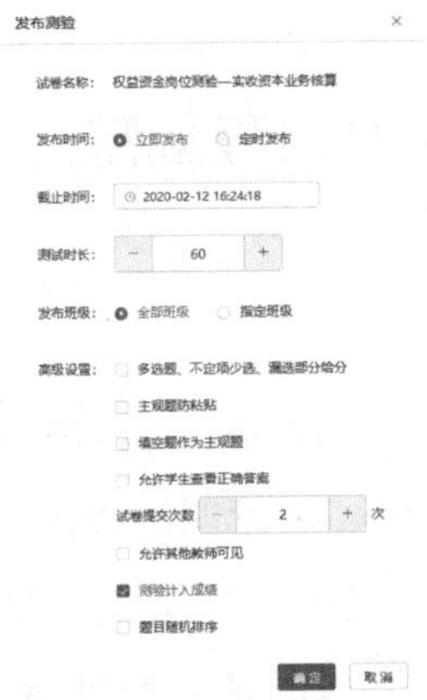

图10-49 "发布测验"操作页面 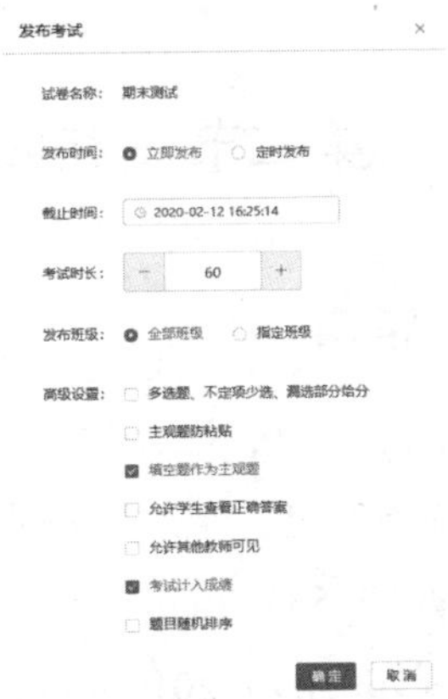   图10-50 "发布考试"操作页面

　　第四步:申请发布审核。子课创建完成,点击课程页面"发布",弹出"发布课程"对话框,输入开课周期,点击"确定"。高校管理员审核通过后,课程发布成功。后续可以通过课程页面"重新开课",建立课程副本,结合教学实际,调整完善课程资源,进行线上的教学活动(具体见图10-51)。

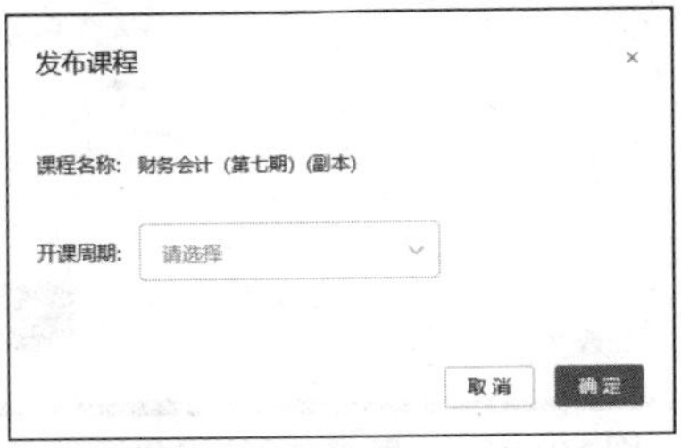

图10-51 "发布课程"操作页面

■ "财务会计"课程展示(见图10-52)

图10-52 "财务会计"课程发布

第二节 在线开放课程应用

一、在线学习指南

第一步:注册平台用户。社会学习者进入课程网站,点击"注册",完成信息填报,待平台管理员审核通过。学生用户由各个高校管理员导入学生名单,学生进入课程网站(具体见图10-53),点击"登录",学生账号为所在高校院校代码+下划线(_)+学生的学号(例如:zjtvu_2019000001),导入时含身份证号的密码为身份证号上的8位出生日期;无身份证号的密码为88888888(8个8)。

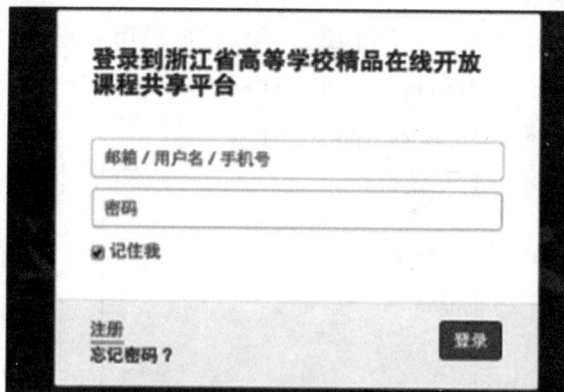

图10-53 "用户注册"操作页面

　　登录后激活账号,重新设置学生个人的用户名、密码。账号可以绑定邮箱,用于找回密码(具体见图10-54)。

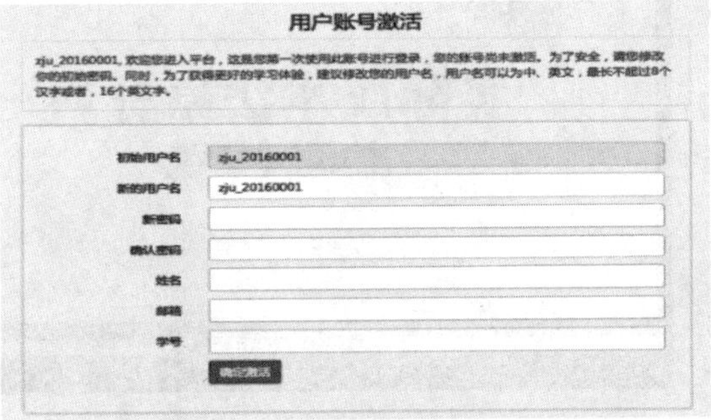

图10-54　"用户账号激活"操作页面

　　学生账号激活后,学生即可通过修改后的用户名和密码再次登录"省平台",学习相关课程。登录成功后,点击页面右上角的头像,进入"个人设置",完善个人信息,上传个人头像,添加/修改邮箱和手机信息。

　　第二步:在线进行学习。学生登录进行课程学习,点击"个人中心"选择"在学课程",点击"财务会计"进入课程。根据教学公告,按照学习进度,在线学习每个章节的课件(具体见图10-55)、视频(具体见图10-56)、图文资源(具体见图10-57、图10-58),完成单元测验(具体见图10-59)、单元作业(具体见图10-60)、考试单元(具体见图10-61)。定期分享在线学习笔记(具体见图10-62),在讨论区发帖交流讨论(具体见图10-63)。系统每日更新学习成绩,课程结束后,系统结合学生的在线学习情况,自动统计生成学生的课程成绩(具体见图10-64)。

图10-55　"财务会计"课件资源

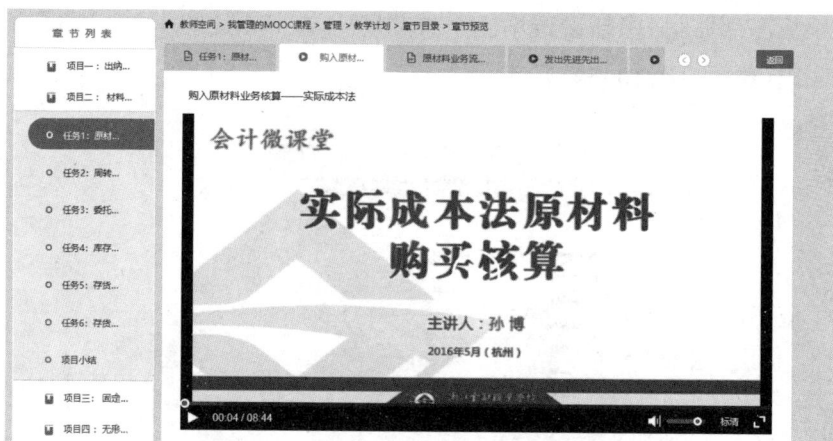

图10-56 "财务会计"视频资源

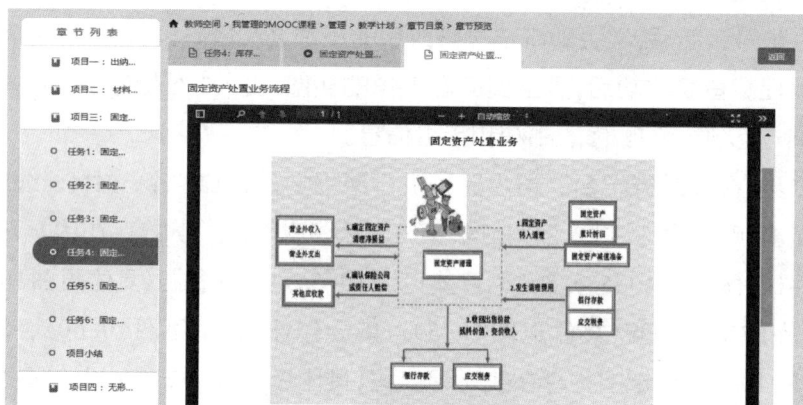

图10-57 "财务会计"图片资源

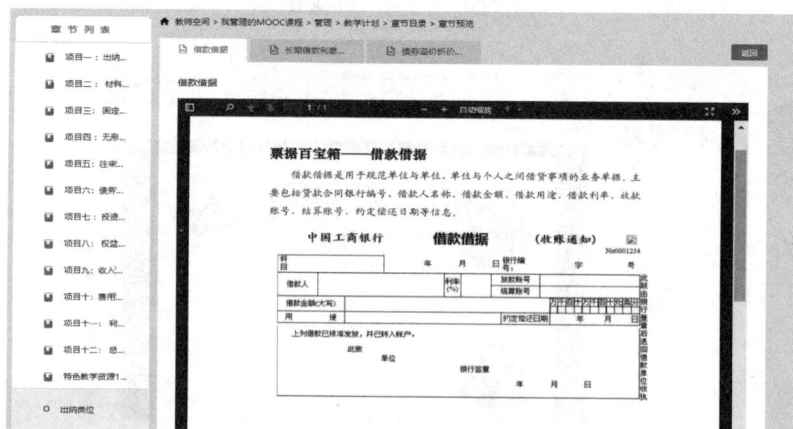

图10-58 "财务会计"文本资源

投资资金岗位测验—交易性金融资产业务核算

学生:李华

倒计时:00:59:52

1.单选题(共2题)

> 1. 2018年2月2日，甲公司支付830万元取得一项股权投资作为交易性　　　　　　20分
>   金融资产核算，支付价款中包括已宣告尚未领取的现金股利20万
>   元，另支付交易费用5万元。甲公司该项交易性金融资产的入账价值
>   为（　　）万元。
>
> ○ A.810
> ○ B.815
> ○ C.830
> ○ D.835

图 10-59　"财务会计"测验

出纳岗位

学生:李华

截止时间:2020-06-30 00:00:00

1.单选题(共10题)

> 1. 企业现金清查中，经检查仍无法查明原因的现金短款，经批准后应计　　　　　　3分
>   入(　　)。
>
> ○ A.管理费用
> ○ B.财务费用
> ○ C.冲减营业外收入
> ○ D.营业外支出

图 10-60　"财务会计"作业

项目1~3测试

学生:李华

倒计时:00:59:55

1.单选题(共10题)

> 1. 不会导致固定资产账面价值发生增减的是（　　）。　　　　　　4分
>
> ○ A.盘盈固定资产
> ○ B.经营性租入设备
> ○ C.以固定资产对外投资
> ○ D.计提减值准备

图 10-61　"财务会计"考试

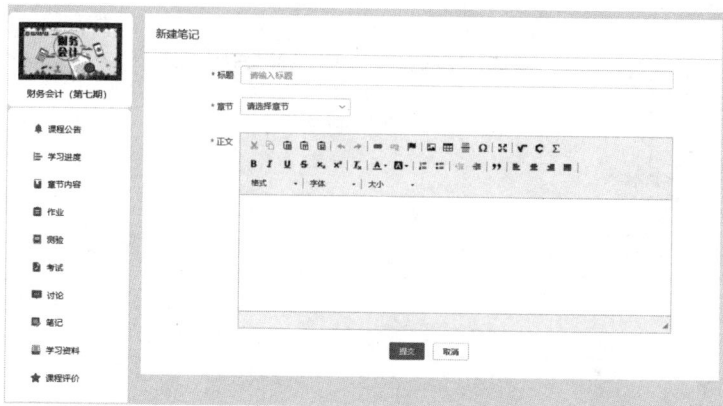

图10-62 "财务会计"新建笔记

图10-63 "财务会计"讨论区

图10-64 "财务会计"学习统计

第三步：教师管理课程。教师定期批阅测验、作业和考试，回复学生讨论区帖子，点评学生笔记，及时反馈学生的学习进度。

📖 "财务会计"课程展示（见图10-65）

图10-65　"财务会计"课程首页

二、平台使用数据

"财务会计"课程自2017年3月首次通过浙江省高等学校精品在线开放课程共享平台对外发布和实践应用，截至2020年6月累计开课7期，校内外用户数累计5955余人，累计开课班级数120余个、累计课程访问量771819人次，累计互动85846次，涉及会计、财务管理、信用管理、金融、国际金融、农村金融、投资理财、保险等财经类相关专业。累计校外高校使用数量20余所，主要包括浙江工业职业技术学院、浙江商业职业技术学院、浙江经济职业技术学院、浙江同济科技职业学院、浙江育英职业技术学院、浙江舟山群岛新区旅游与健康职业学院、河南工学院等，选课人数1500余人次（具体见图10-66）。

"财务会计"课程结合构建主义教育教学理论，系统规划文本类、媒体类、互动类教学资源建设方案，明确教学资源建设数量、具体内容、表现形式、主要用途等。针对重点难点问题，以"授课式"微课视频强化巩固会计知识；针对业务财务的处理流程，以"脑图式"的动画视频辅助了解商业环境；针对会计实务应用与操作，以"柠檬云"在线财税软件为基础，开展"沉浸式"会计实践训练；针对会计职业证书考级，以"进阶式"会计闯关的形式，以"海量"题库助力学生追逐职业梦想。课程的应用与推广面呈逐年递增趋势，为广大高校学生和社会学习者提供一个可看、可听、可学、可测、可考的"立体化"开放在线自主学习共享平台（具体见图10-67）。

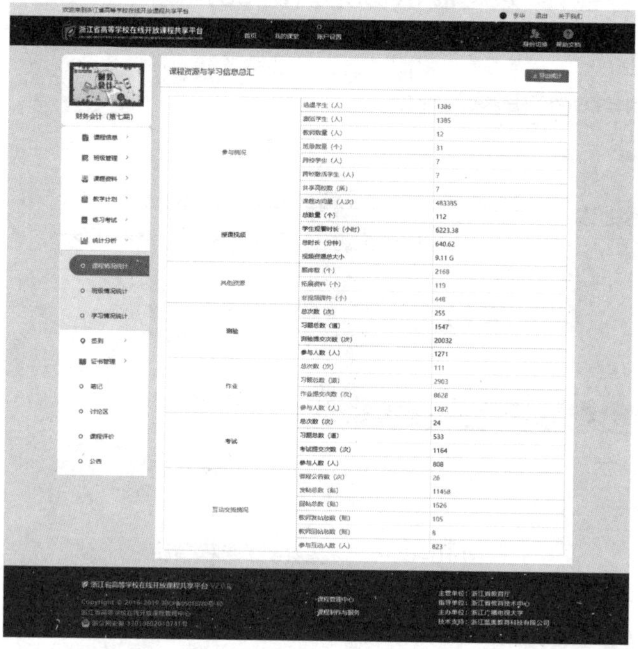

图10-66 "财务会计（第七期）"课程统计数据（截至2020年5月30日）

图10-67 "财务会计（第七期）"课程评价

参考文献

1.教育部.关于启动高等学校教学质量与教学改革工程精品课程建设工作的通知[EB/OL].(2003-04-08)[2020-05-01].http://old.moe.gov.cn//publicfiles/business/htmlfiles/moe/s3843/201010/109658.html.

2.潘爱珍,沈玉顺.国家精品课程建设回顾与检视[J].高等工程教育研究,2012(3):141-145.

3.教育部.关于国家精品开放课程建设的实施意见[EB/OL].(2011-10-12).[2020-05-01].http://www.moe.gov.cn/srcsite/A08/s5664/moe_1623/s3843/201110/t20111012_126346.html.

4.教育部.关于加强高等学校在线开放课程建设应用与管理的意见[EB/OL],(2015-04-16)[2020-05-01]http://www.moe.gov.cn/srcsite/A08/s7056/201504/t20150416_189454.html.

5.邱晓红,邱小平.大学MOOC及其教学效果提升策略研究[M].北京:清华大学出版社,2018.

6.高地.MOOC热的冷思考——国际上对MOOCS课程教学六大问题的审思[J].远程教育杂志,2014(2):39-47.

7.MOOC学院.2014年慕课学习者调查报告[EB/OL].(2014-9-7)[2020-05-01].http://www.360doc.com/content/14/0907/20/18679392_407699031.shtml.

8.蔡灵,等.2017—2021年慕课行业深度调研及投资前景预测报告[M].北京:中国产业信息出版社,2016.

9.战德臣,等."MOOC+SPOC+翻转课堂"大学教育教学改革新模式[M].北京:高等教育出版社,2018.

10.李华.高职财会类专业"岗证融合"课程教学模式改革与实践[J].教育与职业,2015(2):133-134.